중세 스콜라 철학

신앙과 이성 사이의 조화와 갈등

요셉 피퍼 지음
김진태 옮김

본 도서는 2003학년도 가톨릭대학교 성신교정 '학술서 연구비' 지원으로 번역되었음.

중세 스콜라 철학

-신앙과 이성 사이의 조화와 갈등-

요셉 피퍼 지음
김진태 옮김

가톨릭대학교출판부

IMPRIMATUR
† Nicolao Cheong
Archiepiscopus Seoulensis
Seoul, die 7 Jul. 2003

SCHOLASTIK
— Gestalten und Probleme der mittelalterlichen Philosophie
by Josef Pieper

Korean tr. by Rev. Kim, Jin-Tae

■ 짜임

CUIUS IN HORTULO

HUNC CONSCRIPSI LIBELLUM

FAUSTA PER QUINQUE LUSTRA CONIUNCTAE

CONIUGI DULCI

[23. APRIL 1960]

■ 머리말

제목이 말해 주듯 이 책은 분명 중세 철학의 여러 형태와 제기된 문제들을 “있는 그대로” 다루지는 않습니다. 그러나 이 책이 그런 것을 역사적으로 완벽하게 다루겠다는 생각으로 씌어지지 않았다는 것을 이렇게 서두에서 분명하게 말씀드리는 것도 좋을 듯합니다. 만일 그런 의도를 가지고 씌어진 것이라면, 〔예를 들어 로저 베이컨, 보나벤투라, 라이문두스 룰루스 Raymundus Lullus처럼〕 실제로 중요한 여러 철학자들이 전혀 언급되지 않거나 적어도 너무 간단하게만 다뤄지고 있다는 반론이 당연히 나올 수 있을 것입니다.

하지만 우리 책은 분명한 형태를 하고 있는 일관되고 “확고한” 주제를 다루고 있습니다. 그것은 수많은 편견과 오해가 담긴 “스콜라 철학”이라는 전문용어 뒤에 숨겨진 채 모든 세대를 뛰어넘어 항구하게 남아 있는 문제를 말합니다. 제가 말씀드리려는 것은 그런 문제가 중세 철학에서 아주 전형적으로, 다시 말해서 결코 반복되거나 모방될 수 없으면서도 동시에 그리스도교 신앙인으로서 오늘을 살아가는 철학자와 떨어질 수 없는 방식으로 다뤄졌다는 것입니다. (물론 그들에게만 해당된다는 의미로 말씀드리는 것은 아닙니다.) 물론 저는 보에티우스 때부터 오컴 시대까지 있었던 다양한 형태를 염두에 둘 것입니다. 그러나 있었던 사실을 서술할 때 제가 근본적으로 목표로 삼는 것이 있다면 그것은 오직 중세 철학의 그칠 줄 모르는 생동성Aktualität입니다.

사람들은 어쩌면 아래에서 다루는 각 장章마다 토마스 아퀴나스에 대해 언급하지 않는 장이 하나도 없으면서도 또 토마스 아퀴나스만을 주제로 삼는 장도 없다는 데 대해 의아해할지 모릅니다. 이에 대해 저는 다음과 같이 말씀드리고 싶습니다: 실제로 이 책에서 서술한 내용은 한편으로, 어떻게 토마스 이전에는 따로따로 흩어진 상태에서 하나로 모아지려는 경향을 가졌던 다양한 사유思惟 자료들이 토마스 이후에 곧바로 다시 뿔뿔이 흩어지게 되었는지, 그리고 그것들이 어떻게 "보편 박사"인 토마스의 활력에 넘친 천재적 정돈 능력에 의해, 측량할 길 없는 어떤 역사적 한순간에, 일목요연한 유일 체계로 정리될 수 있었는지 분명하게 보여 주려 합니다. 다른 한편으로는, 이런 방식의 서술로 인해 이 책 한가운데 생기게 된 구멍이 바깥쪽에서 일부러 비워 둔 빈 공간처럼 남겨지게 되었는데, 의도적으로 남겨진 이 "빈자리"는 제가 다른 기회에 쓴 성 토마스의 업적에 대한 책[1]이 메울 것입니다.

---

[1] Josef Pieper, *Thomas von Aquin, Leben und Werk,* München(Kösel-Verlag), 1986. [한국어

제가 이전에 쓴 그 책에서 드린 말씀이 지금 이 책에도 그대로 적용된다는 말씀도 덧붙여 드리고 싶습니다. 그것은 제가 이 책에서 다루는 내용 역시 많은 분들이 스콜라 철학에 대한 역사적 연구를 통해 얻어 낸 결실들을 전제하고 있다는 것이고, 또 그것을 감사하는 마음으로 이용하면서 소개하는 입문에 불과하다는 것입니다.

번역본: 요셉 피퍼, 『토마스 아퀴나스, 그는 누구인가』, 신창석 옮김, 분도출판사, 1995.]

……변함없이 참된 지혜의 길잡이가 되어 주는 성서.
자신의 사유를 완성하는 이성이 단순히 성서의 말씀과 만나고 마는
것이 아닙니다. 오히려 이성은 자신의 영역을 두루 살펴보고 나서,
아직도 여전히 어둡게만 남아 있는 것,
어디선가 가르침을 더 받아야 할 필요가 있는 것 앞에 서서
성서 말씀으로부터 새로운 빛을 얻기도 합니다.

— 임마누엘 칸트

「융 스틸링Heinrich Jung-Stilling에게 1789년 봄에 보낸 편지」에서

제 1 장

〔1〕 오늘날 "중세"에 대해 이야기하는 사람들은 이 말이 원래 욕설 같은 것이었다는 사실을 더 이상 직접 느끼지 못할 때가 많다. 그것은 마치 파리나 쾰른 대성당을 "고딕"이라고 부를 때, 이 말이 처음에는 "야만적"이라는 뜻이었다는 것이 분명함에도 불구하고, 사람들이 이 말에서 아무것도 느끼지 못하는 것과 같다. 중세를 뜻하는 '메디아 애타스'media aetas나 '메디움 애붐'medium aevum[1]이라는 말은 400년 전에는 완전히 경멸적인 의미를 담고 있었다. 이 말은 중요한 일이 하나도 벌어지지 않는 일종의 대기 시간 같은 "중간 시기"라는 것이며, "본래의 의미에서" 시대라고 할 만한 두 시대, 곧 그리스-로마 시대와 "새 시대" 사이에 낀 "인터메쵸"Intermezzo, 다시 말해 본래의 의미로는 시대라고 할 수 없는 시대라는 것이다. 스스로 택한 이 말은 당시 사람들의 자의식이 어떠했는지 보여 준다. 또 이 말

1) G.Gordon, *Medium Aevum and the Middle Age,* Oxford, 1925.

은 대체로, 당시에는 마치 "막간에" 아무 일도 없었다는 듯이, 실제로 고대의 "르네상스" 또는 고전 시대의 부흥이 이루어진다는 것을 의미한다. 그래서 파리의 생 저맹- 데- 프레St. Germain-des-Prés에 있는 데카르트의 묘비는 "학문의 근거를 **다시** 놓은 사람"reconditor doctrinae이며 인간 이성의 권리들을 옹호한 "첫 번째 사람"이라고 그를 기리고 있다. 물론 그냥 첫 번째 사람이 아니라 고대 세계가 몰락한 이래 첫 번째 사람이라는 것이다.

우리도 잘 알고 있듯이 중세中世에 대한, 특히 중세의 철학과 학문에 대한 그런 평가는 오랫동안 계속되었다. 헤겔도 『철학사 강의』에서 자신은 6세기와 16세기 사이의 천 년을 재빨리 "벗어나기" 위해 "한 발짝에 7마일을 걷는 장화를 신고"[2] 싶다고 말한다. 그리고는 행복하게도 데카르트를 탐구하게 되었을 때 자신이 "마치 어떤 선원이 되기라도 한 듯이……'육지다' 하고 외칠"[3] 수 있게 되었다고 한다. 중세 철학을 "해부하듯이" 직접 공부한다는 것은 "누구에게나 지나친 요구일 수밖에 없는데, 그것은 중세 철학이 장황하면서도 동시에 빈약하기 때문이고, 끔찍하게 씌어 있으면서 부피만 크기 때문"[4]이라는 것이다. 물론 같은 19세기 초에 그런 경향만 있었던 것은

---

[2] Hegel, *Sämtl. Werke*(Jubiläumsausgabe), ed. by H.Glockner, vol.19, Stuttgart, 1928, p.99.

[3] *Ibid.*, p.328.

[4] *Ibid.*, p.149: 여기서 헤겔이 2차 문헌과 개요 서적 말고는 원천이 되는 문헌으로 오직 성 토마스의 『신학 대전』만을 언급하고 있는 것으로 볼 때, 아무리 "끔찍하게 씌어져 있고 부피만 큰" 문헌이 『신학 대전』을 가리킨 것일 수 있다 해도, 토마스의 위대함만은 오히려 높이 평가할 수 있을 것 같다.

아니며, 오히려 이와 정반대되는 성향 역시 아주 강했다: 낭만주의자들은 중세적인 것이면 무엇이든 구별하지 않고 대단히 높이 평가했던 것이다.

다행스럽게도 오늘날에는 이 모든 일이 어느 정도 잊혀지고 말았다. 적어도 우리는 "중세", 특히 중세 철학의 여러 형태와 거기서 제기된 문제들을, 긍정적이든 부정적이든 일체의 선입견이나 사심 없이 연구할 수 있는 입지를 새로 확보하게 되었다. 이는 특히 수십 년 전부터 이 시대 탐구에 집중된 엄청난 연구 작업 덕택이기도 하다.[5]

〔**2**〕 모든 것은 선을 긋는 작업을 통해 형태를 가지게 된다. 어떤 것의 형태가 어떠한지 알고자 하는 사람은 그것이 자기 주변에 있는 다른 것들과 어떤 경계선을 통해 구별되는지 살펴보아야 한다. 마찬가지로 만일 중세 철학이 다른 것과 구별되는 자기 나름의 역사적 형태를 가지고 있다면, 경계선이 어디인지, 중세적이지 않은 것과 어디에서 경계가 지어지는지, 무엇을 경계로 그 이전 및 그 이후와 나뉘는지 등을 살펴야 하고, 그렇게 하는 사람의 눈에 그 차이가 분명하게 드러나야 한다. 달리 말하면, 우리는 중세 철학, 그리고 중세 전반에 대해,

---

[5] 특히 다음과 같은 중요한 학자들을 들 수 있다: Cl.Baeumker, Fr.Ehrle, B.Geyer, M. Grabmann, J.Koch, A.Landgraf, A.Stöckl; M.-D.Chenu, E.Gilson, P.Mandonnet, J.Maritain, F. van Steenberghen, M. de Wulf: 여기서 개별적으로 잘못된 평가가 있기는 했어도 당시로서는 놀라운 것이었던 에르트만(J.E.Erdmann)의 1865년 논문도 언급해야 할 것 같다: "Der Entwicklungsgang der Scholastik", in: *Zeitschrift f. wissenschaftliche Theologie,* 8. Jg., Halle, 1865, pp.113-171.

그 시작과 끝이 어디인지 물어야 한다.

〔**3**〕 물론 중세의 시작에 대해 특정 시점, 특정 날짜를 제시하는 것은 불가능하다. 그럼에도 불구하고 상징적인 의미를 가졌다고 할 수 있는 특정한 한 해를 지적할 수는 있는데, 그것은 529년이다. 헤겔도 이 해를 가리키면서, "확고하던 이교異教 철학의 외적 지위가 몰락한"[6] 해라고 말한다. 529년, 그리스도교 신자 황제이던 유스티니아누스Justinian의 법령이 아테네에 있던 플라톤 아카데메이아를 폐쇄한다. 그것은 그 자리에 같은 이름으로 900년 동안 유지되어 왔던 것이다. 그러나 같은 해에 또 하나의 중요한 일이 있었으나 이에 대해서는 헤겔이 아무 말도 하지 않는다. 그것은 성 베네딕토가 몬테카시노Monte Cassino를 설립한 것으로, 로마와 나폴리 사이, 하나의 민족이동 군용도로 위쪽에 높다랗게 첫 번째 베네딕토 수도원이 설립되었다. 말하자면 실제로 여기에 사라져 가는 시대와 새로 도래하는 시대가 서로 맞닿는 경계선 같은 것이 눈에 보인다. 이렇게 두 시대를 대조시켜 보는 것은 다양한 의미를 담고 있다. 이 의미들은 529년에 있었던 일들에 의해 암시되고 있었으나, 그때에 이미 바로 알아챌 수 있는 것은 아니었다.

〔**4**〕 헤겔은 "이교" 철학의 몰락에 대해 말하면서 정말로 결정적인 말을 했는데, 그것은 중세 때 그리스도교 철학이 이교

---

6) Hegel, *op.cit.*, p.99.

철학과 대적해 나갔다는 것이다. 이보다 더 근본적인 구별과 구분을 생각하기란 결코 쉽지 않다. 두 시기를 이렇게 절단하여 나누는 것은, 예를 들어, 이오니아학파의 자연철학과 소크라테스 및 플라톤을 나누는 것보다 훨씬 더 분명하게 나누는 것이다. 탈레스에서 소크라테스로, 또는 플라톤에서 스토아 철학으로 이어지는 발길은 탈레스, 소크라테스, 플라톤, 스토아 철학으로부터 오리게네스, 아우구스티누스, 안셀무스, 토마스로 이어지는 발길과 감히 비교될 수 없다. 그 이유는 이 경우 두 시기 사이에 특정한 사건이 개입되어 있기 때문이다. 그 사건은 개념과 이념들 영역에서 있었던 사건이 아니라, 엄밀한 의미로 역사적인 사실의 영역에서 있었던 사건이다. 그것은 실재 사실에 대한 사유의 영역에서가 아니라 실재 사실 자체의 영역에서 있었던 사건이다. 물론 플라톤과 스토아 철학 사이에도 혁명적인 의미를 가진 역사 사건들이 있었다. 그리고 알렉산데르 제국의 몰락이 가져온 혼란과 불안이 인간 실존에 대해 철학하는 데 있어 아주 엄청난 영향을 준 것도 분명한 사실이다. 그러나 우리가 여기서 말하고 있는 고대와 중세를 가르는 역사적 사건은, 그 자체로 볼 때, 그리고 필연적으로, 실재 사실 전체와 인간 현존재의 의미에 대한 생각을, 다시 말해 철학을, 근본적으로 물들이고 변화시킬 수밖에 없는 종류의 사건이다. 따라서 중세 철학을 순전히 고대 철학의 (결함 있는, 또는 발전적이기도 한) 지속적 전개 과정으로만 보거나, 인간 사유 역사 안에서 막연히 "새로운 시대"로만 볼 수는 없다. 우리가 여기서 말하려는 사건이, 신학 전문 용어로 말해서, 〔하느님이 사람이 되신] "육화"肉化(Inkarnation) 사건이라는 것은 누구라도 짐작했을 것이다. 이를 통해 이제 아주 근본적인 입장 표명이 어쩔 수 없이 중요한 요인으로 작용할 수밖에 없게 된다. 이 입장 표명 자체에 대해서는 여기서 더 자세히 논의할 필요가 없을 것이다. 어쨌든 "모든 역사는 그리스도를 향해 나아가고, 그리스도로부터 온다"고 말할 것인지(이것은 칼 야스퍼스가 헤겔 철학의 기본 내용을 다른 말로 바꿔 표현한 것이다[7]), 아니면 야스퍼스 자신이 생각했던 것처럼, "가장 깊이 있는 단락"과 "세계사의 축"이 "기원전 800년과 200년 사이에 발생한 정신적 과정", 곧 거의 같은 시기에 노자, 공자, 부처, 차라투스트라, 이사야, 파르메니데스, 헤라클레이토스, 플라톤이 등장한 그 정신적 과정에 있다고 말할 것인지[8] 여부는 중세 철학에 대한 이해를 위해 아무래도 좋은 중립적인 문제가 아니라는 사실만큼은 분명해져야 한다. 그러나 이 문제는, 이미 말했듯이, 여기서 더 자세히 다뤄질 수도, 다뤄질 필요도 없다. 잊지 말아야 할 것은 어떤 중세 철학자든 그 철학자를 제대로 이해하려면 세상과 인간에 대한 그의 사유의 기반에 전혀 의심할 수 없는 하나의 확신이 자리 잡고 있다는 사실을 항상 같이 고려해야 한다는 것이다. 그 확신은 실재 현실을 밝혀 주는 힘에 있어서 인간의 어떤 지혜와도 감히 비교할 수 없는 엄청난 진리가 육화 사건 안에서 비로소 접근 가능하게 되었다는 것이고, 정확히 바로

---

7) K.Jaspers, *Vom Ursprung und Ziel der Geschichte,* München, 1949, p.19.

8) *Ibid.,* pp.19f.

이 진리가 철학하는 사람이 다뤄야 하는 바로 그 대상이라는 것이다.

그렇다면 이제 "중세적" 사유가 시작되는 〔고대와의〕 "경계선"이 그리스도교가 도래한 시기와 꼭 맞아떨어진다고 보아야 하는가 하는 물음이 제기될 수 있다. 사실 질송Gilson의 『중세 그리스도교 철학사』*Geschichte der christlichen Philosophie im Mittelalter*는 신약성서의 가르침을 묘사하는 데서 시작한다.[9] 그러나 우리 생각에는 '그리스도교적 고대 철학'이라는 말을 사용할 만한 충분한 이유가 있어 보이고, 그래서 유스티누스Justin, 알렉산드리아의 클레멘스Klemens von Alexandrien는 물론 아우구스티누스까지도 그리스도교적 성격을 띠고 있음에도 불구하고 고대, 다시 말해 중세 이전의 철학자로 보는 것이 옳아 보인다. 이로써 우리는 경계선이 되는 529년에 있었던 사건들, 정확히 말하면 무대 중심이 플라톤 아카데메이아가 있던 아테네에서 민족 이동 도로에 있는 베네딕토 수도원으로 옮겨간 사실에 숨겨진 두 번째 요소에 대해 언급하게 된 셈이다.

아우구스티누스는 (아우구스티누스뿐 아니라 그의 말을 듣는 사람이나 그의 글을 읽는 사람도 모두) 완전히 로마 제국Imperium Romanum 안에서 살았는데, 그곳은 신플라톤주의, 스토아 철학, 에피쿠로스 철학 등에 의해 사고의 틀이 형성된 헬레니즘 정신 세계였으며, 바로 이 사상들이 아우구스티누스의 정신적 고향이었다. 아우구스티누스 자신뿐 아니라 그가 대하는

9) Gilson, *History*, pp.3f.

모든 사람들에게도 로마는 세상 안에 있는 질서에 대한 상징 바로 그것이었다. 바로 그런 사실이, 다른 한편으로는, 알라리크Alarich가 로마를 점령함으로써(410년) 야기되고, 이어 "신국"神國이라는 역사신학적 개념을 통해 글로 표현된 그 엄청난 충격을 이해할 수 있게 해준다. 비록 자신이 살던 그리스-로마라는 고대의 울타리가 위협받고 위험에 처해 있음에도 불구하고, 아우구스티누스에게는 그것이 정신적으로 변함없이 마음을 채우고 있던 세계의 전부였다. 반달족Vandale이 자신의 주교좌 도시인 히포Hippo를 점령했을 때, 그는 이미 죽음을 앞두고 있었다. 백 년도 채 안 되어 상황은 이미 완전히 바뀌었다. 예를 들어 보에티우스Boethius의 경우 그 개인으로 보면 여전히 온통 로마 제국의 정치적 생활 영역과 고대 철학의 정신적 영향권에서 자란 것이 분명하지만, 그의 말을 듣고 그의 글을 읽는 사람들에게는 그런 사실이 이제 더 이상 적용되지 않았다. 보에티우스는 테오데리히Theoderich 왕국의 고트족Gote을 대하며 살았던 것이고, 이들이 새로운 드라마의 등장인물들dramatis personae이었던 것이다.

이런 무대 변화는 이를 바라보는 오늘의 우리들(독일 사람들)에게도 그대로 반영되어 나타나는 것 같다. "반달족에 의해 점령된 도시 안에서 죽음을 맞고 있는 아우구스티누스"를 머릿속에 떠올릴 때 우리는 무의식적으로 아우구스티누스의 눈으로, 다시 말해서 어떤 의미에서는 "독일 사람들 자신인" 게르만족 점령자의 눈이 아닌 로마인의 눈으로 모든 것을 바라본다. 반면 보에티우스 자신에 대해 말하거나 고트족 사이에서 활약하는 그의 활동에 대해 말할 때면 이미 우리는 우리가 그와 결합되어 있다고 느껴야 할지, 아니면 고트족 왕 테오데리히와 결합되어 있다고 느껴야 할지 더 이상 명확하지 않다. 이 말은 우리가 부지불식간에 모든 것을 로마 제국으로 밀고 들어온 젊은 민족의 눈으로 보기 시작한다는 것이다. 더 나아가 우리가 앨퀸Alkuin이나 라바누스 마우루스Hrabanus Maurus를 생각한다면 그것은 이미 내적으로 무대 변화가 완전히 이루어진 다음임이 분명하다. 우리는 이 전환점이 정확히 고대와 중세를 가르는 바로 그 경계선 위에 놓여 있다고 생각한다. 중세 철학이야말로 북쪽에서 고대 철학 영역 안으로 밀고 들어오는 민족들과 밀접히 관련되어 있다. 그리고 529년이 되기 몇 해 전에 죽은 보에티우스는 분명 그들에게 눈을 돌린 첫 번째 철학자였다. 그렇지만 물론 정신 영역에서 칼로 자른 듯한 명확한 시대 구분이 있을 수 없다는 것은 의심의 여지없는 분명한 사실이다. 예를 들면 아우구스티누스가 중세 철학의 원리들에 대해 이미 언급하고 있다는 사실이 여러 가지 방식으로 증명될 수 있음에도 불구하고 그는, 역사적 실존으로 볼 때, 중세 이전의 사람, 곧 고대인으로 남는다.

공간적으로 볼 때에도 보에티우스 때부터 정신생활의 중심이 다른 곳으로 옮겨간다. 아테네, 알렉산드리아Alexandrien, 안티오키아Antiochien, 카르타고Karthago가 차지했던 자리를 이제 테오데리히의 궁정(라베나Ravenna, 베로나Verona, 파비아Pavia), 칼 대제의 궁정, 캔터베리, 파리, 옥스퍼드, 쾰른 등이 차지한다. 로마와 이탈리아가 여전히 중요한 곳이었다는 것은 분명한 사실이다. 그러나 그것은 게르만 출신 영주들이 점령한 이탈리아였다. 사실 토마스 아퀴나스도 남부 이탈리아 출신이지만, 그의 어머니는 노르만족 출신이었으며, 그의 고향은 호헨슈타우펜 가문이 지배하던 시칠리아Sizilien 왕국에 속했다. "야만" 민족들이 승리자가 되어 자신들이 직접 설계하여 짓지 않은 집에서 내 집처럼 적응하며 살았다는 역사적 사실, 바로 이 사실이 처음에 중세 철학의 특징을 이루던 불협화음, 그 사실을 고려하지 않고는 대단히 알아듣기 힘든 그 부조화를 이해할 수 있게 해준다. 이에 대해 헤겔은, 비록 개관하듯이 짧은 요약 형태로 말한 것이긴 해도, 아주 의미 있는 말을 했다: "중세의 주된 요소는 두 나라, 두 언어라는 이 이중성, 이 이원성이다. 우리는 이전에 지배했던 민족들, 자신의 고유한 언어와 예술과 학문을 완성된 형태로 가지고 있던 앞서 지나간 세계를 본다. 그리고 자신들에게 낯설기만 한 그 위에 새로운 나라들이 터를 잡고 살았는데, 이들 새 나라들은 이처럼 그 자체 분열된 채로 시작했다."[10] 이런 식으로 헤겔은 자신에게도 낯설게 다가온 스콜라 철학을 설명했다. 스콜라 철학은 "북유럽적-게르만적 본성을 가진 돌기에서 메마른 이성이 일으키는 전적인 혼돈"[11]이라는 것이며, 당시 "정신의 무한한 진리가 굉장히 무거운 돌덩어리"처럼 있어서, "이 철학은 그 무지무지한 압박을 느끼기만 할 뿐 소화해 낼 수 없었다"[12]는 것이다. 스콜라 철학에 대한 이런 부연

10) Hegel, *op.cit.,* p.139.

11) *Ibid.,* p.199.

12) *Ibid.,* p.201.

설명은 틀린 것이고, 심지어 그 틀렸음이 증명될 수 있기까지 하다. 그러나 다른 한편으로 보면 헤겔이 다음의 사실을 지적한 것만은 분명 참되다: 자기 고유의 터전에서 자란 것이 아닌 것을 자기 것으로 만든다는 것, 외래 단어들뿐 아니라 전혀 낯선 다른 종류의 사유 방식까지 배워 익힌다는 것, 이미 다른 사람들이 생각해 놓은 엄청난 양의 내용을 자기 자신의 것으로 동화시킨다는 것—이 모든 것이 실제로 중세 철학이 직면하고 해결해야 할 바로 그 문제였다는 사실 말이다. 이 문제를 해결하는 가운데 비로소 중세 철학은 자신의 고유한 형태를 가지게 된다.

〔**5**〕 중세를 중세 이전, 곧 고대와 구별시켜 주는 새로운 점이 무엇인지에 대해서는 그런대로 어느 정도 정확하게 윤곽을 그릴 수 있다. 이 말은 중세의 시작을 의미하는 경계선이 명확히 알아볼 수 있는 형태로 그어질 수 있다는 것을 의미한다. 그러나 이와 반대로 중세의 끝, 곧 중세 이후 시기와의 경계선을 분명하게 긋는 것은 훨씬 어려운 작업임이 분명하다. 어쩌면 우리가 아직 그 경계선에 전혀 도달하지 않았다는 생각을 할 수도 있다. 혹시 중세가 아직 끝나지 않은 것은 아닐까? 실제로 중세의 끝을 가리키는 경계선을 긋기가 어려운 것은 다음과 같은 이유에서라고 할 수 있다: 우선 중세와 함께 인간 역사 전체에 있어서 새로운 단락이 시작되었으나, 그 단락이 중세의 마감과 더불어 똑같은 방식으로 끝나지는 않았다는 것이다. 중세는 이 새 단락의 지나간 첫 시기에 불과하다. 오히려

그 새 단락 자체는 중세 이후 시기, “근대 이후 시기”, 현대에까지 계속 작용하고 있고, 심지어 이들 시기를 넘어서까지 작용하고 있다. 바로 이런 사실이 중세를 다른 시기와 구별해 주는 “중세성”中世性 자체가 정확히 어디에 있는지 아주 명확한 형태로 말하는 것을 어렵게 한다. 왜냐하면 고대와 비교할 때 중세의 “전형적인” 특징이라고 가장 큰 기대감을 가지고 제시할 수 있는 많은 것이 중세 이후의 시기에도 여전히 특징적인 것으로 남아 있기 때문이다. 예를 들어 중세 철학을 실제로 고대의 사유와 구별하게 해주는 요소인 그리스도교적 요소가 중세 “특유의” 것이어서 중세가 끝남과 동시에 그 타당성을 상실했다거나, 마치 고대 세계의 몰락과 함께 그리스도교 이전 철학의 이교적 습성이 사라지고 침몰한 것처럼 그 실제적인 힘을 잃었다고 주장한다면, 그것은 말도 안 되는 어처구니없는 주장일 것이다.

중세의 마감을 보여 주는 경계선은 어쩌면 우리가 앞서 이야기할 때 두 번째 요소라고 말한 내용을 염두에 두면 더 분명해질지 모른다. 그것은 북쪽에서 로마 제국 안으로 밀고 내려온 젊은 민족들이 거기에 쌓여 있던 전승 자료들, 다시 말해 고대로부터 내려온 지혜의 보고뿐 아니라 교회 교부敎父들의 신학이 거두어들인 엄청난 결실들까지 모두를 자기 것으로 만들고 또 스스로 거기에 동화되는 것을 자신들의 과제로 알고 있었다는 (결코 자명하다고 할 수 없는) 사실이다. 이 지점에서 출발할 때 비로소 우리는 중세 사유를 다른 것과 구별하게 해 주는 기본 특징의 하나인 “학교 방식”이라는 특징을 이해할 수 있게 된다. ("스콜라 철학"이란 이름도 이 "학교 방식"이라는 말을 암시한다.) 스콜라 철학이 우선 그 예를 찾아볼 수 없을 만큼 엄청난 학습 과정이었다는 사실, 수백 년 동안 변함없이 지속되어 온 굉장한 규모의 학교 방식의 제도였다는 사실을 알지 않고는 스콜라 철학이 무엇인지 도무지 이해할 수 없다는 것이 우리의 생각이다. 이교적인 것이든 그리스도교적인 것이든 고대 세계의 유산을 진정 자기 것으로 만들어야 했다면, 실로 그 첫 번째 전제는 오직 주어진 내용들을 잘 정리하는 것이었으며, 특히 가르치고 배울 수 있게 한다는 관점에서 잘 정리하는 것이었다. 그리고 이런 관점, 이런 방식으로 분류하고, 구분하고, 체계화하는 아주 평범하다고 할 수 있는 작업이 지금까지 가져 보지 못한 중요한 의미를 가지게 되었다는 것은 마땅한 귀결이었다. 중세 스콜라 철학 저술들에 직접적이고 개인적인 데서 오는 매력이 결여되어 있다는 것은 지극히 당연한 일이다. 학교 교과서 같은 책에 저자의 독창성을 위한 여백이란 거의 없을 수밖에 없기 때문이다. 통상적으로 볼 때 배우는 일, 곧 학습은 이와 다른 방식으로는 결코 이루어질 수 없다. 그리고 고대 세계 질서가 와해되어 가는 그 시기에, 전래되어 내려온 귀중한 유산을 배워 자기 것으로 만드는 것이 실로 긴박한 역사적 과제 **자체**였다면, 스콜라 철학의 "학교 방식"은 단순히 달리 어떻게 할 수 없는 것이기만 한 것이 아니라, 꼭 그래야만 하는 것이기도 했다. 만일 기초에서부터 차근차근 밝혀 나가는 그런 각고의 끈질긴 노력이 선행되지 않았다면, 누가 감히 우리가 오늘날 플라톤이나 아리스토텔레스나 아우구스티누스의 사상에 대한 직접적인 정신적 통로를 가질 수 있다는 말을 할 수 있겠는가. 더 나아가 그토록 엄청난 양의 내용을 자기 것으로 만드는 작업은 배우고 가르치는 스콜라 철학자 측에서 보면 아주 엄청난 양의 지적 자율성과 독립성을 전제하며, 또 그 철학자 자신이 독자적으로 세계와 가지는 관계의 직접성도 전제한다. 그런 작업은 전적으로 대 알베르투스나 토마스 아퀴나스한테서 볼 수 있는 것과 같은 천재적인 정신적 능력을 필요로 한다.

그런데 이런 사실이 우리의 관심사인 중세의 끝과 무슨 상관이 있다는 것인가? 이에 대해 우리는 특별히 그런 "학습하는" 자세가 어느 한순간 활력을 잃을 수밖에 없게 되었다고 대답할 수 있다. 전승된 자료들을 자기 것으로 만드는 과제가 완수되고, 사람들이 자기 고유의 세계를 경험하면서 만나게 되는 문제들과 자신들이 고유하게 고민하고 해결해야 할 문제들이 많은 숙고와 해법을 요구하게 된 만큼, 이미 알고 있는 내용을 단순히 배워 익히는 데서 그치는 것은 실로 그 중요성을 점차 잃어 갔을 뿐 아니라 심지어 부적절한 일이 되어 버렸다. 하지만 다른 한편으로는 물론 중세 때 널리 제도화되다시피 한 학문 체계가, 비록 우선적으로는 앞서 주어져 있는 인식 내용에서 얻어진 결실에 맞춰져 있는 것이긴 해도, 이미 익숙해져 길이 잘 난 자신의 진행 방식을 계속 견지하고, 앞으로도 변함없이 유지·발전시키려 하리라는 것도 당연히 계산에 넣어야 했다.

그러나 그런 시도는 결국 아무 결실도 맺지 못한 와해의 수순을 밟을 수밖에 없었다. 바로 이것이 실제로 일어난 사실을 거의 정확하게 묘사한 것이다. 이에 대해서는 모든 역사가들이 일관되게 주장하고 있다. 중세의 끝은 황제의 칙령을 통한 플라톤 아카데메이아의 폐쇄의 경우처럼 외적으로 발생한 사건의 형태로 찾아온 것이 아니었다. 오히려 중세 철학은 내부로부터 변질되어 갔다. 그라프만Grabmann[13]은 급작스럽게 찾아든 몰락에 대해 이야기하고, 질송Gilson[14]은 중세 철학의 끝이 극단에 이른 정신적 혼돈과 무질서로 서술될 수 있을 뿐이라고 말하며, 데 불프de Wulf[15]는 중세 철학에 대한 전체적 설명을, 스콜라 철학은 이념Ideen이 모자라서가 아니라 두뇌Köpfe가 부족해서 멸망하게 되었다는 말로 끝낸다.

이 "마지막" 막幕에 대해서는 우리 책 끝 부분에서 더 자세히 언급하게 될 것이다.

---

13) *Scholast. Methode I,* p.137.

14) Gilson, *History,* p.528.

15) 이 내용은 제4판(Louvain, 1912)에 해당되는 것으로, 아이슬러(R.Eisler)에 의해 독일어로 번역되었다: M. de Wulf, *Geschichte der mittelalterlichen Philosophie,* Tübingen, 1913, p.448.

제 2 장

〔**6**〕 게르만족인 북방 민족들이 고대 유산을 습득하여 자기 것으로 만든 일은, "문화적으로 영향을 미치는" 다른 모든 경우와 달리, 잊혀져 사라지는 것을 구했다는 성격이 강하다. 그런 습득 작업이 이루어지지 않았다면, 고대 세계가 남긴 귀중한 자료들과 그 피나는 노력의 많은 부분이 후대의 역사에서 사라져 버렸을 것이다. 그런데 배우는 사람들이 그들 자신의 고유한 토양에서 자라지 않은 내용과 자신의 모국어가 아닌 다른 언어로 작성된 내용을 배워 익혀야 하는 외국인들이었기 때문에, 자연히 전달 과정 자체도 새로운 조건 아래 놓여 있었다. 가장 원초적인 의미에서, 받아들이는 사람의 언어 방식과 사유 방식으로 옮겨 주는 번역 작업, 간략하게 정리해 주는 정리 작업, 고대의 폐쇄된 전통 영역 안에서 자명하게 여겨지던 내용들을 초보적으로 하나하나 꼼꼼히 판독해 나가는 판독 작업—이 모든 작업들이 부지불식간에 생사를 다투는 것과 같은 절대적으로 중요한 의미를 가지게 된다. 물론 방법론적인 면만

이 문제가 아니다. 오히려 이보다 더 중요하다고 할 수 있는 것은, 전체가 한꺼번에 세세한 내용까지 자세히 다뤄질 수 없기 때문에, 어떤 내용들이 우선적으로 가장 중요한 것으로서 "번역되어" 새로운 건축물의 기반에 첨가될 것인가 하는 문제이다. 따라서 이제 결정적인 물음은 그런 과제가 그 과제에 맞는 적합한 사람을 찾을 수 있을지 여부에 있다. 이 물음에 대한 답은 바로 **보에티우스**Anicius Manlius Boethius이다.

놀랍게도 보에티우스는, 비록 그 사건들을 직접 경험하지 못하고 죽었지만, 529년에 있었던 "상징적인" 두 사건들과 관련되어 있다. 그는 플라톤 아카데메이아에서 공부한 학생이었고, 그래서 황제의 칙령에 의해 폐쇄된 학교는 어떤 의미로는 그의 학교였다. 그는 누르시아의 베네딕토Benedikt von Nursia와는 동년배였으며, 두 사람 모두 로마의 아니시에Anicier 부족에 속한다는 점에서 서로 결합되어 있다고도 할 수 있다. 보에티우스는 시대를 가르는 좁은 경계선상 무인 지대에 자리 잡고 살았다. 그리고 그런 역사적 장소가 그의 인생의 운명을 결정했다. 그는 자신이 크고 자란 세계가 망해 갈 처지에 있다는 것을 잘 알고 있었다. 그리고 새롭게 떠오르는 세계는, 그 자신 정열적으로 거기에 적응하려 애쓰게 될 것임에도 불구하고, 자신의 세계가 아니었다. 옛 세계에서도 새 세계에서도 그는 논란의 여지없는 명백한 고향을 가질 수 없었다. 사실 언뜻 보면 어느 누구도 보에티우스만큼 확실하게 고대 세계의 토양에 깊이 뿌리박고 있는 이도 없어 보인다. 그는 로마인이었고, 원로원 의원 가문의 자식이었으며, 물론 마지막 주자의 한 사람이긴 했지만, 아테네에서 공부를 했다. 그러나 이 토양은 그 사이에 "점령된 지역"이 되었다. 그리고 분명 보에티우스는 자신의 심적 정신적 힘을 전해 내려온 것을 관리하는 데에만 쏟으려 하지 않았다. 그는 앞으로 어떤 모습을 가지게 될지 전혀 미지수로 남아 있는 새롭고 낯선 것에 관심을 가지고 그것에 과감히 관여한다. 그는 옛 이탈리아 땅을 점령하고 승리를 구가하면서 "배우기" 시작하는 침공 세력에 관심을 갖는다. 그는 고트족 테오데리히의 궁정에 들어가, 자신의 말에 따르면, 나이 많은 사람도 한꺼번에 가질 수 없는 작위와 관직들을 아직 젊은 나이에 얻는다. 비록 보에티우스가 테오데리히 밑에서 봉직하는 가운데 고대의 정신적 유산을 비교할 수 없을 만큼 효과적인 방식으로 "구출하고" 전수해 주는 위치에 있었다 하더라도, 우리는 그가 자신의 과제로 인정하고 받아들인 이 중간적 입지가 얼마나 모호한 것인지도 쉽게 생각할 수 있다. 아닌게 아니라 중개자는 언제나 양측 모두로부터 불신과 혐의를 받을 위험에 처하게 된다: 적의 비밀스런 첩자라는 둥, 적의 "동조자"나 배신자라는 둥, 아니면 분명하고 명확한 태도를 취할 줄 모르는 이질 분자라는 둥. 그리고 테오데리히의 궁정 분위기는 온통 갈등의 소지를 안고 있는 것투성이였다: 고트족의 왕인 그는 동로마 황제의 사자使者로 처신했으나, 사실상 절대 권력을 행사했던 것이다. 테오데리히 자신은 인질로 비잔틴 황제의 궁정에서 자란 사람으로서 자신의 개인적 삶에 있어서는 고대 로마의 풍습에 따라 사는 것을 좋아했으며, 그의 딸은 라틴어와 그리스어를 할 줄 알았다. 그러나 동시에, 엉터리 고트인人은 로마인이 되고 싶어 하고 엉터리 로마인은 고트인이 되고 싶어 한다는 말도 그의 말로 전해지고 있다. 엉터리 로마인이 고트인이 되고 싶어 한다는 말과 관련해서 우리는, 그 궁정에서 테오데리히의 몇몇 고위 관료들(물론 로마인들)에게 하는 통상적인 공적 찬사의 말 가운데, 그들은 고트어를 잘할 줄 알고 자식들을 고트식으로 양육한다는 말이 있다는 것을 알고 있다.[1] 그러나 전반적으로 테오데리히는 분명한 구별이 이루어질 수 있도록 신경을 썼다. 그래서 로마인은 군대에서 지도적 위치를 차지할 수 없었으며, 고트인은 국가를 관리하는 직책을 가질 수 없었다. 말하자면 보에티우스는 이처럼 갈등으로 가득 찬 세계 속에 정착하여 살고 있었던 것이다. 그는 게르만 왕에게 봉사하는 로마인이었고, 그리스도교를 믿는 지역에 사는 "그리스인"이었으며, 아리아파 그리스도교를 따르는 고트인들 사이에 사는 가톨릭 신앙인이었다. 이는 분명 중개자 역할을 해야 한다고 생각하는 사람에게는 가능성들로 가득한 상황이지만, 노골적으로 말해서 동시에 위험도 가득 담겨 있는 상황이다. 당연히 우리는 보에티우스가 자신의 중개자 역할을 충실히 수행하는 가운데 죽음의 운명에 처하게 된 것이라고 주장할 수 있다.

〔**7**〕 이제 우리는 그런 중개 역할에 대해 자세히 살펴보아야

---

[1] 참조: M.L.Gothein, *Nachwort zu der lat.-dtsch. Ausgabe der Consolatio,* tr. by Eberhard Gothein, Berlin, 1932, pp.195, 205.

할 것 같다. 그 가운데 첫 번째는 보에티우스가 위대한 번역가 중 한 사람이었다는 사실이다. 오늘날도 우리는 그가 이룬 업적을 양식으로 취하고 있다. 실로 **번역**translatio은 모든 정신적 중개 작용의 기본 형태 가운데 하나이며, 반복되어 나타나는 필수 불가결한 작업이다. "universal"이라는 말을 할 때 이미 우리는 보에티우스에 의해 각인된 말을 사용하는 것이며, "Subjekt" "Spekulation" "definieren" "Prinzip" 등의 말을 할 때도 마찬가지다. 이 모든 말들은 보에티우스가 플라톤과 아리스토텔레스의 그리스어에 적합한 말을 찾아 놓은 것이다. 정확히 말해서 바로 이것이 본래 번역가가 할 일이다. 번역가는 새로운 말을 창조하는 사람이 아니라, 맞는 말을 찾아 주는 사람이다. 예를 들면 라틴어에는 예로부터 **"프린치피움"**principium이라는 단어가 있었다. 그런데 탈레스에서 아리스토텔레스에 이르기까지 철학적으로 세계를 해석하기 위해 근원적으로 사용된 **"아르케"**arché라는 말 안에는 "원천"이라는 뜻과 "다스린다"는 뜻이 결합되어 있었고, 라틴어에서도 이와 똑같은 방식으로 이중의 의미를 가진 **"프린치피움"**이란 말이 고정적으로 이 그리스 단어를 대신하는 용어로 선택되어 자리 잡게 되었다. 바로 이것이 사상을 한 언어에서 다른 언어로 "손상시키지 않고" 옮겨 놓는 거의 불가능한 일을 해낼 수 있는 위대한 번역가의 업적이다. **"아르케"**를 **"프린치피움"**이라는 말로 옮겨 놓은 번역 작업이 아주 뛰어난 정확성을 가지고 있었다는 것은 우리가 과연 독일어에서 어떤 단어를 사용하여 저 그리스어나 라틴어 단어의 이중 의미를 재현해 낼 수 있을지 생각해 보면 충분히 짐작할 수 있다. 유감스럽게도 어떤 단어도 떠오르지 않는다. 비록 독일어도, "Erster"와 "Fürst"의 공통 어근에서처럼, "원천, 시작"과 "다스리다"를 하나의 단어로 묶어 파악할 수 있는 어떤 출발점이나 "원료" 같은 것은 충분히 가지고 있음에도 불구하고 말이다. 하이데거가 제안하는 독일어 번역 "beherrschendes Woher"[2]는 의심의 여지없이 내용의 핵심을 찌르고 있다. 그러나 이 말은 "아르케"라는 말이 의미하는 것을 설명하여 서술하는 것이지, 그 단어 자체의 번역이라고 보기는 어렵다.

그러나 중개자 보에티우스의 위대함은 기초적인 말들의 의미를 번역 작업을 통해 변경하거나 손상시키지 않고 언어의 경계를 넘어 옮겨 놓을 줄 알았던 이런 언어적 대가라는 데서만 드러나는 것이 아니다. 이에 못지않은 그의 위대성은 자기가 "구출하겠다고" 생각한 문제의 실제 내용을 급수級數와 맥락까지 확실하게 표시해 두는 결코 현혹될 줄 모르는 치밀성에서도 드러난다. 이 작업은 처음부터 드러내 놓고 전승된 자료 전체를 목표로 삼고 있었는데, 이는 개별 사항 하나하나까지 실제로 완전하게 다룬다는 의미에서가 아니라, 오히려 보편적인 개관을 할 수 있게 해줌으로써 자기만이 옳다고 주장하는 모든 형태의 거짓된 배타성 주장에 저항할 수 있게 한다는 의미에서이다. 결과적으로는 비록 그런 작업이, 사람들이 자주 보에티우스를 비난하여 말하곤 하듯,[3] 일종의 "미결 상태"를

2) M.Heidegger, *Was ist das — die Philosophie?*, Pfullingen, 1956, p.37.

가져올지 모르지만, 여기서 분명하게 드러나는 사실은 틀림없이 그가 이 극도로 위태로운 시대가 실제로 필요한 것이 무엇인지 깊이 인식하고 있었다는 것이다. 다시 말해서 여러 학파들의 견해를 되도록 정확하게 끝까지 파헤쳐 나가는 것이 아니라, 오히려 공통되는 기초를 잘 보존해 줌으로써, 이를 통해 비로소 학파들 사이에 의미 있는 논쟁이 가능하게 하는 것이 중요하다는 사실을 그가 깊이 인식하고 있었다는 말이다. 그는 이것이냐 저것이냐를 곧장 선택하려 하지 않는다. 근본적으로는 신플라톤주의자였을지 몰라도, 명백하게 그는 플라톤과 아리스토텔레스 둘 다를 원한다. 이런 자신의 의도를 드러내는 문장은 극도의 확신에 차 있다: "나는 내 손에 들어오는 아리스토텔레스의 모든 작품과……플라톤의 모든 대화편들을…… 라틴어로 번역할 것이다"Ego omne Aristotelis opus, quodcumque in manus venerit ... omnesque Platonis dialogos ... in Latinam redigam formam.[4] 이 문장은 아리스토텔레스의 논리학 작품 가운데 한 작품에 대한 주해서에 들어 있다. 텍스트들이 단순히 번역된 채로만 남아서는 안 된다는 사실이 여기서 잘 드러난다. 오히려 보에티우스는, 같은 곳에서 적고 있듯이, 플라톤과 아리스토텔레스가 철학적인 기본 확신에 있어서 얼마나 깊이 일치하고 있었는지를 자신의 주해서들에서 분명하게 보여 주려 한다.[5] 이렇게 떠안은 과제가 굉장한 노력을 요하는 것이고, 심지어는 거의 해결될 수 없

[3] Böhner, *Christl. Philosophie,* p.247.

[4] *Kommentar zu Peri hermeneias,* zweite Fassung, Migne, *Patrologia Latina,* 64, 433.

[5] "... in plerisque quae sunt in philosophia maxime consentire." *Ibid.*

는 것이라 할지라도, 어쨌든 보에티우스는 오늘날 예거Werner Jaeger의 연구를 통해 사실로 확인된 내용, 곧 아리스토텔레스가 **플라톤주의자**였다는 것을 500년경에 벌써 아주 명백하게 보여 줄 수 있었다.

플라톤과 아리스토텔레스의 작품 전체를 번역하고 해석하는 이런 엄청난 계획이 실현되지 못했다는 것은 그리 놀라운 일이 못 된다. 그런 작업은, 비록 보에티우스 자신의 말처럼 죽음이 그에게 "시기를 제대로 타지 못하고 세월의 달콤함 속으로 밀고 들어오지"[6] 않았다 하더라도, 기대할 수 없는 일이었을 것이다. 그는 결국 아리스토텔레스의 몇몇 논리학 작품들 외에는 더 이상 나아갈 수 없었다. 그렇지만 아무튼 누구와도 비교할 수 없을 만큼 그토록 위대한 그리스 사람 아리스토텔레스의 '물음을 묻고 답을 찾는 생동적인 힘'이, 자신의 기초를 다져 가는 중에 있는 서양 세계에 지속적으로 살아남아 있게 한 것은 바로 보에티우스의 이 번역들이었다.

보에티우스는 또 자신이 쓴 글과 책들을 통해서도 후대에 큰 영향을 미쳤다. (그 가운데는 산술과 천문학과 음악[7]에 관한 초보적 교과서들이 있었고, 우리가 거론하게 될 신학적 논문들도 여럿 있었다.) 그가 죽은 지 600년이 지난 후 아벨라르두스Abälard의 논리학 논문들 안에는 거의 모든 쪽마다 그의 이

6) 『철학의 위안』에 나오는 첫 번째 시.

7) "다양한 그리스 권위에 기초하고 있는 그의 음악 교과서는 근대까지도 옥스퍼드와 케임브리지에서 사용되었다." E.K.Rand, in: Boethius, *Theological tractates etc.*, Loeb Classical Library, 1953, p.X.

름이 언급되고 있다.[8] 그런데 어쩌면 이보다 더 크게 작용한 것은 이름이 드러나지 않은 채 미치고 있는 그의 영향으로, 그것은 단지 번역에서만 오는 것이 아니었다. 일반적으로 볼 때, 다른 곳에서 자란 것이 내 것이 되면 될수록 그것이 어디에서 유래했는지는 동화되는 과정 속에서 그만큼 더 많이 잊혀지곤 하는 것이 상식이다. '인격' '운명' '영원'(단지 시간적으로 끝없이 이어진다는 것이 아니라, 모든 것을 동시에 장악하여 가진다는 뜻으로[9]) 등의 개념들에 대한 말끔하게 이루어진 규정 작업과, "모든 인식은 필연적으로 인식하는 사람의 인식 방식에 따라 이루어진다"[10]는 간결한 명제 등도 그런 상식을 따르고 있다. 보에티우스가 거둔 이 모든 결실들이 저자의 서명을 확인할 길 없는 채로 이미 오래전에 모두의 공동 소유가 되어 버렸다.

〔**8**〕 보에티우스의 가장 중요한 책은 그 자신이 애초부터 계획해서 쓴 것이 아니었다. (그 책은 당연히 세계 문학에 속한다고 해야 할 중요한 책이다.[11]) 옛날부터 통상적으로 저자의

---

8) 참조: Grabmann, *Die theologische Erkenntnis- und Einleitungslehre des heiligen Thomas von Aquin,* Freiburg/Schweiz, 1948, p.3.

9) 『철학의 위안』, V, 6 prosa.

10) *Ibid.,* V, 4 prosa.

11) 어떤 이는 성서와 『준주성범』을 빼면 세계 문학에 속하는 어떤 책도 이 책보다 더 자주 필사되고, 번역되고, 주해되고, 출판된 적이 없다고 주장한다(Fr.Heer, *Europäische Geistesgeschichte,* 1953, p.33). 어떻든 확실한 것은, 오늘날에도 인쇄술의 발견 이전 시대로부터 유래하는 『철학의 위안』 수사본이 400개가 넘는다는 것이고, 구텐베르크 성서가 나온 지 50년이 채 안 되어서 이미 43번이나 이 책이 인쇄되었다는 것이다. 라베오(Notker Labeo)는 이 책을 독일어로, 대 알프레도(Alfred der Große)는 영

이름과 함께 언급되고 거론되는 유일한 책이었던 이 책은 동시에 저자 자신의 구상이 조금도 미리 들어가 있지 않은 유일한 책이기도 했다. 이 책은 보에티우스 자신의 험난한 처지가 쓰도록 강요하여 씌어질 수밖에 없었던 것이다.

서른 살에 로마 원로원의 관직에 오른 사람, 무슨 일이나 자신이 착수하기만 하면 부와 영예와 권력을 낳던 사람. 이렇게 다방면에서 엄청나게 잘 나가던 사람의 삶, 그 원대한 실존이, 갑자기 전혀 예상치 못한 단 한순간의 몰락으로 인해 아주 비좁은 감방에 갇히게 되고, 그 감방 안에서 궁극적이고 완전히 내적인 형태로 실재 현실의 가장 근원적인 모습과 만나게 된다. 벌어진 일들을 간단히 설명하면 이렇다: 보에티우스는 테오데리히를 거스른 반란 혐의를 받게 되고, 재판이 이루어지게 되며, 마침내 사형 선고를 받아, 525년경 밀라노에서 잔인하게 처형되기에 이른다. 그는 감옥에 갇혀 죽음을 기다리면서 『철학의 위안』을 쓴다. 이 책에서 우리는 아주 새로운 보에티우스를 볼 수 있다. 그런 그의 모습은 전혀 예상할 수 없을 만큼 다른 모습이어서, 오랫동안 사람들은 심지어 그의 이름으로 전해 내려온 신학 저술들을 그 자신이 썼다고 믿으려 하지 않았을 정도다. (우리는 그 시대 사람들의 눈에 보에티우스의 모

어로 번역했다. 그 밖에도 중세 때 번역된 프랑스어, 그리스어, 스페인어, 히브리어 번역본이 있다. ―『철학의 위안』 시문(詩文)들에 대한 가장 최근의 독일어 번역은 콘라드 바이스(Konrad Weiß)의 역본이다(*Die Gedichte aus der 'Tröstung der Philosophie' des Boethius*, Lateinisch-Deutsch, Mit einem Nachwort von Josef Pieper, Suhrkamp-Verlag, Berlin und Frankfurt, 1956).

습과 거의 불가피하게 붙어 있을 수밖에 없는 이중성에 대해 언급한 바 있다. 이 이중성은 다음과 같은 특이한 여운을 남겼다. 즉, 한편으로는 최근에 이르기까지 보에티우스가 그리스도교 신자가 아니었다는 주장이 제기될 수 있었다는 것이고, 다른 한편으로는 그가 자신의 신앙 때문에 테오데리히에 의해 죽음을 당한 순교자로서의 명성을 가지고 있었다는 것이다. 사실 이 두 추측 모두 옳지 않다는 것이 그동안 입증되었다. 그러나 이 추측들이 나름대로 근거를 가지고 옹호될 수 있었다는 것은 하나의 독특한 현상이라고 생각된다.)

『철학의 위안』을 우리는 매우 다양한 방식으로 읽을 수 있다. 이 책을 읽을 때 우선 우리는 이 책이 그 문학적 형태에 있어서는 플라톤의 대화편이나 아리스토텔레스의 초기 문헌 가운데 하나를 모방하고 있고 단테의 '*Vita nuova*'의 모델이 되고 있다는 사실을, 그리고 그 내용에 있어서는 신플라톤주의자들의 주장이나 스토아 철학의 사유 유산을 담고 있다는 사실을 "재발견"하는 데 목표를 두고 읽을 수 있다. 그런 식으로 이 책을 읽는 것은, 누구나 알 수 있듯이, 철학사 교육을 받은 사람이 아주 선호할 듯한 독서 방식이다. 그런 독자는 여러 측면에서 자신이 항상 그렇게 읽어야 한다는 생각을 갖고 있다. 그러나 그렇게 읽음으로써 그 독자가 유익한 내용들을 많이 확인할 수 있게 된다 하더라도, 이 책 안에 있는 복스 후마나 vox humana, 곧 보에티우스 자신의 음성을 사실대로 듣는 데에는 이르지 못할 것 같아 염려된다. 그렇게 할 수 있으려면 그 책하고만 단 둘이 남아, 일체 다른 어떤 것에 의해서도 마음이

흐트러지지 않은 채, 영혼의 눈과 귀를 직접 적혀 있는 내용에 집중시켜야 하기 때문이다. 그렇게 하고 나면 이제 『철학의 위안』 안에 담겨 있는 것은 오직, 자신이 부유하게 가졌던 모든 것을 아무런 사전 경고 없이 한순간에 빼앗긴 어떤 남자가 그러고도 자신에게 남아 있는 것이 무엇이냐는 물음에 대한 답을 찾고 있다는 사실뿐이라는 것이 드러나게 된다. 그런 일은 죽음을 목전에 두고 자신이 마지막까지 보유하고 있는 재산을 확인하려는 시도를 통해 이루어진다. 여기서 그가 자신의 지식이 닿을 수 있는 모든 것을 생각해 내는 것은 아주 당연한 일이다. 그리고 그런 지식에는 물론 플라톤, 신플라톤주의, 아리스토텔레스, 스토아 철학의 주장들이 포함되어 있다. 그렇다고 해서 유명한 철학자들을 학문적으로 인용한다는 것은 아니다. 그는 지금 참고문헌을 작성할 기분이 전혀 아니다. 그에게 핵심 문제는 세상과 인간 삶이 자신에게 무의미하게 된 것은 아닌가(그런가 그렇지 않은가) 하는 전혀 추상적이지 않을 뿐 아니라 오히려 살을 파고드는 바로 그 물음에 대해 이 절박한 순간에도 변함없이 남아 줄 답을 찾는 것이다. 그런데 이 물음은 누구나 인생길을 걸어가면서 날마다 만날 수 있는 인간의 영원한 물음이다. 그리고 이에 대해 플라톤이나 스토아 철학이 제공해 주는 답도 맥 빠진 "역사적 사실"과는 거리가 멀다. 어쩌면 그리스도교 신자는 이보다 더 나은 새로운 대답, 심지어 궁극적이기까지 한 대답을 제공해 줄 수 있을지 모른다. 그러나 여기서 조금 더 정확히 언급해야 할 것 같다. 그리스도교 신자가 더 깊이 있고 더 참된 답을 가지고 있다는 사실은 맞다. 그러나 그렇다고 이 말이 그리스도교 신자가 실제로 그 답을 자기 것이 되게 할 수 있고 그 답을 “실현할” 수 있다는 것을 의미하는 것은 아니다. 바로 여기에 『철학의 위안』에 대한 해석을 어렵게 하는 문제가 들어 있다. 다시 말해서 보에티우스는 자신의 그리스도교적 답에 대해서는 침묵하고 있는 것이다. 그렇기 때문에 그가 도대체 그리스도교 신자였나 하는 반론이 힘을 얻고 등장했다. 그렇지 않다면 위로를 필요로 하는 사람이 하나하나 따져 나가는 글 안에 그리스도에 대한 언급이 명확한 형태로 한마디도 들어 있지 않고, 또 자신이 겪는 고난의 신비에 대한 생각도 전혀 들어 있지 않다는 사실을 어떻게 달리 설명할 수 있단 말인가? 어쩌면 이 물음에 대해서는 결코 정확한 답을 찾을 수 없을지 모른다. 그러나 혹시 바로 이 침묵이 보에티우스의 정직성과 그의 글에 담긴 전적으로 비문학적인 진지성에 대한 증거라고 생각할 수는 없는 것일까? 내적인 문체로 볼 때 극히 현실적이고 냉정하게 씌어졌다는 특징을 가진(“모든 사람은, 시험을 거치면서 확인되지 않는 한, 자신 안에 자신도 모르는 것을 가지고 있다. 그러나 그것이 시험을 거쳐 확인되었다면, 그 사람은 두려움에 소스라치게 된다.”[12]) 『철학의 위안』 안에는 다음과 같은 엄청난 표현도 들어 있다: 어느 것도 남에게 속하는 장식물을 가지고 자신을 치장할 수 없다.[13] 이 말은 우리가 “가진” 것은 무엇이나 우리가 그것을 각자 자기 존재의 내면 깊숙한

12) 『철학의 위안』, II, 4 prosa.

13) *Ibid.*, II, 5 prosa.

방에서 자기 자신의 것으로 만들 때 비로소 자신의 것이 된다는 것, 결국에 가서 의미 있게 남는 것은 한 사람이 누구"인가"이지 한 사람이 무엇을 "가졌는가"가 아니라는 것을 의미한다. 우리에게 가능했던 모든 사유나 우리의 지식 속에서 사유된 모든 부분이 실제로 전부 우리 자신의 것이 되어 우리에게 속하는 것이 아니다. 설사 그것이 이성의 깊은 숙고를 통해 아주 분명하게 떠오르는 것이고, 의식적인 수락을 통해 아주 강렬하게 받아들여지는 것이라 하더라도 마찬가지이다. 쉽게 납득할 수 있듯이, 이 영역에서는 아주 교묘한 자기기만自己欺瞞이 상상할 수 없을 만큼 많은 가능성을 가지고 나타난다. 극도로 실존적인 진지성이 어떤 핑계도 허용하지 않을 때에야 비로소 이들 가능성들은 무너지고 만다. (보에티우스 자신의 경우에서 볼 수 있듯이) 하느님의 삼위일체에 대해 사상적으로 굉장히 깊이 있는 책을 썼으면서도, 자신이 생사의 기로에 섰을 때 실제로 그 "지식"으로부터 아무 열매나 위로도 얻을 수 없는 경우가 있다. 아무도 최후의 시험을 미리 해볼 수 없는 것이다. 그런데 이 최후의 시험 속에서 비로소 각자 자신에게 실제로 속하는 것이 무엇이고 속하지 않는 것이 무엇인지가 드러난다. 그래서 우리는 이렇게 자문해 본다: 아테네에서 교육받은 로마인인 이 보에티우스가 올곧은 마음의 그리스도교 신자이긴 했어도, 한 인간이 자기가 실제로 가진 것만이 드러나는 극도로 진지한 상황이 펼쳐지자 "두려움에 소스라쳐", 그리스도교 신비의 깊은 위로가 침묵하는 형태로 인간 존재를 해석하는 상황에 처하게 된 것이라고 할 수는 없는 것일까? 어느 시대에도, 설사 "그리스도교적인" 시대라 할지라도, 믿음과 희망이 기성품처럼 인간 손안에 그냥 쥐어져 있는 적은 없다. 이는 확고부동한 철칙으로, 우리가 그리스도교 신비에 대해 습관적으로 당연한 듯이 말하고 사유하는 가운데 잊혀질 수는 있으나 결코 없어질 수는 없는 엄연한 사실이다.

보에티우스의 이 마지막 저술의 내용을 이루고 있는 대화는 굉장한 노력 끝에 얻은 일종의 우화寓話(Allegorie) 같은 것이 아니다. 대화를 주고받는 당사자들도 꾸며낸 것이 아닌 실제적 인물이다. 감옥에 갇힌 보에티우스와 감옥에 갇히지 않은 보에티우스가 이야기하는 것뿐이며, 감옥에 갇힌 보에티우스와 이 보에티우스 자신의 영혼이 이야기하는 것뿐이다. 이 영혼은 세상의 모든 의미를 하느님께서 보증해 주신다는 쪽으로 시선을 고정시킴으로써 자유를 누린다. 덧붙여 말하자면, 여기에 정신적 자유[14]와 철학에 대해 보에티우스가 내리는 정의定義가 거의 글자 그대로[15] 재현되어 나오고 있다. 감방 안으로 들어오는 "귀부인, 곧 철학"은 다른 책에 나오는 지혜를 늘어놓는 환영幻影이 아니다. 그 여인은 도대체 "다른 어떤 사람"이 아니다. 그 여인은 감옥에 갇혀 있는 사람 자신의 내적 파트너이다. 그리고 『철학의 위안』의 위대함은 이런 독백의 긴장이 결코 줄어드는 일 없이 끝까지 유지되고 있다는 데 있다. 고통과 불의와 강탈이라는 잔인한 현실은 추상적인 논증을 통해 진정

[14] 참조: Josef Pieper, "Erkenntnis und Freiheit", in: *Weistum, Dichtung, Sakrament,* München, 1954, p.40.

[15] 『철학의 위안』, V, 2 prosa.

시키려는 일체의 시도를 거부한다. 다른 한편에서는 상처 날 수 없는 영원한 질서를 가진 또 하나의 현실이 굽히지 않고 그런 시선에 대항하여 맞선다. 둘 중 어느 누구도 상대방을 봐주지 않으며, 어느 누구도 강제로 상대방의 입을 틀어막지 않는다. 대화의 주제들은 이런 것들이다: "만일 하느님이 계시다면, 악은 어디에서 온 것인가? 만일 그분이 계시지 않다면 선은 그럼 어디에서 온 것인가?"[16] 악이 "본래는" 전혀 존재하지 않는 무無라는 말이 참된가? ("당신은 저와 장난하십니까?" "아니, 우리는 결코 장난하는 것이 아닙니다."[17]) 만일 하느님의 섭리가 진실로 역사의 주인이라면, 인간의 자유하고는 어떻게 관련되어 있는가?[18] — 그리고 이 모든 물음들 자체는 대단한 인내를 가지고 접근해 나아가도 결코 완전한 답에 이를 수 없는 종류의 물음들이다. 그래서 이 책도 형식상의 결론으로 끝맺을 수는 없었다. 이 책이 가진 두 가지 독특한 성격이 그것을 결국 불가능하게 했다: 첫째, 해당 내용을 이성이 사유할 수 있는 한계에까지 밝혀 보겠다는 의지, 그리고 둘째, 곤란한 문제는 숨기는 한이 있더라도 어떤 식으로든 "해답"을 끌어내고야 말겠다는 식의 태도에 대한 거부. (곤란하여 숨기고 싶은 문제가 단 한 가지일지라도!) 그럼에도 불구하고 마지막에 가서는 실제적인 위로를 얻는다. 이 위로는 고통으로 인해 눈먼 사람에게 세상의 새로운 차원이 눈앞에 펼쳐지게 되고, 잃어버

16) *Ibid.,* I, 4 prosa.

17) *Ibid.,* III, 12 prosa.

18) *Ibid.,* V, 3 prosa.

린 것들로 인해 신음하고 한탄하는 수인囚人이 결코 소멸될 수 없는 재산에 대해 깨닫게 됨으로써 주어지게 되는데, 이 재산은 그가 더 크고 더 실제적인 실재 현실에 속해 있다는 사실에 있다.

〔**9**〕 이 모든 사실로 볼 때 우리는 보에티우스가 중세의 "창시자"[19] 가운데 한 사람으로 대접받는다는 사실을 쉽게 이해할 수 있다. 『철학의 위안』이 미친 영향 때문이 아니라면 적어도, 아주 넓은 의미에서, 번역가와 주해자註解者로서의 중개자 역할 때문에라도 그렇다. 무엇보다 먼저 그는 수백 년에 걸친 학습 과정을 가능하게 했고, 그것이 진행될 수 있도록 도와주었다. 이 학습 과정이야말로 중세 정신사의 가장 중요한 가닥을 이루는 것이고, 다른 것과 구별되는 스콜라 철학의 고유한 특징, "학교 방식"이라는 특징을 알아볼 수 있게 해주는 것이다. 그러나 이것이 중세 철학을 연구하는 역사가들이 보에티우스를 "첫 번째 스콜라 철학자"라고 부르는[20] 이유는 아니다. 이 별명은 어떤 다른 것을 의미한다. 무엇보다 이 별명은 신학적 문제에 대한 몇몇 작은 논문들의 저자를 일컬어 하는 말인데, 사람들은 이 논문들을 보통 **"오푸스쿨라 사크라"**opuscula sacra라는 집합 명사로 부른다. 이 논문들 때문에 사람들은 보에티우스를 토마스 아퀴나스에 "앞서 길을 닦은 사람"이라고 부른다.[21] 그

---

19) E.K.Rand, *Founders of the Middle Ages,* Cambridge, Massachusetts, 1928, pp.135f.

20) Grabmann, *Scholast. Methode,* I, p.148.

21) Boethius, *Theological tractates etc.,* Loeb Classical Library, 1953, p.X. "The theological

리고 그 논문들 자체도 "스콜라 철학적 방법론의 첫 열매들"[22]이라고 부른다.

이제 우리는 이 논문들에서 "스콜라 철학적"이라는 것이 더 자세하게는 무엇을 의미하는지 물어야 한다. 이 물음을 묻게 되면 곧바로 "스콜라 철학"이라는 이 다양한 개념의 새로운 관점에 대해 언급하게 될 것이라는 생각이 든다. 그럼 지금까지 통상적으로 있어 온 같은 유형의 다른 글들과 비교할 때 보에티우스가 쓴 『**오푸스쿨라 사크라**』의 "유일무이한 점"은 어디에 있는가? 이 물음에 대해 우리는 보에티우스 자신이 그것을 분명하게 표현했다는 답을 듣게 되는데, 그 예를 삼위일체에 대한 글의 서문에서 볼 수 있다. 이 논문의 주제는, 'Quomodo Trinitas unus Deus ac non tres dii?'라는 제목이 정확하게 말해 주고 있듯이, 어떤 의미에서 삼위三位가 한 분 하느님이시고 세 분의 신들이 아니냐는 물음이다. 거기에는 이 글이 지금까지 여러 번 숙고되어 온 이 어려운 교리를 이성만으로 닿을 수 있는 한에서 아주 명확하게 밝히려는 의도를 가지고 있다고 적혀 있다. 이 말은 분명 최선의 노력을 기울여서 한 분 하느님의 삼위일체성에 대한 신앙 진리를 자연적-이성적 사유를 통해 이해하고 어쩌면 또 설명도 할 수 있게 되는 것을 목표로 하겠다는 말이다. 그럼 이것이 어째서 그토록 깜짝 놀랄 만한 새로움인가? 아우구스티누스도 그와 똑같은 의

tractates mark him as the forerunner of St. Thomas."

22) Grabmann, *Theol. Erkenntnis- und Einleitungslehre,* p.5.

도에서 삼위일체에 대한 큰 책을 쓴 것 아닌가? 더욱이 신앙 내용을 이성을 통해 이해하려는 노력은 어느 시대든지 완전히 자명한 일로 받아들여졌던 것 아닌가? 그래서 "스콜라 철학"을 다른 것과 구별하게 해주는 특성은 아니지 않는가? 우리는 이런 물음들이 말할 것도 없이 올바르게 제기된 물음들이라고 생각한다. 이에 대해서는 나중에 더 이야기하게 될 것이다. 그럼에도 불구하고 부인할 수 없는 사실은 보에티우스에게는 실제로 어떤 새로움이 있다는 것, 그리고 그를 그 이전과 구별해 주는 새로운 무엇인가가 있다는 것이다. 그 새로움은 우선 계획된 의도에 따라 명시적으로 표현하는 데 있다. 그것은 지금까지 실제로 행해져 온 진행 방식이라 하더라도 그 진행 방식이 이제 의식적으로 하나의 원리로서 표명되고 있다는 데 있다. 그런 일은 보에티우스의 또 다른 글에서 아주 명확하게 이루어진다. 그것은 본래 2~3쪽 되는 편지에 불과한 것인데, 거기서도 그는 삼위일체에 대해 다룬다Utrum Pater et Filius et Spiritus Sanctus de Trinitate substantialiter praedicentur. 나중에 교황이 된 요한 1세에게 보내는 이 편지의 마지막 문장에 "fidem, si poteris, rationemque conjunge"(할 수 있는 한, 신앙을 이성과 결합시키십시오)라는 내용이 적혀 있다. 여기에서도 새로운 점은 무엇보다 먼저 방법론적 엄격성Radikalität으로, 보에티우스는 그런 엄격성을 유지하면서 사유를 통해 신앙 진리에 파고드는 원리를 실현시키고 있고, 처음부터 끝까지 일관되게 그것을 지켜 나가고 있다: 이 논문들이 거의 순수한 신학적 문제들을 다루고 있음에도 불구하고 그 안에는 단 하나의 성서 인용도 들어 있지 않다. [논리와 분석이 전부였다.] 놀랍게도 그런 일은 사실상 처음이었다. 그리고 이제 다양한 방식으로 후속 타자들을 만나게 될 것이고, 더 발전되어 나가게 될 것이다. 스콜라 철학 안에서! 사람들이 보에티우스를 "첫 번째 스콜라 철학자"라거나 스콜라 철학의 창시자들 가운데 하나[23]라고 부른다면, 바로 이런 사실을 말하는 것이다.

이렇게 볼 때 우리는 보에티우스에 대해서만 이야기하는 것이 아니라 당연히 스콜라 철학의 본질에 대해서도 언급하고 있는 셈이다. 그렇다고 합리주의적이고 "비非성서적인 특성"이 스콜라 철학을 다른 것과 구별하는 특징이라고 선언하는 것은 아니다.[24] (그런 주장이, 물론 아무 이유 없이 무턱대고 주장된 것은 아니라도, 거듭 반복해서 나타나긴 했다.) 오히려 여기서 언급하고자 한 것은 보에티우스가 신앙 내용과 지식 내용의 결합을 처음으로 명백하게 선언한 것이 스콜라 철학을 다른 것과 구별시켜 주는 특징에 속한다는 것이고, 또 그래서 신앙과 관련하여 이성에 실린 특별한 무게가 스콜라 철학의 고유한 성격을 규정한다는(함께- 규정한다고 해야 할 것이다) 것으로, 이 말은 딱 맞는 말이다. 덧붙여 말하자면 스콜라 철학의 이런 관점은 "학교 방식"이라는 것이 합리성과 잘 어울린다고 앞에서

23) Gilson, *History,* p.106. "... one of the founders of scholasticism."

24) 토마스 아퀴나스의 경우, 보에티우스의 삼위일체론에 대한 주해서에 들어 있는 아주 훌륭한 머리말에서 "성서 인용을 굉장히 많이" 하면서도 "아리스토텔레스는 단 한번도 인용하지" 않았다. 참조: Grabmann, *Theolog. Erkenntnis- und Einleitungslehre,* p.37.

언급한 내용과 유사하고 또 잘 부합하는 것이기도 하다.

특별히 이성에 무게가 실려 있다는 사실이 아주 깊이 스콜라 철학 전체의 특징을 이룬다는 것을 우리는 어디서나 관찰할 수 있다. 스콜라 철학 전성기를 우리는 토마스와 보나벤투라 같이 학문 영역에서 지도적 역할을 했던 인물들이, (한편으로) 계시되고 전승된 진리를 신앙으로 받아들이는 일과 (다른 한편으로) 이성을 통해 논증하는 일을 일관된 결단을 통해 조화롭게 결합시켰다는 사실Zuordnung을 통해 정의한다. (물론 그들은 이 두 영역이 어디에서 분명하게 갈라지는지Zuteilung에 대해서도 대단히 정확하고 상세하게 알고 있었다.) 본성상 "정감적이었고" 상징적인 신비주의적 사유 경향이 강했던 보나벤투라도, 역시 삼위일체 신비에 대한 글에서,[25] 권위에 근거하여 신앙으로 받아들인 내용을 가능한 한 **이성을 사용하여**per rationem 이해하려 해야 한다는 데 대해 아주 자명하다는 듯이 이야기한다.

이렇게 볼 때, 영구불변하는 지속적인 답을 얻을 희망이 아예 처음부터 거의 보이지 않는 대단히 힘든 작업을 시도하고 있음이 분명하다. 더 정확히 말하면, 토마스와 보나벤투라는 신앙과 이성을 결합시킨다는 저 위험하고 폭발성 강한 화약을 대위법적으로kontrapunktisch 팽팽하게 짜 맞춰진 통일 체계로 모아들여 잠잠히 있게 할 수 있었는데, 바로 이것이 우리가 "스콜라 철학 전성기"라고 부르는 짧은 순간 동안의 "고전적

25) *Sentenzenkommentar* I d. 2, divisio textus.

풍요"를 이룬다. 그러나 만일 당시의 시대적 상황이 그런 복된 화합이 이루어질 수 있도록 특별히 좋은 여건을 형성해 주지 않았더라면, 그런 작업에 요구되는 이들 대학자들의 수고스러운 사유 노력도 경주되거나 유지될 수 없었을 것이라고 말할 수 있다. 실제로 그런 화합 분위기는 실재 현실에 대한 새로운 경험들이 밀려들자 곧바로 와해되고 만다. 그리고 이들 경험의 중압에 눌려, 보에티우스의 원리에 따라 추구되어야 하는 "종합"이 더 이상 이루어지지 않았는데(그런 종합은 오늘날까지도 다시 성사된 적이 없어 보인다. 여기에는 물론 그만한 이유가 있다), 이는 결코 단순히 변덕스러운 분위기에만 원인이 있는 것이 아니었다. 더 나아가 우리는 그런 원리 자체의 타당성까지도 한순간에 의문에 처해질 수 있었다는 사실과, 왜 그렇게 될 수 있었는지에 대해서도 이해할 수 있을 것 같다. (바로 이 사실과 함께 스콜라 철학 시대, 아니 중세 철학 전체를 마감하는 때가 오고야 말았다.) "첫 스콜라 철학자"가 계획에 따라programmatisch 언급한 기본 원리를 (체념하는 마음으로, 또는 논쟁적이고 공격적인 마음으로까지) 명확하게 부인하는 가운데 스콜라 철학의 출발점으로 작용한 것이 취소되어 버린 것이다. 이제 "마지막 스콜라 철학자"라고 부를 수 있는(물론 그는 뒤이어 오는 다음 시대에 속한다고 할 수도 있다) 오컴Wilhelm von Ockham은 다음과 같은 명제를 세울 것이다. 즉 신앙은 신앙이고, 지식은 지식이어서, 이 둘은 서로 별개의 문제라고. 이 둘을 결합시키는 것은 의미 있게 이루어질 수도 없고, 바람직한 것도 아니라고.

〔10〕 잘 가르칠 줄 아는 선생만으로는 부족하며, 배우는 사람 측의 학습 능력과 생동적인 의지만 가지고도 부족하다. 대대로 전해 내려온 것을 계속 전수해 주는 작업(이 전수 작업 없이는 이어 내려온 전승의 보존이나 풍요로운 발전을 전혀 기대할 수 없음이 분명하다)이 이루어질 수 있기 위해서는 이와는 전혀 다른 것도 꼭 필요하다. 여기서 꼭 필요하다고 한 것은 바로 **학교**이다. ("학교"라고 할 때 우리는 '스콜레'scholé라는 이 말이 근원적으로 가지고 있는 여유의 장소라는 아주 특정한 의미로 사용한다.) 다시 말해서, 인간 사회 한가운데 생활필수품 조달이나 생계 보장을 위해 요구되는 것들이 침묵하는 공간 하나가 자유롭게 비어 있어야 한다. 이 공간은 실생활에 직접 필요한 계획을 세우거나 업무를 보는 등의 일에서 차단된 공간이고, 어떤 방해도 받지 않고 오직 가르치고 배우고 "진리만을" 위해 염려할 수 있도록 보호된 공간이다.

사회학적으로 보면 그런 "치외법권 지역"은 구체적인 면에서 다양한 형태로 실현될 수 있다. 플라톤 아카데메이아의 경우, 철학할 수 있는 자유로운 공간의 보장은 노예제도 위에 세워진 사회의 상층 계급인 **여가를 즐길 수 있는 계급**leisure class의 부富였다. 테오데리히의 궁정도 그런 보호 공간이었다. 다만 그가 설립한 그런 공간은 처음부터 지속되리라는 기약을 할 수 없었을 뿐이다. 이 궁정은 근본적으로 그 화려한 겉모습에도 불구하고 정치적으로 혼란스러운 세계의 요동 속에서 한동안 보호를 받고 숨을 돌릴 공간을 제공해 줄 수 있는 일종의 보루堡壘 같은 것으로 남았다. 그러나 보에티우스가 죽은 지 불과 10년 후에 이미 테오데리히가 건설한 왕국을 거슬러 20년에 걸친 잔인한 전쟁이 일어났고, 그 나라를 황폐하게 만들었다. 이 전쟁이 끝났을 때 "이탈리아에는 더 이상 한 명의 고트인도 없었다."[26] 그리고 한 12년쯤 후에는 승리자들에게 랑고바르드족Langobarden이 다시 폭풍처럼 들이닥쳐 황폐화된 로마제국의 땅을 2~3세대 동안 또 전장戰場으로 바꿔 놓았다.

보에티우스는 말하자면 일찍 죽었기 때문에 옛 로마의 견고함이 테오데리히가 창건한 왕국으로 옮겨갔다고 여전히 확신할 수 있었지만, 그보다 어린 동료로서 그보다 반세기 이상을 더 산 **카시오도르**Cassiodor에게는 그런 착각이 가능하지 않았다. 그리고 카시오도르는 보에티우스와 함께 시작한 일을 구출해 내고 새로운 은신처를 마련해 주는 사람이 되어야만 했다. 다가올 거의 천 년 동안 보에티우스는 유럽 철학사에서 마지막 "세속 사람"이 될 것이다. 반면 카시오도르는 50세 인생의 절정기에 세속을 떠나 수도원에 은둔하면서 생활하게 된다. 남부 이탈리아에 있는 작은 생명 공간Vivarium인 그 수도원은 카시오도르 자신이 설립한 것이었다.

카시오도르는 가문으로는 시리아 출신이었지만, 태생으로는 보에티우스처럼 로마인이었다. 그도 테오데리히의 궁정에 들어가 **고위 관리**magister officiorum로서 중요한 영향력을 행사했다. 보에티우스를 둘러싼 갈등의 상황에서 외교적으로 능수능

---

26) G.Schnürer, *Die Anfänge der abendländischen Völkergemeinschaft,* Freiburg, 1932, pp.82, 88.

란하고 정중한 카시오도르는 명백한 입장을 취하지 않은 듯하다. 많은 정황으로 볼 때 보에티우스는 자신의 친구였고 심지어 제자였을 가능성이 많은 카시오도르로부터 버림받은 느낌을 받았던 것 같다. 우리는 어쨌든 카시오도르가 보에티우스를 기소한 사람에 대해 나중에 공적인 찬양 연설을 했다는 사실을 알고 있다. 이 사실을 어떻게 해석해야 할지 여부와 상관없이 더 중요한 것은 카시오도르가 보에티우스와 더불어 착수한 그 과제에 충실히 머물렀다는 것이다. 그리고 그런 사실로 인해 그도, 보관자요 중개자로서, 동터 오는 시대를 위한 선각자 가운데 하나였다. 그런데 그의 본연의 업적은 직접적인 교수 행위教授行爲보다 행정 영역에 훨씬 더 많이 있었다. 카시오도르는 교육부장관 같은 위치에 있었다. 교황 아가피토Agapetus와 협력하여 알렉산드리아의 모범을 따라, 아니면 시리아의 니시비스Nisibis의 모범을 따라, 로마에 대학을 설립하려는 계획을 세운 것은 그의 기질에 꼭 맞는 것이었다. 이 계획이 성공했더라면 그 대학은 라틴 언어권, 곧 서양의 첫 번째 대학이 되었을 것이다. 이 일이 실패로 돌아간 것은 물론 우연이 아니었다. 전제되어 있어야 할 정치적 안정이 결여되어 있었기 때문이다. 이 실패는 카시오도르가 결국 정치 일선에서 물러나도록 영향을 준 여러 경험들 가운데 하나였음이 분명하다. 관리요 역사가[27]로서 당시 정황을 이리 저리 진단해 본 사람의 눈에 정치

[27] 카시오도르는 『연대기』(*Chronik*, 519년경)와, 『고트족의 역사』(*Geschichte der Goten*, 526년과 533년 사이)를 썼다.

적 권력으로는 정신적 유산을 보호하고 관리하는 것이 더 이상 가능하지 않다는 사실이, 그래서 이제는 그 보존을 위해 완전히 다른 방식의 보장된 보호 공간이 꼭 필요하다는 사실이 감춰질 수 없었다. 그런데 당시 시국으로 볼 때 정신적 삶이 자랄 수 있는 곳은 종교적으로 형성된 공동체의 제도적 무욕無慾에 근거하고 있는 방금 설립된 수도원 조직의 공간 외에는 다른 어느 곳에서도 찾을 수 없었다.[28] 묄러Johann Adam Möhler는 "당시에는 어떤 식물도 수도원에서 싹트고 자라나지 않고서는 결코 번성할 수 없었다는 사실을 아무리 부인하려 해도 부인할 수 없다"[29]고 적고 있다. 유감스럽다는 여운을 남기면서 사람들은 그런 발걸음이 고대 문화가 중세의 비좁은 구석방 안으로 들어가는 것을 상징한다고 말했다. 이렇게 카시오도르가 외떨어진 수도원 삶 속으로 옮겨 살게 되었다는 것은 실제로 구출의 성격과 새로운 시작의 성격을 띠는 것이었다. 즉 그는 그리스-로마의 문학 작품, 철학서, 역사 편찬서 등 모든 문헌을 전부 포괄하는 듯한 자신의 거대한 도서관을 수도원 안으로 들여왔다. 또한 고전 텍스트들을 번역하고 베끼고 하는 수

---

28) 물론 수도원의 "자유 공간"의 불가침성은 세속 권력이 그 공간을 존경한다는 것을 근거로 하고 있다. 6세기의 혼란 속에서도 그런 사실은 그대로 적용되었다. (아리아) 고트족 사신인 비티기스(Witigis)가 동로마인 벨리사르(Belisar)에게 말하는 내용은 확실히 믿을 만한 것이다: "로마인의 성소(聖所)들을 우리는 최고의 존경심으로 대했다. 누구든지 그곳으로 피신하는 사람은 머리칼 하나 건드린 적이 없다" (Prokop, *Gotenkrieg,* II, 6).

29) J.A.Möhler, *Gesammelte Schriften und Aufsätze,* ed. by I.Döllinger, Regensburg, 1839, II, pp.35f.

도원 풍습의 기초를 세운 것도 바로 카시오도르였다. 이런 사실로부터 우리는 오늘날 우리에게 알려진 고대 문헌들 거의 전체가(거기에는 극히 불경스런 플라우투스Plautus와 테렌츠Terenz의 희극들도 포함되어 있다) 중세 초기의 작은 수도원 공부방이 해준 역할을 통하지 않고는 어떤 방식으로도 보존되거나 전수되지 못했을 것이라는 결론에 이르게 된다.

〔**11**〕 카시오도르는 또한 자신이 직접 쓴 책에서 당시의 지적知的 유산의 실체가 잊혀지지 않도록 보호하려고 애썼다. 보통 약어를 써서 『인스티투치오네스』*Institutiones*라는 제목으로 사람들이 인용하곤 하는 두 부분으로 된 그의 작품은 신학 과목들과 '일곱 자유과목들'freie Künste의 초보적 내용을 담고 있다. 물론 이 『인스티투치오네스』 안에서는 사상적 독창성의 흔적을 전혀 찾아볼 수 없다고 말할 수 있다. 그것은 단순히 다른 책들의 간단한 설명 내용을 모아 놓은 것이고, 각 장章의 제목들, 정의定義들, 분류 내용들을 단순히 열거해 놓은 것으로 보인다. 그리고 그냥 언뜻 볼 때 그렇게 보이는 것이 아니라 실제로도 그렇다. 그런데 바로 그런 것이 당시에는 꼭 필요했다. 마치 어떤 사람이 고향으로부터 위험천만한 도피를 계획하고 있거나 그런 도피가 불가피하다고 느낄 때, 나중에 기억해 내는 데 도움이 될 수 있도록 전보電報 형태의 간결한 문체로 메모해 두는 것과 같다. 그 자체로만 보면 그런 메모는 별로 인상에 남을 만한 형태를 하고 있지 않다. 그 메모의 가치는 그 메모가 기억 수단이 되어 준 이전 상태 및 그 메모가 유용하게 사

용되어 열매를 맺게 될 미래 시간과 관련해서 바라볼 줄 아는 사람만이 제대로 평가할 수 있다. 전해 내려온 유산이 실제로 어떤 형태로 보존되고 구출되곤 했는지, 그리고 미래에 그런 일이 있다면 과연 어떤 형태로 보존되고 구출되어야 할지 한 번 생각해 보는 것도 현실적으로 무의미하지 않을 것이다. 분명한 것은 때로 나에게 맡겨진 보화가 한 주먹 먼지처럼 무척 초라한 모습을 하고 있을 수 있다는 것이고, 그것이 거의 말라 빠진 씨앗 같은 형태로 보존(또는 전수)되는 길밖에는 더 잘 보존되고 전수될 다른 어떤 방법도 있지 않을 때가 있다는 것이다. 그러나 문제는 그것이 겉으로 어떤 모습을 하고 있는지 여부가 아니라, 싹을 틔울 수 있는 씨앗인지, 그래서 언젠가 새로운 날이 와서 더 나은 조건이 새로 주어질 때 다시 푸르러지고 열매 맺을 수 있는지 여부이다. 그런데 바로 이것이 카시오도르의 『인스티투치오네스』에 대해 아주 잘 들어맞는 말이다. 그가 독창성 없는 편집자요 수집가에 불과했다는 것은 아주 옳은 지적일 수 있다. 그러나 어쨌든 그는 모으는 노력을 기울일 가치가 있는 것이 무엇인지 볼 줄 아는 눈을 가진 수집가였다. 그렇기 때문에 그의 『인스티투치오네스』는 뒤이은 시기에 원천 자료가 되고 보고寶庫가 되었다. 예를 들면, 싹 틔울 수 있는 이 씨앗들의 보고 없이는 앨퀸과 라바누스 마우루스 같은 큰 스승은 상상도 할 수 없다. 또한 철학에 대한 몇몇 고전적 개념 규정(정의)들도(이 개념 규정들은 단순히 추상적인 특징 묘사를 염두에 둔 것이 아니라, 인간 인식이 가 닿을 수 있는 범위를 언제나 생생하게 유지하도록 규정되어 있는 것이다) 간략한 표제어에 대한 메모 형식으로 『인스티투치오네스』 안에 잘 보존되어 들어 있다.[30] 즉 철학은 신적 및 인간적 문제들에 대해 우리가 도달할 수 있는 한에서 인식하는 것이다; 철학은 학문들에 대한 학문이다; 철학은 죽음에 대해 고찰하는 것이며 죽는 것을 배우는 것이다; 철학은 가능한 한 하느님과 비슷해지는 작업이다 등등. 그리고 이와 같은 방식으로 피타고라스, 플라톤, 아리스토텔레스, 스토아 철학, 키케로, 세네카, 신플라톤주의, 아우구스티누스, 알렉산드리아 학파 등이 '철학을 하는 것'의 본질에 대해 어떻게 생각했는지가 상실되지 않고 잘 보존될 수 있었다면, 이에 대한 공로도 다시 중세의 문턱에서 보관자 역할을 충실히 수행해 준 카시오도르 말고는 어느 누구에게도 돌아갈 수 없다.

30) *Institutiones,* II, 3.

제 3 장

〔**12**〕 처음부터 중세 스콜라 철학을 내면으로부터 위협하던 위험 요인이 있었는데, 이 위험 요인에는 이를 교정할 수 있는 요인도 아주 신기하면서도 거의 모험에 가까운 방식으로 같이 따라다녔다. 그런 일은 그 시작 때부터 바로 있었던 것으로, 여기서 위험 요인이라는 것은 한마디로 합리주의라는 말로 표현될 수 있다. 신앙과 이성의 결합. 보에티우스가 천명한 이 원칙은 우리가 계시를 통해 주어진 하느님 말씀을 합리적으로 이해하는 데까지 도달해야 한다는 것이었으며, 분명히 인간의 자연적 인식 능력에 대한 깊고 견고한 신뢰를 바탕으로 하고 있었다. 그러나 이 신뢰는 다양한 의미를 가진 것일 수 있으며, 신앙 내용에 대한 "합리적 이해"라는 것도 여러 가지를 의미할 수 있다. 분명한 사실은 최소한의 이해도 없다면 신앙 자체가 인간의 행위로서 전혀 실현 가능하지 않을 것이라는 것이다. 전혀 이해할 수 없는 복음 내용이라면 어느 누구도 믿을 수 없고, 무슨 말을 하는지 전혀 알아듣지 못하는 사람에게는

하느님의 말씀 자체를 믿는 마음으로 받아들이는 것조차 불가능하기 때문이다. 말하자면 믿어야 할 내용에 대한 "합리적 이해"는 신앙인이 하느님께서 말씀하시는 것이 도대체 무슨 의미인지 "알아야" 하는 한 필수 불가결한 요인이다. 그러나 어떤 때는 이와 근본적으로 다른 입장을 취할 수도 있는데, 그것은 하느님의 계시를 합리적 해명 작업을 통해 완전히 이해 가능한 것으로 만들 수 있다고 주장하는 경우이다. 이때에는 신비 성격이 그냥 없어지게 되고, 그 결과 계시나 신앙이 똑같이 불필요한 것으로 나타나게 된다. "합리주의"라고 할 때 우리는 바로 이런 태도를 말한다. 이런 합리주의는 인간 이성의 파악 능력을 완전히 뛰어넘는 것은 아무것도 있을 수 없다는 주장을 그 자체 안에 포함하고 있다.

중세 철학의 대가들은 신앙과 이성이 서로 결합되어 있다는 원칙을 아주 강력하게 지지하고 실현시켰음에도 불구하고, 그런 합리주의적인 주장만큼은 단호히 부인했다는 점에서 다른 철학자들과 구별된다.[1] (바로 여기에 덧붙여 부연 설명하고 싶은 것은, 그들의 글을 자주 접하지 못한 오늘날의 독자가 거의 불가피하게 빠져들 수밖에 없는 아주 속기 쉬운 표현들이 그들의 문헌에 나온다는 사실이다. 예를 들면 토마스 아퀴나스는 여러 번 "증명"Demonstratio이라는 말을 쓰는데, 이때 그가 서술하려 한 것은 "적합한 이유"Konvenienzgrund일 뿐이며, 현대적 의미의 수학적 과학적 증명과는 완전히 다르다. 다시 말해 "적

---

[1] 참조: Josef Pieper, *Zucht und Maß*, München(Kösel-Verlag), 1960[8], pp.30f.

합한 이유"를 제시한다 함은 어떻게 해서 신앙의 진리가 우리 자신이 경험이나 합리적 논증 등을 통해 알고 있는 내용과도 "잘 맞아떨어지고" 또 "잘 어울리는지"를 제시해 주는 것 이상 아무것도 아니다.) 그럼에도 불구하고 우리는 스콜라 철학이 전체적으로, 그 출발점으로 삼은 원칙으로 인해, 논증을 제시하고 결론을 추론해 내는 합리적 사유를 지나치게 높이 평가하는 위험을 그 자체 안에 가지고 있었다고 말해야 할 것이다. "첫 스콜라 철학자" 보에티우스의 삼위일체론 안에도 이미 그런 위험이 아주 분명하게 나타나며, 안셀무스Anselm von Canterbury가 구세사救世史를 추론해 내는 데 사용하는 **"필연적 근거들"** rationes necessariae 안에도[2] 이미 그런 위험이 거의 전 영역에 두루 퍼져 있다. 그럼에도 불구하고, 앞서 말했듯이, 이들 대 철학자들이 그런 위험을 극복하고 떨쳐 버릴 수 있었다면, 그것은 처음부터 경고 메시지처럼 같이 따라다닌 교정矯正 요인과 무관하지 않다고 본다. 이에 대해 자세히 살펴보기로 한다.

〔**13**〕 우리가 여기서 언급하려 하는 것은 정신사精神史를 통틀어 좀처럼 있을 법하지 않은 과정들이다. 여기서 주인공 되는 사람의 본래 이름은, 그가 누구인지 알기 위하여 상당히 많은 연구 노력이 있어 왔음에도 불구하고, 오늘날까지도 알려져 있지 않다. 그의 이름에 대해 사람들은 천 년 넘게 속아 왔다. (스스로 속게 내버려두었다고 하는 것이 거의 더 맞는 말일 것

[2] 참조: 제4장(87쪽 이하)과 제11장(201쪽 이하).

이다.) 이 수수께끼 같은 인물이 자신을 성공적으로 숨기는 데 필요했던 가명假名은 **디오니시우스 아레오파기타**Dionysius Areopagita이다. 다들 알고 있듯이 이 이름은 신약성서에서 유래한다. 사도 바오로가 아테네에 있는 아레오파고Areopag에서 "알지 못하는 신"에 대해 연설을 했을 때, 몇몇 아테네 사람들이 바오로 편이 되어 믿음을 가지게 되었는데, 그들 가운데에는 아레오파고의 구성원 가운데 한 사람인 디오니시우스가 있었다(사도 17,34). 말하자면 이 이름으로 여러 글들이 우리에게 전해지는데, 편지도 여럿 있고, 특히 그리스어로 씌어진 다음과 같은 책들도 있다: 『하느님의 이름들에 대하여』, 『천상 위계질서에 대하여』, 『교회의 위계질서에 대하여』, 『신비주의 신학에 대하여』 등. 저자는 자신을, 이미 말했듯이, 디오니시우스라고 부르고, 사도 바오로의 제자라고 주장하지만, 이 주장은 결코 참된 것일 수 없다. 역사가들 사이에는 이 "위僞 디오니시우스" Pseudo-Dionysius[3]가 아마 시리아 출신일 것이고, 보에티우스와 같은 시대 사람이어야 하며, 그의 글들은 대략 500년경에 씌어진 것이라는 데 거의 완전한 일치를 보고 있다. 그런데 왜 저자가 자신의 이름에 대해 침묵하고 있고, 가명과 (자기가 동정녀 마리아의 죽음에 대한 증인이라는 등) 명백히 꾸며낸 이야기들을 믿을 수 있는 것인 양 만들려고 하는지는 항상 수수께끼로 남는다. 어떤 사람들은 "경건주의자들이 꾸며낸 이야기"[4]라고

[3] 역사 문헌들에서는 보통 이 이름이 사용된다. 간단히 부르기 위해 우리는 디오니시우스 아레오파기타라고 부를 것이다.

[4] Böhner, *Christl. Philosophie,* p.131.

추측하여 말했고, 또 다른 사람들은 예전에 신플라톤주의자이던 어떤 개종자가 자신의 옛 동료들에게 그리스도교 가르침을 전해 주고 싶어서 바오로 사도를 통해 개종한 유식한 아테네 사람의 입을 빌렸을 가능성이 있다는 식으로 생각을 풀어 나갔다.[5] 물론 간단하게 "속셈이 담긴 의심스러운 사실"[6]이라거나 "사기"[7]라고 말하는 더 강한 표현도 있다. "자기에게 명성과 권위를 부여하기 위해 사도의 제자처럼 행세했다"[8]는 것이다.

사실이 어쨌든 간에, 디오니시우스 아레오파기타라는 이름으로 전해 내려온 문헌들은 실제로 서양에서 천 년 이상 결코 무시할 수 없는 막강한 영향을 미쳤다. 그리고 그럴 수 있었던 이유는 사도 바오로의 제자라는 데에서 오는 거의 성서 같은 권위가 그 책들에 부여되어 있었기 때문이다. 물론 그 문헌들의 진실성은 처음 이 문헌들이 등장하면서부터 이미 의문에 처해지기도 했고, 심지어는 그냥 부인되기도 했다. 532년경 콘스탄티노플Konstantinopel에서 있었던 종교 담화에서 에페소의 히파티오스Hypatios von Ephesus 주교는 그 문헌들을 토대로 이야기하는 것은 전혀 근거가 없다 하여 거부했다: 만일 사도 바오로의 제자인 디오니시우스 아레오파기타가 그 저자라면, 아타나

---

5) 슈티글마이어(J.Stiglmayr)는 위계질서(Hierarchie)에 대한 두 책을 번역하면서 그 입문에서 그렇게 말한다. *Bibliothek der Kirchenväter,* Kempten/München, 1911, p.XXIII.

6) H.F.Müller, *Dionysios, Proklos, Plotinos,* Münster, 1918, p.110.

7) *Ibid.*, p.37.

8) *Ibid.,* p.38.

시우스Athanasius와 알렉산드리아의 치릴루스Cyrill von Alexandrien도 그 문헌을 틀림없이 알고 있었을 것이고 또 인용했으리라는 것이다. 그러나 이와 같은 의심은 이상야릇하게도 금방 잠재워진다. 이미 대 그레고리우스Gregor der Große(604년 사망)는 전혀 의심을 품지 않는다. 수십 년도 채 지나지 않아서 위대한 그리스 신학자 막시무스 콘페소르Maximus Confessor(662년 사망)는 첫 번째 주해서를 쓴다. 이로써 세기를 두고 이어지는 주해 작업이 시작되는데, 대 알베르투스Albertus Magnus와 토마스 아퀴나스도 그 가운데 하나였다. 디오니시우스의 전 작품을 주해한 알베르투스는 성령 자신이 이 책들의 참된 저자라고 생각한다.[9] 그리고 토마스 아퀴나스는 디오니시우스가 스승 바오로가 직관한 내용들을 적어 놓았다고 한다고 말한다.[10] 익명의 저자가 쓴 이 문헌들은 "거의 성서 자체처럼"[11] 존경을 받는다. 언더힐Evelyn Underhill은 성 아우구스티누스가 후대 신비주의의 발전에 굉장히 큰 영향을 미쳤지만 아우구스티누스는 "성 바오로의 친구인 디오니시우스 아레오파기타의 작품들이라고 일컬어지는 그 작품들의 저자인 이 기묘한 익명의 인물과 비교하면 아무것도

9) A.Feder, "Des Aquinaten Kommentar zu Pseudo-Dionysius' De divinis nominibus", *Scholastik,* Jg. 1(1926), p.335.

10) 토마스는 『명제 주해집』(*Sentenzenkommentar,* 2 d. 10, 1, 2)에서 천사들의 봉사에 대해 다루면서 어떤 것은 "합리성을 뛰어넘는 내용이라고 말하는데……그 이유는 바오로의 제자였고 바오로가 직관한 내용을 적은 사람이라고 일컬어지는 디오니시우스가 이것을 전해 주고 있기 때문"(rationabilior ... quia Dionysius hoc tradit, qui discipulus Pauli fuit et dicitur ejus visiones scripsisse)이라고 한다.

11) Böhner, *Christl. Philosophie,* p.131.

아니다"[12]라고 말한다. 예를 들면 『신비주의 신학에 대하여』는 영어로 번역되자마자 곧바로, 한 옛 저술가의 표현에 따르면, "재빠른 야생 동물같이" 영국 전역에 퍼져 나갔다고 한다.[13]

라틴 언어권인 서방, 특히 프랑스에서는 그런 권위가 더 강화되기까지 하는데, 그것도 다시 사람을 오인한 데서 기인한 것이었다. 비잔틴 황제 미카엘이 827년에 디오니시우스 아레오파기타의 작품 하나를 경건한 자 루드비히Ludwig der Fromme에게 보냈을 때, 루드비히는 앨퀸의 제자이자 성 데니스St. Denis 수도원 원장인 힐드윈Hildwin에게, (3세기 때) 파리의 주교였던 순교자 디오니시우스와 관련된 사료를 얻을 수 있는 대로 모두 모아 달라고 부탁한다. (순교자 디오니시우스는 그 이름에 따라 데니스라는 이 수도원 이름이 명명된 바로 그 장본인으로, 이 수도원 지하에 묻혀 있다.)[14] 이런 부탁을 받고 힐드윈(그는 디오니시우스 아레오파기타의 작품들을 처음으로 번역한 사람이기도 한 듯하다)은 『디오니시우스의 생애』*Vita Dionysii*를 쓰는데, 여기서 파리의 주교가 성 바오로의 제자와 동일시되고, 이 둘이 또 비잔틴에서 온 책들의 저자와 동일시된다. 13세기에 파리 대학에서 디오니시우스 아레오파기타가 아무도 의심할 수 없는 그리스도교의 위대한 스승으로 인정되고 있다면,[15] 그런 명성을 얻는 데 이런 사

---

12) E.Underhill, *Mystik,* München, 1928, p.595.

13) *Ibid.,* pp.607f.

14) 참조: Grabmann, *Mittelalterl. Geistesleben,* I, p.450.

15) M.-D.Chenu, *Introduction à l'étude de St Thomas d'Aquin,* Paris, 1950, p.193.

실도 조금은 기여했을 것 같다. 또 데카르트와 같은 시대 사람이던 프란치스코 드 살Franz von Sales도 『하느님의 이름들에 대하여』의 저자를 "프랑스의 위대한 사도"라고 찬양한다.[16)]

순진한 착오라고 부르든, 어느 정도 신앙심에서 나온 속임수라고 부르든, 세계정신의 간계奸計라고 부르든, 아니면 이끄시는 손길에 의한 섭리라고 부르든, 이론의 여지없는 분명한 사실은 디오니시우스 아레오파기타의 작품들이 미친 영향에 의해 라틴 언어권인 서방, 곧 서양에는 실재 현실을 해석하는 하나의 중요한 요소가 보존되어 현존할 수 있게 되었다는 것이다. (이 요소는 순전히 합리적인 사유 속에서는 쉽게 찾아질 수 없는 것이기 때문에, 만일 그런 영향이 없었더라면 이 요소는 뒤로 밀려 사라져 버렸을 것이다.) 그것은 동방적東方的 요소로서 바로 그런 방식으로 현존하고 작용하면서 남아 있게 되었다. 그리스-비잔틴 세계의 모든 대 저술가들 가운데 세기를 두고 동방과 서방을 갈라놓는 장벽을 쌓은 대이교大離敎 이후에도 서양 그리스도교의 학교들 속에 파고든 사람은 단 한 사람밖에 없는데,[17)] 그가 디오니시우스 아레오파기타이다. 실로 번역과 주해들을 통해, "입양됨으로써",[18)] 그 자신이 바로 서양 사람이 되었다고 사람들은 말했다.

물론 그런 말은 글자 그대로 받아들여서는 안 되는 과장된 표현이다. 다시 말해서 서양 정신이 풍성한 열매를 맺는 데

16) *Traité de l'amour de Dieu,* I, 9.

17) De Wulf, *Histoire*(engl. translation), I, p.101.

18) *Ibid.,* "He became a Western by adoption."

유익하게 작용하는 동요와 교정을 디오니시우스 아레오파기타라는 효소를 통해 얻는 것이 꼭 필요한 일이었음에도 불구하고, 서양 정신 자체는 근본적으로 다른 색조를 띠고 있었다. 그래서 아주 일찍부터 이미 서양 그리스도교는 "과도한 외국 영향"에서 올 수 있는 위험에 맞서 방어하는 자세를 취한다.

〔**14**〕 여기서 잠시 중세 철학사에서 가장 주목할 만한 인물 가운데 하나인 **요한 에리우게나**Johannes Eriugena[19]의 업적에 대해 언급하는 것이 좋을 것 같다. 교육 정책적인 영향력 면에서 수십 년 전 인물인 앨퀸과 비슷한 지위에 있던 아일랜드 출신 요한 에리우게나는 860년이 되기 얼마 전에 디오니시우스 아레오파기타의 모든 저술들을 라틴어로 번역했다.[20] 토마스 아퀴나스는 400년 후 이 번역을 자기 주해서의 기반으로 삼았다. 그러나 요한 에리우게나는 번역가에 머물지 않았다. 그는 디오니시우스 아레오파기타의 생각들을 정열적으로 수용하고, 자

19) 자주 만나게 되는 'Scotus Eriugena(Erigena)'라는 표현은 아일랜드(스코트랜드) 출신이라는 동일한 내용을 두 번 표현하기 때문에 큰 의미가 없다. 'Johannes Scotus'라고 부르는 것이 의미가 있다.

20) 죽어 가는 고대의 언어와 문서들이 유럽 대륙보다 브리타니아 섬들에서 더 잘 보존된 듯한 데에는 여러 이유가 있다. 브리타니아 섬들은 로마로부터 직접 파견된 첫 번째 선교 지역이었다. 아일랜드의 국가 수호성인인 선교사 성 패트릭(St. Patrick)은 로마인이었다. 그리고 캔터베리(Canterbury)의 첫 주교들 가운데 한 사람으로서 캔터베리가 지닌 명성의 근거가 되는 테오도르(Theodor) 주교(7세기)는 그리스어를 사용하는 소아시아의 타르소스(Tarsos) 출신이다. 그는 자신이 항상 읽는 호머의 책들을 같이 가져간다(G.Schnürer, *Anfänge der abendl. Völkergemeinschaft,* p.177). 이때 벌써 그는 영국 주교좌 성당 학교들에 고전에 대한 공부를 도입한다.

신의 고유한 작업을 통해 더 발전시켜 나간다. 그 결과로 세계 개념Weltkonzeption이 나왔는데, 그것을 사람들은 "중세의 첫 번째 형이상학적 종합"21)이라고 불렀다. "자연의 구조"를 다루는 요한 에리우게나의 주저主著인 '*De divisione naturae*'는 이미 그 제목부터 저자가 전체를 목표로 삼아 사상을 전개시켜 나가고 있다는 사실을 보여 준다. 질송은 이 책에 대해 말하면서, 이 책이 라틴어를 쓰는 서방으로서는 짧은 한순간 동안 디오니시우스 아레오파기타와 막시무스 코페소르에 의해 미리 윤곽이 그려진 동방의 길을 결정적으로 선택할 수 있는 좋은 기회, 아니 유혹을 의미했다고 말하고, 만일 그랬더라면 서양의 중세는 완전히 다른 얼굴을 하고 있었을 것이라고 한다.22) 그러나 교회가 그 책을, 특히 그 책이 범신론에 가까운 경향을 가지고 있다는 이유에서 단죄함으로써, 그런 기회 또는 유혹은 거부된다. 그럼에도 불구하고 요한 에리우게나의 책은, 감춰진 상태로지만, 서양 그리스도교 안에서 "매 세기마다"23) 지대한 영향을 미쳤던 것 같다.

〔**15**〕 물론 그렇게 열렬한 마음으로 기껍게 받아들인 디오니시우스 아레오파기타의 글들은 아주 다양한 방식으로 서양 세계에 영향을 미쳤다. 예를 들어 **질서**ordo에 대한 생각은 가정에서부터 아주 합리적인 생각으로 여겨져 왔고, 그래서 철두철미

21) Böhner, *Christl. Philosophie,* p.263.

22) Gilson, *History,* p.113.

23) *Ibid.,* p.113.

하게 "서양적인" 것으로 생각되어 왔다. 그런 질서에 대한 생각이 디오니시우스 아레오파기타의 "위계질서"Hierarchie에 대한 기본적인 생각을 통해 새로 힘을 얻게 되고, 쉽게 예상할 수 있듯이, 당연한 듯 더욱 심화되고 확장되기에 이른다. 다시 말해 "위계질서"는 모든 존재를 포괄하면서 거룩한 지배에 근거를 둔 공동체 안에 있는 서열을 의미하는 것으로, 여기서 "질서"는 동시에 정적인 고정 사실이라기보다, 영적인 생활 안에서 항상 새롭게 실행에 옮겨져야 하는 역동적인 실행을 말한다.[24] 또한 원래부터 플라톤적인 사고이던 완성을 향해 올라가는 **단계**들에 대한 생각은 디오니시우스 아레오파기타를 통해 서양 세계의 영성靈性 안에서 결코 사라져 본 적이 없는 막강한 힘을 얻게 된다. "정화-조명-일치"라는 아레오파기타의 용어를 가지고 아빌라의 데레사Teresa von Avila와 십자가의 성 요한Johannes vom Kreuz 같은 16세기 스페인의 대 신비가들은 내적 인간의 길을 묘사한다.

여기서 우리는 한 가지만은 자세하게 살펴보아야 하겠는데, 그것은 디오니시우스 아레오파기타의 작품이 중세 스콜라 철학의 공간 안에서 행한 경고警告 역할에 대한 것이다. 이 경고는 "**부정**否定 **신학과 부정 철학**"이라는 짧은 말로 가장 잘 표현된다.

디오니시우스의 가장 중요한 책은 우리가 하느님을 지칭할 수 있는 이름들에 대해 다룬다. 순전히 합리적으로만 사고

24) 뵈너(Böhner)는 "과제로서의 위계질서"에 대해 말한다. *Christl. Philosophie,* pp.138f.

하려는 일체의 시도를 거슬러서 이 책은, 하느님 자신이 우리에게 이름을 계시하시지 않는다면 우리는 하느님에 딱 맞는 어떤 이름도 그분께 부여할 수 없다는 분명히 성서적인 명제를 설정한다. 그리고는 더 나아가, 심지어 계시된 이름들도, 우리 유한한 이성이 이해하고 말로 표현할 수 있는 한, 하느님의 본질을 꼭 맞게 표현할 수는 없다고 한다. 사실 하느님이 "정의로우시다"고 말하는 것은 의미 있는 일이다. 그러나 이 긍정적 진술은 동시에, 거짓이 되지 않기 위해서는, 이에 상응하는 부정을 통해 교정될 필요가 있다. 우리가 사용하는 "정의"正義라는 개념은 우리에게만 통용되는 경험 세계에서 유래하는 것으로, 이 경험 세계에서 우리가 정의로운 사람이라고 할 때에는 그 사람이 해당하는 일에 관련된 다른 사람에게 자신이 반드시 해야 할 바를 하는 것을 말한다. 그리고 바로 이것이 "정의"를 이루는 내용이다. 그러나 하느님은 어느 누구에게도 당신이 반드시 해주어야 하는 것이 없다는 것이 그분의 본질에 속한다. 따라서 하느님의 정의는 필연적으로 아주 "다른" 것이기 때문에 엄격한 의미에서는 "정의"라고 불릴 수도 없다고 할 수 있다. 정확히 말한다면 우리는 하느님에 대해 심지어 "존재한다"느니, "실재한다"느니 하고 말할 수도 없다.[25] 왜냐하면 이들 개념들을 우리는 하느님이 그 실재성을 부여해 준 사물들로부터 취하기 때문이다. 그리고 바로 이것이 〔창조주이신〕 그분 자신이 〔피조물과〕 같은 부류에 속할 수 없는 이

---

25) *De divinis nominibus*, I, §1, 7.

유이다.[26] 그런데 이미 그런 부정들까지도 하느님 인식에 적용되어서는 안 된다. 『신비주의 신학에 대하여』는 부정도 다시 부정해야 한다는 결론을 끌어낸다. 하느님은 긍정하는 진술이건 부정하는 진술이건 인간에게 가능한 모든 진술을 무한히 뛰어넘으신다는 것이다. 더 나아가, 생각할 수 있는 모든 종류의 합리주의에 대한 이런 아주 원칙적인 교정을 "비합리주의적"이라고 부르는 것은 부적절할 것이다. 누가 만일 그렇게 말한다면 그는 사실을 왜곡하게 되는데, 그 이유는 "부정적" 진술들의 근거가 입증되지 않은 막연한 감정이 아니라, 하느님이 인간 인식의 가능성들을 무한히 뛰어넘으신다는 분명하고 "합리적인" 통찰이기 때문이다.

사실 스콜라 철학은 이런 모든 내용을 아우구스티누스의 입을 통해 말하게 했을 수도 있었다. "무엇이나 네가 이해하는 것은, 바로 그 이유 때문에, 하느님일 수 없다"Si comprehendis, non est Deus는 것은 아우구스티누스한테서 여러 번 반복되어 나오는 생각이다.[27] 아마도 자기 자신을 하나하나 발견해 나가는 이

---

26) 이런 생각의 근원이 플라톤이라는 것은 아주 분명하다. 플라톤의 『국가』(509 b 8 이하)에는, 선(善) 곧 테이온(theion)은 하나의 존재자가 아니며, 그 품위와 힘에 있어서 존재보다 훨씬 뛰어나다는 말이 있다. 이에 대해 글라우콘(Glaukon)은 놀라움으로 가득 차서 다음과 같이 외친다: "아, 아폴로 신이여, 얼마나 신기하고 헤아릴 길 없는 엄청난 사실인지!" — 플로틴한테서 이와 똑같은 생각이 다음과 같은 형태로 다시 나타난다(*Enn.* VI, 9, 3. Greek-German edition of R.Harder, Hamburg, 1956, I, p.181): "……일자(一者)의 본질이 모든 사물들을 산출하는 자이기 때문에, 일자는 이 사물들 가운데 하나가 아니다. 일자는 '어떤 것'이 아니며, '어떻게 이루어져 있음'이나 '얼마나 많이'도 아니고, 정신이나 영혼도 아니며, 동적인 것도 정적인 것도 아니고, 공간 안에 있는 것도 시간 안에 있는 것도 아니다."

성ratio을 거슬러서, 심지어 아우구스티누스를 능가하기까지 하는 권위, 곧 **디오니시우스 아레오파기타의 작품들**Corpus Areopagiticum이라고 잘못 알려진 작품들에 부여된 권위가 필요했던 것 같다. 그리고 이 작품들이 〔이성이라고 하는〕 완전히 다른 종류의 법칙에 따라 작업하기 시작한 스콜라 철학에 미친 영향은 사실상 전혀 예기치 못한 강제력 같은 것이었다.

예를 들면 죽기 전 10년 동안 『하느님의 이름들에 대하여』에 대한 주해를 한 토마스 아퀴나스는 그 밖에도 1700번이 넘게 디오니시우스 아레오파기타를 인용했다.[28] 사실 본성상 너무 긍정성 속으로만 파고드는 **이성**ratio에 맞서서 그 상대편 요소로서 저 "부정" 신학과 "부정" 철학의 "비非스콜라 철학적" 요소를 자신의 사유 속에 열정적으로 받아들인 것은 전적으로 "보편 박사"인 토마스 아퀴나스의 독자적인 위대성에 속한다. 그리고 『**신학 대전**』*Summa theologica*에서 신론神論에 들어서면서 "초보자"에게도 곧바로 다음과 같은 내용을 요구하고 있는데, 그렇게 하는 이는 두말할 것도 없이 분명 토마스 자신이다. "우리는 하느님에 대해서 그분이 어떤 분이신지 알 수 없고, 오직 그분이 어떤 분이 **아니신지**만을 알 수 있기 때문에, 여기서도 그분이 어떤 분이신지에 대해서라기보다는 그분이 어떤 분이 **아니신지**에 대해서만 고찰할 수 있다."[29] 그런가

27) *Serm.* 117, 3; 5 — *Ibid.,* 52, 6; 16 — *In Psalm.* 85, 12 — *Ibid.,* 99, 5f. — *De doctrina Christiana* 1, 6; 6 — *In Johannem,* tract. 13, 5 — *De trinitate* 5, 1; 1 — *Ibid.,* 7, 4; 7.

28) M.-D.Chenu, *Introduction,* p.193.

29) I, 3 prooem.

하면 그는 매우 날카로운 어조로 아주 빈번하게 실재 세계의 근거에 대한 다가설 수 없는 어둠에 대해 이야기하는데, 그럴 때면 명시적으로 디오니시우스 아레오파기타를 그 근거로 늘 삼는다. 이는 대단히 괄목할 만한 사실이다. 여기서 우리는 그런 명제들 가운데 대표로 세 개를 골라 인용하려 한다. 그것들은 형식상으로 모두 디오니시우스 아레오파기타에 대한 지적을 담고 있다. (놀랍게도 이들 가운데 둘은 "아리스토텔레스적"이라고 특별히 강조되고 있는 보에티우스의 삼위일체에 대한 논술을 주해하는 부분에 나온다.) 첫 번째 명제: "하느님은 침묵을 통해 공경받으신다. 그것은 우리가 그분에 대해 아무것도 말하거나 알 수 없기 때문이 아니라, 오히려 그분을 이해할 수 있는 능력이 우리에게 없다는 것을 우리가 잘 알기 때문이다."[30] 두 번째 명제: "하느님의 본질은 정신이 도상에-있는-존재 상태에서 이해할 수 있는 모든 것을 뛰어넘는다는 사실을 인식하는 것이 우리 정신으로서는 인식에 있어 가장 폭넓게 펼쳐져 나갔다고 할 수 있기 때문에, 우리 인식의 끝에서 우리는 하느님을 알 수 없는 분으로 인식한다고 말하는 것이다."[31] 극히 간략한 형태를 하고 있는 세 번째 명제는 『토론집』 *Quaestiones disputatae*[32]에 나오는 것으로, 토마스의 저술들을 통틀어 가장 극단적인 "부정적" 표현이다. 덧붙여 말하자면, 우리가 여기서 속지 말아야 할 것은 이 명제나 앞서 인용한 두 명제가

30) Kommentar zu Boethius, *De trinitate* 2, 1 ad 6.

31) *Ibid.*, 1, 2 ad 1.

32) *Quaest. disp. de Potentia Dei* 7, 5 ad 14.

신학적 영역에 한정될 때에만 타당한 것이 아니라는 사실이다. 여기서 문제되고 있는 내용은 불가피하게 인간 이성의 자기 자신에 대한 평가와 전적으로 관련된 문제이고, 인간이 전체적으로 세계와 가지는 관계와 관련된 (또 이 관계를 어쩌면 변경시킬 수도 있는) 문제이다. 토마스도 "하느님을 알지 못한다는 것을 아는 것이 인간이 하느님을 인식할 수 있는 가장 극단적인 형태이다"라고 말할 때 바로 그렇게 이해하고 있었음에 틀림없다 — 이미 말했듯이 이 세 경우 모두 디오니시우스 아레오파기타가 명시적으로 언급되고 있다.[33] 그것은 그의 도전이었으며, 이 도전이 이런 명제들 안에서 답을 찾고 있다.

여기서 토마스 아퀴나스의 글들은, 물론 다른 것하고는 비교할 수 없는 대표적인 것이지만, 오직 하나의 예로 언급된 것이다. 그렇지만 이제 중세 철학에서 논증하는 이성이라고 하는 밝은 집을 감싸고 있는 어둠에 대해 말할 때면 항상 디오니시우스 아레오파기타와 가까이 있는 사고라고 추측해도 좋다. 바로 스콜라 철학 시대가 막을 내릴 무렵 니콜라우스 쿠자누스 Nikolaus von Kues의 글에서 그런 언급이 아주 분명한 형태로 다시 한번 등장한다. 베른카스텔-쿠스Bernkastel-Kues에 있는 도서관에는 오늘날까지 쿠자누스 추기경이 직접 손으로 책 가장자리에 수많은 주해를 달아 놓은 디오니시우스 아레오파기타의 여러 번역본들이[34] 보관되어 있다. 그러나 설사 그런 책들이 보관되

[33] *Himmlische Hierarchie,* 15, 9 — *Mystische Theologie,* cap.1.

[34] Grabmann, *Mittelalterl. Geistesleben* I, p.466; II, p.389.

어 있지 않더라도, 쿠자누스의 "무지의 지"das wissende Nichtwissen 사상이, 모든 실재 현실은 불가해한 것이며 따라서 엄격한 의미에서 신비라는 디오니시우스 아레오파기타의 확신과 결합되어 있다는 사실만큼은 분명할 것이다.

제 4 장

〔16〕 중세 때 살았던 철학적-신학적으로 중요한 모든 사상가 가운데 디오니시우스 아레오파기타의 정신에 영향을 받지 않은 사람이 있다면 **캔터베리의 안셀무스**Anselm von Canterbury 한 사람뿐이다. 그는 베네딕토회 회원이었는데, 물론 공부를 아주 많이 한 그가 이미 오래전부터 〔사상가들 사이에〕 공동 유산이 되어 버린 디오니시우스 아레오파기타의 글을 몰랐다고 생각하기는 어렵다. 그런데도 그의 전체 작품 속에서 디오니시우스의 이름은 정확히 단 한 번 나온다.[1] 그리고 이 언급은, 순전히 객관적으로 해설하는 내용으로 볼 때, 명확하게 동의한다는 느낌을 조금도 주지 않는다. 이런 사실은 우선적으로는 순전히 문학사적인 사실이기 때문에, 더 이상 우리 관심의 대상

[1] 네 번째 강론(마태오복음 17장에 대한 강론)에 나온다. Migne, *Patrologia Latina,* 158, 600f. — 더욱이 이 강론은, 그의 모든 강론이 그런지 모르지만, 잘못해서 안셀무스의 것이라고 하는 것 같다. 참조: F.S.Schmitt, "Die wissenschaftliche Methode in Anselms 'Cur Deus homo'", in: *Spicilegium Beccense,* Le Bec-Hellouin/Paris, 1959.

이 되지 못한다. 그러나 여기에는 안셀무스 특유의 성격을 근본적으로 규정하는 무엇인가가 암시되고 있다. 그것은 우리가 디오니시우스 아레오파기타의 "부정" 신학 안에 마련되어 있다고 이야기한 그 교정矯正이 그에게는 있지 않다는 것이다. 안셀무스가 이성의 힘이 심지어 그리스도교 신앙의 신비들까지 긍정적으로 밝혀 낼 수 있다고 할 정도로 이성의 힘에 대한 '어떠한 종류의 자기 비판적 의심으로도 흐려지지 않는' (질송의 말처럼[2]) "실제로 무한정한 신뢰"를 가지고 있다는 것을 설명할 수 있는 근거가 여기에 있다.

물론 안셀무스 같은 신학자는 단순히 인간 **이성**ratio의 파악 능력을 넘어서는 것은 아무것도 없다는 명제를 공식적으로 받아들인다는 혐의를 받을 만큼 무분별하지는 않다. 그럼에도 불구하고 그의 사상이 자주 그런 합리주의에 가까워 보인다는 사실은 전혀 놀라운 일이 아니다. 오늘날 그리스도교 신학자들 가운데 성인이자 교회학자인 안셀무스에게 그런 비난을 하지 않는 사람은 하나도 없을 것이다.[3] 그러나 그렇다고 해서, 정열적으로 표현해 낸 그의 사고의 위대성이 의문스럽다는 식으로 알아들을 필요는 없다. 혹시 철학적-신학적 사상가이기도 한 안셀무스의 위대성은 그가 명시적으로 선포한 원칙들과는

---

2) Gilson, *History,* p.129.

3) 영국에서 출간된 안셀무스 전집(비평판)의 편집자인 슈미트(S.F.Schmitt O.S.B.)도 '*Cur Deus homo*'(Kösel-Verlag, München, 1956)의 라틴어-독일어판 서문에서 다음과 같이 말한다. "안셀무스가 신앙을 합리적으로 알아들으려는 노력을 기울이는 데 있어서, 허용될 수 있는 선보다 훨씬 많이 나아갔다는 사실은 부인할 수 없다……" (p.VIII).

전적으로 다른 데 있는 것은 아닐까? 그리고 그런 원칙들의 온전한 의미는 어쩌면 그의 실존적 역장力場 안에서만 실현될 수 있는 것은 아닐까? 실제로 그렇다는 것을 우리는 이제 제시할 수 있을 것이다.

〔**17**〕 안셀무스라는 이름에 현혹되어 그가 영국 사람이었을 것이라고 추측하는 사람은 나중에 캔터베리의 대주교였던 그가 영국의 첫 주교좌인 캔터베리로 소임 받아 가기 전에 15년 동안 센Seine 강 하류 계곡에 있는 르 베크Le Bec 수도원의 부원장Prior이었고, 이어서 그만큼 오랜 기간 동안 수도원장Abt이었다는 사실을 우선 알아야 하며, 그래서 마땅히 프랑스 베네딕토회 회원이라고 할 수 있다는 사실을 알아야 한다. 덧붙여 말하면, 그렇다고 해서 그의 고향이 프랑스라는 것은 아니다. 오히려 그의 고향은 이탈리아, 더 정확히 사보이Savoyen 지방이었다. 다시 말해 그는 1033년 아오스타Aosta에서 랑고바르드족 귀족 가문에서 태어났다.

어떤 의미에서는 평탄했다고 할 수 없는 안셀무스의 삶에 대해 우리는 그의 제자이자 친구였던 에아드머Eadmer 수사가 쓴 그의 전기[4]를 통해 잘 알 수 있다. 그것은 그가 고향을 떠나 알프스를 넘어 (그가 태어나던 해에 독일 왕국과 합병된) 부르군트Burgund로 옮겨갔다가 결국 노르망디Normandie 지방 르 베크 베네딕토 수도원으로 이주하면서 시작된다. 르 베크 수도

[4] 독어 번역본(G.Müller)은 1923년 뮌헨에서 나왔다.

원은 학자로서 부원장이던 란프랑크Lanfranc로 인해 명성을 얻고 있었다. 덧붙여 말한다면 란프랑크도 랑고바르드인이었으며(파비아Pavia 출신이다), 그가 살아온 인생길이나 앞으로 살아가게 될 인생길은 모두 모험으로 가득 찬 것이었다. 란프랑크라는 이름은 중세 철학사에서 어렵지 않게 만나게 되는 극적인 인생 여정과 결합되어 있다. 원래 자기 고향 파비아에서 법학 선생이었고 관리 전문가였던 그는 라틴어뿐 아니라 그리스어에도 통달하고 있었다. 나중에 그는 **자유과목들**artes liberales에 전념했는데, 그것은 어떤 의미에서 철학이었다. 란프랑크에게는 멀리서부터 제자들이 몰려들었다. 그러다가 그는 프랑스 북부에서 여행을 하던 중 강도를 만나 모든 것을 다 털리고 묶인 채 버려지게 된다. 사람들이 그를 발견하게 되고, 그는 아마 어떤 서약誓約을 했던지 "속세"를 떠나 그 근방에 있던 르 베크 수도원에 들어가 수도자가 된다. 오늘날 프랑스 지도에 보면 르베크-엘루인Le Bec-Hellouin이라는 이중 이름을 발견하게 되는데, 덧붙여진 이름은 수도원 창설자의 이름을 암시하고 있으며, 이 이름과 관련하여 일종의 "전설" 같은 것이 붙어 있다. 그 전설을 우리는 다음과 같이 짧게 설명할 수 있다: 노르만족 기사騎士이던 엘루인Hellouin, Herluin은 어느 날 갑자기 자기 농장에 수도원을 만든다. 그리고 나중에 그 수도원 원장이 된다. 읽고 쓰는 것은 아직 배워야 했음에도 불구하고 그는 수련자로 들어온 란프랑크에게 영적 생활에 대한 가르침을 줄 수 있었는데, 이 가르침은 학자이던 란프랑크도 깜짝 놀랄 만한 것이었다.[5] 란프랑크가 부원장Prior일 때 르 베크 수도원은 서유럽에서 가장 유명한 학교들 가운데 하나가 된다. 안셀무스에게는 란프랑크의 이런 명성이 바로 자신이 그곳에 수도자로 입회하는 것을 한동안 머뭇거리게 하는 한 가지 원인이었다. 에아드머는 다음과 같이 설명한다.[6] 즉, 안셀무스 스스로는 클뤼니Cluny 수도원에서는 사람들이 학문을 천시하기 때문에 그 수도원에 가는 것이 불가능하다고 생각했고, 르 베크로 가는 것도 끊임없이 란프랑크의 그늘 아래 가려 있어야 하기 때문에 별로 달갑지 않게 여겼다는 것이다. 그는 "내가 나의 지식을 보여 주고 많은 사람들에게 도움이 될 수 있는" 장소를 필요로 했다는 것이다. 물론 전기를 쓴 사람은 곧바로, 안셀무스가 나중에 이 일에 대해 이야기할 때면 언제나 덧붙여 말하기를 "그때 나는 내가 공공연히 이웃 사랑이라는 이유로 말했던 것이 얼마나 나쁜 것이었는지를 아직 깨닫지 못하고 있었다"[7]고 전한다. 그러나 란프랑크가 젊은 안셀무스에게 오랫동안 장애 요인으로 작용하지는 않았다. 그 당시 노르만족 공작들에 의해 영국이 점령되었으며, 계획에 따라 주도적인 직책들은 프랑스인이 차지하기 시작했고, 이제부터 영국 상류층들은 거의 삼백 년 동안 프랑스어를 쓰게 된다. 정복자 빌헬름Wilhlem der Eroberer은 란프랑크를 캔터베리 대주교로 모셔 옴으로써 법률가인 그의 지지를 보증받게 된다. 그렇게 하는 사이에 안셀무스는 르 베크에서 이미 오래전부터 정신적 중심이 되어 자신의 빛나는

---

5) J.A.Möhler, *Ges. Schriften* I, p.41.

6) I, 1, 6.

7) *Ibid.*

활동을 널리 펼쳐 나간다. 안셀무스가 15년간 수도원장으로 있는 동안 적어도 180명의 수도자들이 수도원에 입회한다. 그는 수도원 공동체에 보낸 작별 편지[8]에서 "여러분은 거의 모두 저 때문에 르 베크에 왔지만, 어느 누구도 저 때문에 수도자가 된 것은 아닙니다"라고 말한다. 안셀무스는 60세가 되었을 때 작별을 고해야 했는데, 그것은 그가 란프랑크의 후임으로 캔터베리 대주교좌에 부름을 받았기 때문이다. 그러나 부름을 받았다는 표현은 실제로 강압적으로 있었던 일을 아주 미화해서 표현한 것에 불과하다. 사실은 다음과 같았다. 안셀무스는 자신의 수도원 일로 영국을 여행할 기회를 가지게 되었다. 이때 왕의 동의 아래 안셀무스 자신이 선언한 뜻과는 반대로 억지로 주교 직책을 강요받는다. 사람들은 물리적인 힘을 사용해 그의 손을 펴 주교 지팡이를 쥐게 하고, 그렇게 "선출되는" 것은 모두가 무효라고 선언하는 그를 성당 안으로 데리고 가 사은 찬미가(테데움, *Te Deum*)를 불렀다. 그렇게 일이 성사된 것이었는데, 무엇보다 다른 주교들도 그가 란프랑크의 후임 주교가 되는 것을 원했다. 그리고 이제 15년 동안 영국 교회의 수장首長과 노르만족 왕들 사이에 사람을 녹초로 만드는 지루한 싸움이 계속된다.

주교직을 수행한 지 4년이 지났을 무렵 안셀무스는 로마로 여행을 떠나게 되었는데, 이 여행은 모욕적인 상황 아래에서 시작되었다: 왕이 도버Dover에서 배 전체를 수색하게 한 것

8) *Epistolae* 3, nr.7. Migne, *Patrologia Latina* 159, 24.

이다. "가방과 배낭을 가져가 다 풀어 보았으며, 돈을 찾아 짐꾸러미를 전부 샅샅이 뒤졌다"고 에아드머는 말한다.[9] 당시 안셀무스는 교황에게 "교황님, 제가 영국에서 제 의지와 상관없이, 저의 강력한 저항에도 불구하고, 강제로 주교좌에 오르게 되고 거기 묶여 있게 된 것은 다들 알고 있는 일입니다. 그리고 제가 제 성격이나 나이로 볼 때, 또 저의 나약과 무지로 볼 때, 이 직책에 전혀 어울리지 않다는 것을 사람들 앞에서 얼마나 강력하게 보여 주었는지도 다들 압니다. …… 저는 지금 벌써 4년간이나 대주교로 있습니다. 그리고 이룬 일은 하나도 없습니다. 저는 무용지물로 살았을 뿐이며, 제 영혼이 도에 넘치고 역겨운 혼란 속에 살아온 까닭에, 매일 저는 영국에서 사느니 차라리 그곳에서 멀리 떠나 죽기를 원했습니다"[10]라고 적고 있다. 이런 한탄은 안셀무스가 죽을 때까지 끊이지 않고 계속되었다. 그의 동료인 에아드머는 이에 대해 "하느님이 나의 증인이시다. 나는 그가 전체 영국 교회 목자들의 수장 직책을 맡고 백성들의 모임에서 대주교좌를 차지하고 있느니 차라리 수도원에서 선생님의 회초리에 무서워 떠는 소년으로 있기를 더 원한다고 말하는 것을 자주 들었다"[11]고 진술한다. 심지어 이런 고통스런 호소는 가끔 신학 논문들의 관상적觀想的 고요 속에까지 파고들어 있다. 예를 들면 『하느님은 왜 사람이 되셨는가』*Cur Deus homo*의 서문에 다음과 같은 말이 나온다: "나는

9) II, 4, 34.

10) Eadmer, *Historia novorum,* lib. II. Migne, *Patrologia Latina* 159, 405f.

11) Eadmer, *Vita* II, 1, 8.

영국에서 아주 큰 마음의 곤경 가운데" 이 책을 쓰기 시작했다. "그런 마음의 무거움이 어디에서 왜 나에게 닥쳐온 것인지 하느님은 아신다……."

이런 한탄을, 덧붙여 말하면, 단순히 자신의 직책을 수행할 만큼 성숙하지 못하다고 느끼는 사람이 부리는 투정 정도로 본다면 잘못일 것이다. 사실 안셀무스는 개인적으로 대단한 용기를 가지고 왕과 맞서 나갔으며, 영국에 있는 교회로 볼 때 지속적으로 중요한 의미가 있는 성공도 거두었다. 에아드머의 글에는 아주 격렬하게 말한 왕에게 안셀무스가 답변하는 대화를 보도한 내용이 들어 있다. "당신은 주인입니다. 당신은 당신 자신이 원하는 것을 말합니다. 나는 내가 무엇을 하기 위해 내 직책을 맡고 있는지 알고 있으며, 영국에서 나에게 맡겨진 일이 무엇인지도 알고 있습니다. 나는 덧없이 사라져 갈 이익 때문에 미래에 하느님의 자비하심에 힘입어 교회를 위해 유용하게 될 것을 단념하는 것이 나에게 전혀 어울리지 않는다고 선언하는 바입니다."[12] 그러나 안셀무스는 부담이었던 직책에서 끝내 벗어나지 못했다. 그는 1109년 캔터베리의 대주교로서 영국에서 세상을 떠났는데, 그때 그의 나이는 75세였다.

〔**18**〕 500년 이상 이전에 보에티우스가 표현한 적이 있는 신앙과 이성의 결합 원칙을 안셀무스가 자기 나름의 고유하고 엄밀한 방식으로 새로 언급하는 두 개의 유명한 신조어新造語가

12) II, 3, 29.

있다. 그것은 **'fides quaerens intellectum'**(지적 이해를 추구하는 신앙)과 **'credo ut intelligam'**(나는 지적으로 이해하기 위해 믿는다)이다. 안셀무스는 신앙인이 자기가 믿는 내용에 대한 이해를 추구한다는 것을 의미하는 첫 번째 표현을 가지고 자신의 가장 중요한 저술 중 하나인 『프로슬로기온』*Proslogion*을 요약한다.[13] 이 표현은 원래 『프로슬로기온』의 제목이기도 했다. 두 번째 표현은 이 책의 첫째 장章을 끝맺어 준다. 덧붙여 말하면, 어떤 공식公式 같은 모양을 하고 있어서 오히려 오용을 부추기는 것 같은 **'credo ut intelligam'**이라는 말은 아우구스티누스의 글에도 거의 글자 그대로 나온다.[14] 토마스도 이제 덧붙여 주의를 환기시키겠지만,[15] 보에티우스의 사유가 아우구스티누스의 저술들 안에서 이미 발견되고 있음을 알 수 있다.

안셀무스 자신도 여러 번, 명시적이면서도 다소 배타적으로까지, 아우구스티누스를 자신의 근거로 삼는다. 사람들은 안셀무스가 독자적이고 정열적으로 아우구스티누스를 소화해 냄으로써, 아우구스티누스 자신이 수백 년 동안 그냥 열매 없이 인용되고 베껴지던 차원을 넘어 다시 생동감 넘치는 힘을 얻게 되었다고까지 말했다.[16] 물론 안셀무스에 의한 아우구스티누스 해석은 아우구스티누스의 아주 특정한 한 측면에 중점을 둔다. 이 측면이 있다는 것은 물론 의심의 여지없는 분명한 사

13) *Proslogion,* prooem.

14) *In Johannem tract*. 40, 9.

15) Kommentar zu Boethius, *De trinitate,* prooem.

16) Grabmann, *Scholast. Methode,* I, 259f.

실이지만, 그것은 하나의 부분적 측면에 불과한데, 아우구스티누스도 이 관점으로 보면 우선적인 의미에서 "이성ratio을 옹호하고 대변하는 사람"[17]으로 보이게 된다.

다른 주제와 함께 하느님의 삼위일체에 대해 자세히 다루는 작은 논술인 『모놀로기온』*Monologion* 서문에는 안셀무스의 특징을 아주 잘 드러내 주는 두 가지 사실이 나란히 발견된다. 그 하나는, 계획에 따른 자신의 의도가 잘 나타나 있는 것으로, 거기 나오는 논증이 동료들의 명확한 원의願意에 따라 성서에서 그 근거를 찾지 않고 오로지 이성을 통해서만 근거를 찾는다는 것이고, 다른 하나는 아우구스티누스의 가르침과 일치를 이룰 수 없는 것이 이 글 안에는 하나도 포함되어 있지 않다는 확고하고 분명한 확신이다. 우리는 여기 모아진 바로 이 두 요소가 안셀무스의 입장에 담긴 고유한 특징이라고 생각한다.

인간 이성의 크기를 제대로 평가하지 못하는 가능성 혹은 "모델"들로서, 어느 정도 단순화시켜 말한다면, 흔히 다음 두 가지 형태가 반복하여 나타나곤 한다. 그 하나는 경험Empirie을 근거로 삼는 사유이고, 다른 하나는 보편적 원리들로부터 논리적으로 도출해 내는 사유이다. 이 두 가능성 가운데 두 번째 가능성, 곧 논리적으로 연역하는 이성의 합리주의는, 그 안에 내포된 위험성과 함께, 특별한 방식으로 플라톤-아우구스티누스적 세계관 노선으로 보인다. 그리고 캔터베리의 안셀무스에

---

17) *Ibid.*, I, 270.

의해 처음으로 서양 그리스도교 세계 안에서 되살아나게 되는 위험은 바로 이 "연역적 합리주의"의 위험이다.

그런 사유 태도가 가져온 결과들은 당시로서는 아직 미래에 놓여 있는 것이었으나, 그동안 이 결과들이 대단히 부정적으로 작용했다는 것을 우리가 분명히 알고 있기 때문에, 오늘날 우리는 안셀무스가 어떤 합리적 논증들이 그리스도교의 신앙 진리들에 대한 증명으로 충분하다고 여겼는지 읽어 내려갈 때면 깊은 불안과 극도의 불쾌감을 가질 수밖에 없다. 예를 들면 하느님이면서 인간이신 분을 통한 구원이 반드시 그래야 하는 합리적 근거들에 의해 필연적인 것으로 증명될 수 있어야 한다는 것인데, 이때 명시적으로, "아무 전제 없이" 그리고 비역사적으로, "마치 어떠어떠하다는 듯이"를 출발점으로 논증이 이루어진다: "마치 그리스도에 대해 아무것도 알려진 것이 없다는 듯이" "마치 그리스도가 전혀 존재하지 않았다는 듯이."[18] 혹은 하늘나라에서는 "필연적으로" 인간 존재가 타락한 천사들의 자리를 차지해야 한다고 선언한다: "왜냐하면 본성상 그들의 수를 대체할 수 있는 다른 어떤 본성도 거기에 없기 때문이다."[19] "하느님이면서 사람이신 분이 처녀한테서 태어나야 한다는 것은 일말의 의심의 여지도 없이 주장될 수 있다."[20] "신적인 말씀과 인간이 한 분 위격으로 결합하는 것은

---

18) "... quasi nihil sciatur de Christo ...; ... quasi numquam aliquid fuerit de illo." *Cur Deus homo,* prooem.

19) *Cur Deus homo,* I, 16.

20) *Ibid.,* II, 8.

필연적이다"[21] 등등. 질송은 이를 요약하여 "성 안셀무스는 삼위일체와 하느님의 육화肉化의 필연성을 증명하는 과제 앞에서 머뭇거릴 줄을 모른다"[22]고 말한다. 그렇게 보면, 어떻게 스콜라 철학 전체가 신앙의 가르침을 이성이 이해할 수 있게 만들려는 노력과 동일시된다는 평판을 얻게 되었고 (헤겔이 안셀무스와 관련지어 말하듯이[23]) 믿어 온 내용을 단순한 이성적 추리를 통해 증명하려는 (헛된) 노력과 똑같은 것이라는 말을 듣게 되었는지 아주 이해할 수 없는 것도 아니라는 느낌을 가지게 된다.

그러나 문제가 그렇게 간단한 것은 아니다. 이제 그 문제를 자세히 살펴볼 때가 온 것 같다. 첫째, 합리적 논증이 참으로 해낼 수 있는 것이 어디까지인지는 오직 "실험적으로만", 다시 말해서 주어지는 모든 가능성들을 실제로 시험해 봄으로써만 확실하게 확인할 수 있었다는 사실을 생각해 보아야 한다. 말하자면 토마스가 말한 것과 같은 균형 잡힌 통찰이 가능하기 위해서는 안셀무스 같은 그토록 극단적인 시도가 앞서 이루어졌어야 한다고 본다. 실제로 토마스는, 우리는 분명 필연적인 근거 제시를 통해 신앙 내용을 합리적으로 이해할 수 있는 것으로 만들 수는 없지만, 신앙 내용이 이성을 거스르는 것이 아니라는 사실만큼은 제시할 수 있다고[24] 했으며, 이 세

---

21) *Ibid.*, II, 9.

22) Gilson, *History*, p.129.

23) *Sämtl. Werke*, vol.19, p.163.

24) Kommentar zu Boethius, *De trinitate* 2, 1 ad 5.

상의 이성을 그처럼 사용하는 것은 포도주(곧, 신학)를 물(곧, 이성)과 뒤섞는 것이라기보다 물이 포도주로 변하는 것으로 보아야 한다고[25] 말했다.

둘째, 안셀무스의 대담한 실험은 그냥 전해 내려온 내용에 대한 반대편 극極을 향하고 있다는 사실을 생각해야 한다. 구체적으로 말한다면, 예를 들어 하느님의 육화에 대한 해석을 볼 때 신학사神學史 안에서 안셀무스의 논증에 앞서 있었고 또 안셀무스의 논증에 의해 대체된 해석이 어떤 종류의 것이었나를 우리는 알아야 한다. 대 그레고리우스 때까지 통용되던 해석은 다음과 같은 것이었다. 즉 인간이 처음 죄를 지은 이래로 사탄은 전 인류에 대한 권리 주장을 하게 되었으며, 그런 권리 주장은 사탄이 부당하게도, 아니면 심지어 기만을 당하여, 전혀 죄 없는 인간인 그리스도에게 폭력을 가함으로써만 효력을 상실하고 무효가 될 수 있다는[26] 식의 설명이다. 이런 사실을 염두에 둘 때 비로소 우리는 안셀무스의 논증에 대한 아주 뚜렷한 윤곽을 그릴 수 있게 된다. 간략히 요약하면, 안셀무스는 인간의 원죄原罪가 단순하게 그냥 잊혀지는 것이 아니라 오히려 실제로 "값을 치르고" "정상화되는" 방식으로 해소되어야 했다면, 다시 말해서 채권자뿐 아니라 채무자의 품위도 존중되는 방식으로 해소되어야 했다면, 누군가 동시에 하느님이면서 사람이신 분이 죄의 "값을 치러야" 했다고 말한다. 이것이 안

25) *Ibid.*, 2,3, ad 5.

26) F.S.Schmitt, '*Cur Deus homo*' 라틴어-독일어 대역본에 나오는 「입문」, p.IX.

셀무스의 해석인데, 전반적으로 볼 때 이 해석은 이때부터 신학 안에서 이구동성으로 받아들여지고 있다. 우리 시대의 그리스도교 신자라면 안셀무스 이전에 있었던 해석을 추상적인 가능성으로조차 상상하지 못할 것이다. (만일을 대비해서 그리스도교 신자가 아닌 사람들을 위해서〔물론 그들만을 위한 것은 아니지만〕 이런 다양한 해석들이 "차지하는 위치"가 어떤 것인지에 대해서도 여기서 전반적인 설명을 덧붙이는 것이 꼭 필요할 것 같다. 왜냐하면 언뜻 보면 "그리스도교를 믿는 것"이 이들 해석들과 "이론들" 안에서 끊임없이 변화하는 것을 본연의 내용으로 가지고 있는 것처럼 비치기 때문이다. 이에 대해서는 다음과 같이 말해야 할 것으로 보인다. 그리스도교 신자의 신앙은 우선적으로 사실 자체와 관련되어 있는 것이지 사실에 대한 해석과 관련되어 있는 것이 아니다. 그리스도교 신자는 실제 사실을 믿는 것이며, 엄밀히 말한다면, 실제 사실에 대한 이 또는 저 이론을 믿는 것이 아니다. 그리스도교 신자는 하느님의 말씀 안에 계시된 내용을 믿는 것이지, 본질적으로 신학을 믿는 것이 아니다. 안셀무스의 해석을 포함하여 저 모든 해석들은 신학이다. 그럼 이 신학들 뒤에 실제로 있는 신앙 내용은 도대체 무엇이란 말인가? 이에 대한 답은 태고에 인간이 어떤 잘못에 대한 벌로 무엇인가를 상실하게 되었다는 것, 그리고 인간은 하느님이면서 사람이신 분의 희생에 의해 죄와 상실 상태에서 동시에 해방되었다는 것이다. 이것이 옛날부터 있어온 "그리스도교 신앙 내용"의 변함없는 동일한 내용이다.)

안셀무스를 옹호하면서 우리는 셋째로 다음 사실을 생각

해 볼 수 있다. 그것은 이성의 해명 능력에 대한 안셀무스의 "사실상의 무제한적인" 신뢰가 명시적으로 신앙을 전제하고 있다는 것이다. 『프로슬로기온』을 펼쳐 보기만 하면 벌써 그것을 알 수 있다: "나는 믿기 위하여 이성적 통찰을 추구하는 것이 아니다. 오히려 나는 지적인 통찰을 얻기 위하여 믿는다. 실로 나는 만일 내가 믿지 않는다면 결코 지적 통찰에 이를 수 없으리라는 사실도 믿고 있다."[27] 또한 안셀무스는 신앙 진리의 신비- 성격도 아주 분명하게 인정하고 있다: "이에 대해〔하느님의 육화에 대해〕 인간이 아무리 무엇을 말할 수 있다 하더라도, 그와 같이 엄청난 일은 항상 인간에게 여전히 숨겨져 있는 더 깊은 근거들을 가지고 있다는 사실을 우리는 알아야 한다."[28] 말하자면 이런 내용 역시 안셀무스의 글 안에 들어 있다는 말이다.

그러나 어쨌든 방금 인용한 글 아주 가까이에 그리 개운치 않은 내용이 언급되어 있다. 이 내용에 따르면, 계속되는 논증 속에서 어떤 것이 확실하다고 주장될 때 그것은 "하느님께서 나에게 어떤 식으로든 더 나은 내용을 계시해 주실 때까지 나에게 임시적으로interim 그렇게 보인다"[29]는 의미에서일 뿐

---

27) *Proslogion,* cap.1. — 이런 사실은 이전의 『모놀로기온』과 비교해 볼 때 새로운 생각이다. 그래서 사람들은 그런 생각이 자신을 방어하기 위해 진술한 것일 수 있다고 추측했다. 예를 들면, 공공연히 성서를 근거로 삼는 것을 일체 배제한 『모놀로기온』에 대해 비판적인 편지를 안셀무스에게 써 보낸 란프랑크를 수신인으로 한 자기 방어라고 말이다. 참조: Adolf Kolping, *Anselms Proslogion-Beweis der Existenz Gottes,* Bonn, 1939, p.7.

28) *Cur Deus homo,* I, 2.

이라고 한다. 이런 언급은 겉으로만 단념의 표현으로 보인다는 의미에서 반역적인 언급이다. 실제로는 **이성**ratio이 신비 앞에서 굴복한다기보다 오히려 더 명확한 통찰, 더 강력한 논증 앞에서만 굴복한다는 것을, 그리고 그때까지는 (잠정적으로, 그 사이에는 당분간) 이성에게 "임시적으로 보이는" 그대로를 주장한다는 것을 말한다. 여기서 안셀무스 본연의 정열이 여전히 논증적 이성의 긍정적 가능성들 쪽으로 아주 강하게 기울고 있다는 것이 드러나며, 또 그가 이성이 실재 현실의 최종 근거 앞에서 필연적으로 좌절하게 된다는 데 대해서는 **추상적이고** in abstracto 순수 개념적으로만 알 수 있었을 뿐, 실존적이고 (뉴먼J.H.Newman의 표현을 빌어 말한다면) "실제적으로는"real 이해할 수 없었다는 사실이 잘 드러난다.

어떠한 난관에도 굴하지 않고 앞을 향해 나아가는 안셀무스의 인품 안에서 **신앙**fides과 **이성**ratio이라는 두 요소가, 비록 극도로 특별한 방식으로이긴 하지만, 그럼에도 불구하고 사실적으로 결합되어 있다면, 그것은 사유를 통해 그 요소들을 분명하게 통합시킨 데 기인하는 것이 아니라 오히려 이 비상하고 거룩한 인간이 지닌 종교적 장악력 덕분이라고 할 수 있다. 사유 측면으로 본다면 그 결합은 결코 오래갈 수 없는 강제적인 것이었다. 안셀무스 개인이 교정되어야 할 요인을 가지고 있었기 때문에 (그래서 우연적이라고 할 수 있는) 교정 작업이 필요했음에도 불구하고 누군가 그런 교정 작업 **없이** 안셀무스

29) *Ibid.*

의 입장을 계속 발전시켜 생각하려 한다면 그렇게 하자마자 곧바로 그 결합은 유지될 수 없게 된다. 그 이유는 이 결합이 두 요소의 본성과 품위에 어긋나게 한 부분을 출발점으로 이해된 것이기 때문이다. 그런 결합은 한편으로는 (어떤 형태의 것이든) 합리주의와 다른 한편으로는 신앙의 비합리화라는 두 방향으로 와해될 수밖에 없다.

〔**19**〕 중세 초기에는 아직 이루어지지 않았으나 이미 예측할 수 있었던 그런 분열은 철학사에서 "안셀무스의 논증"이라고들 부르는 진기한 논증의 운명 속에서도 잘 드러난다. 칸트는 이 논증을 "존재론적 신 존재 증명"이라고 부른다.[30] 그러나 그는 여기서 안셀무스의 이름을 언급하지 않고 데카르트의 이름을 언급한다. 여기서 이미 그런 사고가 영향을 미친 철학 방향이 어떤 방향인지 어느 정도 드러나고 있다.

안셀무스는 이 논증을 이미 언급한 『프로슬로기온』에서 서술하고 있는데, 그것을 그는 45세쯤 되었을 때 썼다.(그때 그는 르 베크Le Bec 수도원의 부원장Prior으로 있었다.) 이 글의 특징을 이루는 불타오르는 듯한 사유의 집요함은 이미 에아드머와 안셀무스 자신이 이 글이 어떻게 성립하게 되었는지를 보도하는 내용 속에 직접적으로 분명하게 나타난다. 에아드머는 그 당시 안셀무스가 먹고 마시고 잠자는 것에도 아무 생각이 없었으며, 성무일도를 바치는 것도 그런 심적 동요에 영향

30) *Kritik der reinen Vernunft*, ed. by R.Schmidt, Leipzig, 1944, p.567.

을 받았다고 적고 있다.[31] 안셀무스 자신도 이에 대해 『프로슬로기온』 서문에서 말하기를, 이전 저술인 『모놀로기온』, 곧 "신앙 근거들에 대해 고찰하는 본보기"[32]를 끝내고 나서, "하느님의 존재를 증명하고, 하느님은 다른 어떤 것도 필요로 하지 않는 최고의 선善이시라는 것, 그리고 다른 모든 것들은 존재와 선성善性을 가질 수 있기 위해 하느님을 필요로 한다는 것을 증명하는 데 있어서 다른 어떤 증명도 필요로 하지 않는 **그 자체만으로** 충분한 논증을 찾아낼 수는 없을까" 하고 자문했다고 한다. "이에 대해 나는 자주 굉장한 노력을 들여가며 숙고해 보았다. 때로 나는 내가 찾던 것을 이미 알아냈다고 여겼으나, 곧바로 그것은 다시 내 정신의 관할 영역에서 완전히 빠져나가 버렸다. 결국 나는 이 모든 작업을 완전히 포기하려 했다. 내가 바라는 목적에 도달하는 것은 가망 없고 불가능해 보였던 것이다. 그래서 이 생각들을 머릿속에서 떨쳐 버리려 했을 때……더 이상 원하지도 않았고 또 싫어서 몸부림쳤음에도 불구하고 그 생각들은 더 강렬하고 힘차게 나에게 몰려들 뿐이었다. 그러던 어느 날, 생각 속에서 한참 논쟁을 벌이고 있던 중에, 그것을 알게 된다는 데 대한 희망을 벌써 포기해 버린 바로 그것이, 이미 저항을 하기에도 너무 지쳐 버린 나에게 뚜렷이 나타났다……. 〔이에 대해 에아드머는 "그것은 그가 깨어 있던 그 밤에 일어났다. 탐구하던 목표가 그의 정신

31) I, 2, 26.

32) *Proslogion,* prooem.

앞에 활짝 펼쳐져 있었고, 헤아릴 길 없는 기쁨이 그의 마음을 가득 채웠다"[33]고 적고 있다.] 발견하게 되어 나를 그토록 기쁘게 한 그 사실을 글로 적어 놓으면 그것이 많은 독자들의 마음에 들리라고 믿는다. 그래서 나는 여기 이 작은 책을 쓰게 되었다." — 이 책 『프로슬로기온』이 채 알려지기도 전에 벌써 이 안셀무스의 "발견"을 둘러싼 논쟁이 시작되었다. 그것은 수도자인 가우닐로Gaunilo의 반박문[34]에서 시작되었다. 이 글은 "우둔한 사람들을 편드는 답변"이라는 공격적이고 익살스런 제목을 달고 있었다. 다시 말하면 "신은 없다고 마음속으로 말하는"(시편 14,1) 우둔한 사람들을 위해서, 그들을 대신해서 답한다는 것으로, 가우닐로에 의하면 그들은 틀림없이 안셀무스의 논증에 승복하지 않으리라는 것이다. 이에 대해 안셀무스는 새로운 글Opusculum에서,[35] 아주 세밀하다고 할 수는 없어도 여전히 정중하게 "이 반론이 저 우둔한 사람한테서 나온 것이 아니라……전혀 우둔하지 않은 사람, 그것도 어떤 가톨릭 신앙인[36]한테서 나온 것이기 때문에, 그리스도교 신자들에게 답하는 것으로 충분할 것입니다"라고 답한다. 이 논쟁은 나중에 토마스 아퀴나스, 데카르트, 라이프니츠, 칸트, 헤겔 등에 의해 다뤄졌고, 오늘날에도 진행 중이다. 비교적 근래에 나온 중요

---

33) I, 2, 26.

34) Migne, *Patrologia Latina,* 158, 241ff. 독일어 번역본: Anselm von Canterbury, *Leben, Lehre, Werke*, tr. by Rudolf Allers, Wien, 1936, pp.381-387.

35) *Liber Apologeticus contra Gaunilonem*. Migne, *Patrologia Latina* 158, 247ff.

36) 안셀무스나 에아드메는 분명 이 반박문을 쓴 저자의 이름을 알지 못했다.

한 글로는 1931년에 칼 바르트Karl Barth가 쓴 것이 있다.[37]

그럼 이 논증을 처음 주장한 사람이 하느님의 존재를 증명하기에 그 자체로 충분하다고 말하는 이 논증의 내용은 무엇인가? 간략하게 표현하면 다음과 같다: 하느님은 사람이 그분보다 더 큰 것을 생각할 수 없는 존재이시다. 그러므로 하느님은 존재하셔야 한다. 왜냐하면 그분에게 존재가 빠져 있다면, 그분은 사람이 그분보다 더 큰 것을 생각할 수 없는 존재가 아닐 것이기 때문이다. 달리 말한다면, 하느님은 그분에 대한 개념 안에 존재가 속해 있기 때문에 존재하셔야 한다. 이 증명 과정에 대한 평균적인 첫 반응에서 우리는 이 증명 과정이 굉장히 날카로운 통찰력으로 형식적인 것에 대해 말하는 가운데 내용적으로 모순된 것을 진술하고 있다는 서로 화합할 수 없는 반응을 만나게 되는데, 이런 갈등 요인에 대해서는 오늘날까지도 토론이 진행 중에 있다.

어느 정도 충분하다고 할 만한 판단을 내릴 수 있기 위해서는 안셀무스가 제시하는 삼단논법의 개별 단계들을 더 자세히 살펴보아야 한다. — 첫 번째 단계: 모든 사람은, 아무리 "바보"라도, "하느님"이라는 말을 할 때 전적으로 최고인 존재를 의미한다. 최고라고 하는 이 최상급은, 생각 속의 가능성으로라도, 그보다 더 높은 존재가 있지 않을 때에만 의미가 있다. — 두 번째 단계:[38] 사람이 생각하는 내용은 그 사람의 생

[37] K.Barth, *Fides quaerens intellectum,* München, 1931.

[38] 나는 여기서 『프로슬로기온』 텍스트를 넘어 안셀무스가 가우닐로에게 대답한 내용을 덧붙여 언급한다.

각 안에 "있다." 인식되었음Erkanntsein, 생각되었음Gedachtsein이라는 말은 인식과 생각 안에 "있음"Sein을 의미한다. — 세 번째 단계: 그것보다 더 큰 것을 생각하는 것이 불가능한 바로 그것은 생각 안에만 있을 수 없으며, 필연적으로 객관적인 실재 현실 안에도 실존해야 한다.

이 마지막 단계의 타당성을 인정하지 않으려 하기 전에 우리는 몇몇 가능성들을[39] 열거한 다음, 그 내용을 신속하게 한번 생각해 보는 것이 좋겠다. — 틀림없이 우리는 결코 실존할 수 없는 것도 생각할 수 있다. 이 말은 "인식 안에 있는 그런 존재"에 상응하는 객관적 존재가 있을 수 없다는 뜻이다. 그 예로 원형圓形인 사각형[40]을 들 수 있다. — 더 나아가, 사유 가능한 것들 가운데는 사실적으로 객관적인 실재 현실 속에서 만날 수는 없다 하더라도 순수 논리적으로 볼 때 실존하는 것이 가능하다고 할 수 있는 것이 있다. 그 예로 우리는 페가수스Pegasus처럼 날개 달린 말馬을 들 수 있다. — 세 번째 가능성은 "생각 안에 있는 존재"가 사실적으로 객관적인 실재 현실 속에 상응하는 실존을 가지게 되는 경우다. 그런데 이 경우에는 인식되었을 뿐 아니라 사실적으로 실존하는 그것이 실존하

---

39) 참조: *Anselm von Canterbury*, ed. by R.Allers, pp.172ff.

40) 이에 대해서는 안셀무스 자신이 『프로슬로기온』(4장)에서 말하는 내용을 같이 생각해 보아야 한다: "하나의 사실은 그 사실을 지칭하는 단어가 사유될 경우와 그 사실 자체가 사유될 경우 서로 다르게 사유된다. 앞의 방식으로는 하느님이 있지 않다고 생각할 수 있으나, 뒤의 방식으로는 전혀 그럴 수 없다." 문제는 원형인 사각형이라고 말할 때, 우리가 생각할 수 있는 것은 단어들에 불과한 것이 아닌가 하는 것이다.

지 **않는다고** 생각하는 것도 동시에 가능하다. 우리가 경험 세계 속에서 만나는 모든 것들이 그 예이다. — 마지막으로, 사실적으로 실존할 뿐 아니라 또한 필연적으로 실존하기 때문에 그 비실존非實存을 상상할 수 없는 것도 생각해 볼 수 있다. 안셀무스가 말하듯이, 하느님은 그 예가 된다.

안셀무스의 논증의 힘은 하느님이 실제로 존재자들 가운데 어떤 것과도 비교할 수 없는 전적으로 유일무이한 경우라는 데 근거하고 있다.[41] 바로 이 점이 안셀무스의 첫 적대자인 가우닐로도 미처 생각하지 못했던 부분이다. 가우닐로에 의하면 우리는 분명 태평양 한 가운데 떠 있는, 온갖 종류의 재화와 기쁨으로 넘쳐 나는 "외딴 섬"을 생각할 수 있다. 그리고 당연히 우리는 여기서 말하는 것이 무엇인지 아주 잘 "이해하고" "인식한다." 계속해서 그는 말하기를, 그런데 만일 누가 나에게 그런 섬에 대해 설명하고 나서 결론적으로, 이 모든 사실에서 필연적으로 나오는 결과라면서, 이 세상에 있는 어떤 것도 더 뛰어날 수 없는 그 섬이 실제로 있**어야 한다고** 말한다고 생각해 보자. "왜냐하면 너는 그 섬이 너의 생각 안에 '있다는 것'을 부인할 수 없기 때문이다. 그런데 여기서 문제되고 있는 것이 사람이 상상할 수 있는 가장 뛰어난 섬이기 때문에, 그 섬은 너의 생각 속에만 있을 수 없고 실재 세계 속에도 '있어'야 한다. 그렇지 않다면 실제로 실존하는 모든 섬이 더 뛰어날 것이다……. 〔이에 대해〕 나는 다음과 같이 말하고

---

41) 참조: Gilson, *History*, p.133.

싶다. 만일 설명하는 사람이 이와 같은 방식으로 그 섬이 사실적으로 실존한다는 것은 더 이상 의심할 수 없는 사실이라고 확신시키려 한다면, 나는 그가 농담을 하고 있다고 믿든지, 아니면 내가 그런 사실을 믿는다면 그런 나와, 그가 그런 방식으로 무엇인가를 증명했다고 생각한다면 그런 그, 이 둘 중 누구를 더 우둔한 사람으로 여겨야 할지 알 수 없을 것 같다."

그러나 이와 같은 명확하고, 건전하고, 반박의 여지도 없는 진심 어린 논증도 안셀무스의 생각을 정면 돌파할 수 없었다. 헤겔이 칸트의 반론에 대해 말하면서, 그 반론은 문제의 핵심을 비껴가고 있다고 말하고 있다면, 이때 그는 그런 사실을 완전히 올바르게 파악하고 있는 것이다. 헤겔에 의하면,[42] 가우닐로는 안셀무스의 논증을 "오늘날 칸트가, 예를 들면, 우리가 100탈러Taler를 생각한다고 해서 이 생각이 자체 안에 존재를 포함하고 있지는 않다고 말하면서(그 말은 바른 말이다) 존재와 사유가 서로 다른 것이라고 하는 것과" 똑같은 불충분한 방식으로 비판했다는 것이다. 헤겔은 또 말한다. "그것이〔존재와 사유〕 서로 다르다는 것은 전혀 새로운 사실이 아니다. 그것을 안셀무스도 잘 알고 있었다."

다시 말하지만, 안셀무스의 논증은 하느님이 존재한다는 사실이 저 섬이 존재한다거나 100탈러가 실제로 있다거나 하는 사실과는 원칙적으로 다른 존재 양식Seinsart을 가진다는 데 그 무게 중심이 있다. "'하느님이 존재한다'는 판단은 특별한

---

42) *Sämtl. Werke,* vol.19, p.168.

위치를 차지한다."[43] 그 비교 불가능성은 존재함이 사실적으로 하느님의 본질에 속한다는 데 근거한다. 그러나 나는 지체 없이 바로 〔존재함이 사실적으로 하느님의 본질에 속한다는〕 이 명제가 "하느님은 존재한다"는 명제와 동일한 명제가 아니라는 사실을 덧붙여 말하고자 한다. 이 모든 사실을 살펴볼 때, 안셀무스의 논증을 반박하는 것이나 그 논증은 무엇인가 근본적으로 잘못되어 있다는 의구심을 잠재우는 것이나 모두 똑같이 어려운 일임에 틀림없다.

비교적 최근에 안셀무스의 정당성을 옹호하려는 시도가 있었는데, 이 점은 진기하게 중세 때에도 결코 생각이 미치지 못했던 것이다. 이 정당화 시도에 따르면, 안셀무스의 논증은 "신 존재 증명"과는 조금도 상관이 없다는 것이다: "안셀무스는 하느님의 존재를 증명하겠다는 생각을 조금도 하지 않았다"고 안셀무스와 같은 수도회에 속한 우리 시대의 한 수도자는 말했다.[44] 안셀무스의 사유는 철학은 물론, 논증적 학문이라는 의미의 신학과도 전혀 관련이 없다는 것이다. 오히려 『프로슬로기온』은 "신비주의 신학의 한 부분"이라는 것이다.[45] 물론 예외 없이 모두 현대 해석가들이지만, 그와 비슷하게 주장하는 사람들이 또 있다.[46] 누구보다도 여기서 칼 바르트를

43) C.Nink, *Philosophische Gotteslehre,* München, 1950, p.137.

44) A.Stolz, "Zur Theologie Anselms im Proslogion", *Catholica,* 2. Jg. (1933), pp.1-24.

45) *Ibid.,* p.4.

46) 예를 들면, A.Koyré, *L'idée de Dieu dans la philosophie de St. Anselme,* Paris, 1923, p.195: 『프로슬로기온』은 "한 수도자에 의해 수도자들과 그리스도교 신앙인들을 위해 씌어졌다. …… 그 글은 어느 누구도 개종시키려 하고 있지 않다." — 이와 비슷

인용하고 싶다: "〔안셀무스의 논증에서〕 중심 문제는 교회의 신앙을 벗어나서 교회가 가진 신앙의 근거를 그 자체가 아닌 **다른 어떤 것으로부터** 제시하는 학문에 있지 않다. 여기서 문제되고 있는 것은 신학이다. 여기서 문제되고 있는 것은 이미 이전부터 아무 증명 없이도 그 자체로 확고하게 있는 신앙을, 신앙을 통해서 증명하는 것이다. …… 사람들은 안셀무스의 신 존재 증명을 '존재론적' 신 존재 증명이라고 부르기를 좋아하곤 했는데, …… 그것은 몰지각한 생각에서 나온 소치이며, 이제는 단 한마디 말도 더 이상 그런 데 소비해서는 안 될 것이다."[47)]

이런 해석의 근거를 대기 위해 사람들은, 예를 들어, 안셀무스의 『프로슬로기온』 안에 들어 있는 논증은 겉보기에는 순수 합리적인 논증 같지만, 그것이 기도 안에 들어가 있으며, 기도로 시작하고 기도로 끝맺는다고 말한다. 이는 실로 논란의 여지가 없는 분명한 사실이다. 그런 사실은 학문적 증명 과정과 잘 맞지 않아 보인다. 실제로 학문적 증명 과정은 증명되어야 할 내용을 그런 방식으로 앞서 전제할 수 없기 때문이다. 그렇지만 안셀무스 자신이 자신은 증명을 하려는 것이고, 더욱이 "그 자체 외에는 다른 어떤 것도 필요로 하지 않을"[48)] 만큼 설득력 있는 증명을 하려는 것이라고 말한 것은 무시할 수 없

하게 주장하는 글: A.Jacquin, "Les rationes necessariae de St. Anselme", *Mélanges Mandonnet* II, 1930, pp.67ff.

47) *Fides quaerens intellectum,* p.199.

48) *Proslogion,* prooem.

는 엄연한 사실이다. 그는 명시적으로 성서에는 의지하려 하지 않으며, 그 논증을 마무리하는 기도에서까지 "비록 제가 당신의 존재를 믿고 싶어 하지 않는다 할지라도, 이제〔이 말은 '논증을 근거로 볼 때'라는 의미일 수밖에 없다〕 저는 당신을 인식하지 않을 수 없습니다"[49]라고 말한다. 그러나 무엇보다도, 안셀무스는 분명 가우닐로가 『프로슬로기온』을 합리적 논증으로 받아들인 것이 오해였다고 결코 느끼지 않고 있고, 이에 대해 그도 순전히 합리적인 반대 이유들을 통해 반박을 시도하고 있으며, 그런 일이 중세를 통틀어 내내 이루어지고 있다. 보나벤투라Bonaventura는 합리적인 논증들을 근거로 〔안셀무스에게〕 동의하는가 하면, 토마스는, 역시 합리적인 논증들을 통해, 동의하기를 거부한다.

물론 데카르트도 안셀무스의 논증을 받아들인다. 그런데 돌연 여기에서 안셀무스가 생각한 것은 데카르트가 생각한 것과 완전히 다르다는 사실이 드러난다. 이 점에 있어서 칼 바르트가 지적한 내용은 부인할 수 없이 올바른 것이다. 안셀무스의 논증은 "유명한 데카르트나 라이프니츠의 이론과는 다른 차원에 있으며" "칸트가 이들 이론에 반대하여 제시한 내용에 조금도 해당되지"[50] 않는다. 그럼에도 불구하고 데카르트 자신은 자신이 안셀무스와 동일한 내용을 말하고 있다고 생각할 수 있었다는 것은 결코 우연이 아니다. 데카르트의 글에는 이

49) *Proslogion,* cap.4(마지막 장).

50) *Fides quaerens intellectum,* p.199.

에 대한 표현들이 여럿 들어 있는데,[51] 가장 명확한 것은 "……나는 삼각형을 놓고 볼 때, 내각의 합이 180도이어야 한다는 것을 잘 알고 있다. 그러나 그렇다고 해서 내가 이 세상에 삼각형이 있다는 증명을 본 것은 아니다. 가장 완전한 존재에 대한 관념의 경우 나는……이 관념 안에, 삼각형에 대한 관념의 경우 내각의 합이 180도라는 것과 완전히 똑같이, 아니 심지어 더 필연적으로, 실존이 들어 있다는 것을 발견했다. 따라서 그토록 완전한 존재인 하느님이 있다는 혹은 실존한다는 명제는 적어도 기하학적 증명이 보여 줄 수 있는 것만큼은 확실하다"[52]는 것이다. 안셀무스가 데카르트의 『방법 서설』*Discours de la Méthode*과 관련해서는 자신의 논증을 전혀 알아보지 못했을 것이라고 우리는 거의 확실하게 추정해 볼 수 있다. 그럼 무엇이 다르다는 것인가? 다른 점은, 『방법 서설』이 "순수" 철학이기를 바란다는 것이고, 데카르트의 논증에서는 우리가 믿는 하느님 개념과의 원칙적인 분리가 먼저 이루어지고 있다는 것이다. 물론 이 분리는 연역적 이성을 지나치게 높이 평가하는 안셀무스의 출발점으로 볼 때 전혀 예상할 수 없었던 것은 아니며, 어쩌면 빠져나갈 수 없는 불가피한 것이었는지도 모른다.

〔**20**〕 보에티우스에서 시작하고 안셀무스의 열정적인 합리성에 의해 처음으로 논리 정연하고 철두철미하게 실행에 옮겨진

---

51) *Meditationes de Prima Philosophia, Anhang zu den zweiten Erwiderungen,* Satz I — *Principia Philosophiae* I, §14 — *Discours de la Méthode,* chap.4.

52) *Discours,* chap.4.

신앙과 이성의 결합 시도는 지속적·궁극적으로 타당한 "해결책"을 찾을 수 없는 것이었는지 모른다. 어떻든 간에 실제로는 그런 열매를 맺고 성공한 적이 없다. 철학적 이성이 앞서 주어져 있는 초인간적 진리 규범을 한편으로는 인정하면서, 동시에 다른 한편으로는 늘 새롭게 발전하고 있는 세상과 인간에 대한 비판적 지식을 수용해야 하고, 그래서 그런 지식에 개방되어 있다면, 다시 말해서 철학적 이성 자체가 지혜란 "값싸게" 얻어질 수 있는 것이 아니라는 이유에서 그와 같은 방식으로 문제를 어렵게 만든다면, 철학적 이성은 끊임없이 불안과 위험에 노출되는 것밖에 다른 길이 없어 보인다. 즉 자신에 대한 과대평가, 불가지론적不可知論的 체념, 학문 만능주의, 연역적 또는 경험적 합리주의, 전통주의Traditionalismus, 신앙 지상주의信仰至上主義(Fideismus) 등에 대한 유혹을 통해서 말이다.

이런 추측을 출발점으로 해서 우리는 토마스 아퀴나스가 안셀무스의 논증에 의해 주어진 도전에 대적하기 위해 제시하는 답변을 잠시 숙고해 볼 필요가 있다. 우리 생각으로는 이 답변 안에서 신앙과 이성이라는 두 요소의 결합이 사유하는 인간의 끈질긴 노력을 통해 실제로 달성되었을 뿐 아니라, 신앙과 이성에 각기 그 사안에 맞는 무게를 분배하여 실어 줌으로써 엄밀한 의미에서 지적인 균형이 이루어지기도 했다고 본다. 그럼에도 불구하고 침착한 어법 뒤에서는 당시에 이미 2백년 넘는 시간을 두고 진행되어 온 토론의 흥분 어린 정감이 느껴진다. 또 다른 한편으로는, 이렇게 잘 세분되어 있고, 전혀 "극단적이지" 않으면서도, 극도의 주의력으로 아주 뛰어나게 표현된 답변을 근거로 볼 때, 데카르트가 이 문제를 터무니없이 엄청나게 단순화시켰다는 사실이 섬뜩할 만큼 확연해지기도 한다.

토마스는 안셀무스의 논증에 대해 여러 번 언급했다.[53) 『진리론』*Quaestiones disputatae de veritate*에서 그는 다음과 같이 질문을 시작한다:[54) 인간 정신에는 하느님이 존재한다는 사실이, 마치 그 타당하지- 않음을 도저히 생각할 수 없는(즉, 그 자체로 자명한) 제일 사유 원리들처럼, 그 자체로 알려져 있는가? 토마스는 우선 역사적인 확인을 통해서 이 문제에 대해 서로 다른 세 개의 견해가 있다고 답한다. **첫 번째** 견해: 하느님이 존재한다는 사실은 증명될 수도 없고, 그 자체로 알려져 있지도 않다. 우리는 그 사실을 오직 믿을 수 있을 뿐이다. **두 번째** 견해: 하느님이 존재한다는 것은 그 자체로 알려져 있지 않지만, 증명될 수는 있다. 이때 "증명한다"는 말은 직접적으로 알려져 있지 않은 것을 직접적으로 알려져 있는 것을 근거로 밝혀 준다는 의미이다. **세 번째** 견해: "안셀무스 같은 또 다른 부류의 사람들은 하느님의 존재가, 어느 누구도 내적으로는 하느님이 있지 않다고 생각할 수 없기 때문에, 그 자체로 알려져 있다고 생각한다. (물론 하느님이 있지 않다고 겉으로 말하거나, 그렇게 말하는 가운데 자기가 언급하는 단어들을 내적으로 생각할 수 있다 하더라도 말이다.)" 토마스는 역사 안에서 만날 수 있는 이

53) *Quaest. disp. de veritate* 10, 12; *Summa contra Gentes* 1, 10-11; *Summa theologica* I, 2, 1; Kommentar zu Boethius, *De Trinitate* 1, 3.

54) *Quaest. disp. de veritate* 10, 12.

세 견해들 가운데 첫 번째 것은 누구나 알 수 있듯이 거짓이지만, 나머지 둘은 어떤 의미에서는 참되다고 말한다. 물론 결정적인 물음은 우리가 "그 자체로 알려져 있다"는 것을 어떻게 이해하느냐 하는 것이다. 그리고 정확하게 바로 이 점에 대해 토마스는 하나의 구별을 하게 되는데, 이 구별을 통해 그는 안셀무스의 논증 안에서도 참된 부분과 그릇된 부분을 갈라놓을 수 있게 된다. 그것은 다음과 같은 사상 전개 속에서 이루어진다. 즉 "그 자체로 알려져 있다"durch sich selbst bekannt는 것은 그 술어가 주어 개념에 속해 있는 문장이다. 그러나 이렇게 〔술어가 주어 개념에〕 속해 있다는 사실이 모든 사람에게 알려져 있어야 할 필요는 없다. 그 사실은 당연히 주어를 알고 있는 사람에게만 알려져 있다. 따라서 한편으로는 "그 자체로 알려져 있는" 명제이면서 사실적으로 모든 사람에게도 알려져 있는 명제들이 있는데, 예를 들면 전체는 부분보다 크다는 명제의 경우이다. 다른 한편으로는, 술어가 주어 개념 속에 실제로 포함되어 있기 때문에 "그 자체로 볼 때는" 마찬가지로 "그 자체로 알려져 있는" 명제이지만, 모든 사람에게 알려져 있지 않고 오직 전문가, "알고 있는 사람"에게만 알려져 있는 명제들이 있다. 예를 들면 비물질적인 존재는 공간을 필요로 하지도 않고, 한 "장소"에 있는 것도 아니라는 명제의 경우이다. 이 구별이 바로 토마스가 안셀무스의 논증에 접근해 가기 위한 기반을 이룬다. 토마스가 내리는 결론은 다음과 같은 것이다: 하느님 개념 안에 존재가 필연적으로 포함되어 있기 때문에 "하느님은 존재한다"는 명제는 실제로 "그 자체로 알려져 있는" 명제이다. 그러나 우리가 그 명제의 주어, 곧 하느님의 본질을 알고 있지 않는 한, 우리에게는 이 명제가 "그 자체로 알려져 있지" 않다. 반면 우리가 하느님의 본질을 바라보게 된다면, "그때에는 우리에게, '그렇다'와 '그렇지 않다'가 동시에 타당할 수 없다는 것이 '그 자체로 알려져 있는' 것보다 훨씬 더 하느님이 존재한다는 사실이 '그 자체로 알려져 있게' 된다."

요약하여 말한다면, 토마스는 안셀무스를 향해 다음과 같이 말할 것이다: "당신은 하느님의 본질을 직접 알고 있는 사람처럼 이야기합니다. 반면에 저는……." 이 점에서 현대에 안셀무스를 옹호하는 어떤 사람들은 바로 이 사실이 안셀무스가 신비주의적 직관에 대한 체험에서 이야기하고 있으며 그의 논증은 "신비주의 신학의 한 부분"[55]이라는 사실과 잘 맞아떨어진다고 끼어들어 말할지 모른다. 토마스는 다분히 이런 이의 제기를 존중할 것이다. 그러나 그는 계속해서 말할 것이다: "……반면에 저는 이 세상 사람의 평범한 정신 상태에서 출발하여 말합니다. (덧붙여 말하면 〔적어도〕 안셀무스의 논증에 나오는 말마디도 그렇습니다.) 그리고 그런 정신 상태는 하느님을 직접적으로는 알지 못하게 되어 있습니다. 우리는 하느님을 아는 두 가지 가능성만을 가지고 있는데, 둘 다 간접적인 가능성들입니다. 하나는 신앙이고, 다른 하나는 추론적 사고입니다."

55) A.Stolz, *op.cit.,* p.4.

데카르트의 "존재론적 신 존재 증명"을 반박할 때 칸트도 이와 유사한 방향을 겨냥하고 있다. 칸트는 우리가 삼각형이 무엇인지는 알지만 하느님이 무엇인지는 모른다고 말한다. "그런데 사람들은 완전히 우리 오성의 영역 바깥에 있는 대상에 대해 말하면서, 마치 자신이 그 대상에 대해 개념을 사용하여 말하려는 내용을 온전히 이해하고 있는 것처럼 말했다."[56) 물론 토마스는 하느님이 "완전히 우리 오성의 영역 바깥에" 있다고는 결코 말하지 않을 것이다. 그렇지만 그도 우리의 하느님 인식은 부적절한 채로 남게 되고, 그런 상황은 원칙적으로 극복될 수 없다고 주장한다. 그래서 토마스는[57) 심지어, 우리가 하느님의 비非존재를 생각할 수 있다는 사실이 하느님이 그 이상 더 큰 것을 생각할 수 없는 바로 그런 존재라는 사실과 분명 함께 성립할 수 있다고까지 말한다. 그런가 하면 다른 면으로 본다면, 우리가 하느님의 존재를 "우리 인식 능력의 부족으로 인해" 오직 그분의 창조물로부터 추론할 수 있을 뿐이라 하더라도, 하느님의 존재는 "그 자체로 알려져 있는 것"으로 남는다는 것도 사실이다.[58) "창조된 진리가 창조되지 않은 진리보다 우리에게 더 잘 알려져 있다는 데에는 어떠한 이의도 제기되지 않는다. 다시 말해 그 자체로는 덜 알려져 있는 것이, 철학자에 의하면, 우리에게는 더 잘 알려져 있다."[59)]

56) *Kritik der reinen Vernunft,* p.568.

57) *Quaest. disp. de veritate* 10, 12 ad 2.

58) *Ibid.,* 10, 12 ad 3 in contr.

59) *Ibid.,* 10, 12 ad 6.

덧붙여 말하면 이 마지막 문장은, "철학자", 곧 아리스토텔레스에 대해 말하면서, 더 포괄적인 지평을 암시해 주고 있다. 이 지평 위에서 우리는 안셀무스의 논증에 대한 수백 년간에 걸친 찬반 토론을 더 깊이 이해할 수 있게 된다. 왜냐하면 이 문제는 단순히 신앙과 지식을 대조시켜 놓음으로써 토론을 끝내는 것이 불가능하게 된 그런 종류의 문제로 그치지 않기 때문이다. 이 문제는 세상에 대한 서로 상반된 두 개의 기본 입장이 작용하고 있어서 매끄럽게 "종합"에 이를 수 없는 종류의 문제이기도 한데, 이 두 기본 입장에 우리는, 의심의 여지없이 너무 단순화시켜서, "플라톤"과 "아리스토텔레스"라는 이름을 붙이곤 한다. 여기서 "아리스토텔레스"는 인간이, 객관적인 실재 세계에 눈을 돌리는 가운데, 구체적인 경험을 기반으로 추론적 사고를 통해 본질 인식에 이르게 된다는 확신을 대변하는 반면, "플라톤"은 세상의 본질적인 실재성을 직접 접할 수 있는 가능성이 인간에게 주어져 있다는 확신을 대변한다. "플라톤"은 그것이 외적 경험의 매개를 통해서가 아니라, 기억 속에 잠긴 사람처럼 눈을 감고 자기 자신 안에 침잠하는 가운데 이루어진다고 한다.

안셀무스의 논증을 받아들이는 사상가가 플라톤 측에 서 있는 사람들이라는 것을 이제 우리는 첫 눈에 금방 알아볼 수 있는데, 이 말은 서양 철학의 영역에서 아우구스티누스 측에 서 있는 사람이라는 말과 거의 같은 말이다. 그런 사실은 알렉산데르Alexander von Hales, 보나벤투라, 대 알베르투스Albertus Magnus, 둔스 스코투스에게 해당되고, 데카르트와 라이프니츠에게도 해당된다. 안셀무스 자신의 경우를 본다면, 『프로슬로기온』 제1장 서두에서 이미 우리는 "네 마음의 골방으로 들어가라……"[60]는 플라톤적 핵심 문구를 만나게 된다.

60) *Proslogion,* chap.1.

제5장

〔21〕 잘 알고 있듯이 사람들은 심심찮게 "중세적인 인간"이라는 말을 하곤 한다. 그런 상상이 어처구니없는 것이라는 것을 알기 위해, 질송의 풍자적인 제안[1)]에 따라, "작고 격정적인 프랑스 여인" 엘로이즈Heloise를 한번 기억해 볼 만하다. 엘로이즈는 아벨라르두스Peter Abälard의 연인으로, 17세 소녀 때 라틴어와 그리스어와 히브리어에 능통했고, 아벨라르두스에 대한 사랑 때문에 수도원에 들어가서는, 서원誓願을 하는 동안 로마 시인 루카누스Lukan의 시구詩句를 낭송했다. 이에 대해 아벨라르두스 자신이 다음과 같이 서술하고 있다. "그녀는 눈물을 흘리고 훌쩍이면서 코르넬리아Cornelia의 비탄의 노래를 또박또박 읊었다: '오 훌륭한 남편, 더 좋은 부부 잠자리를 가지셔야 합당한 분! 그런 분에게 운명이 이토록 무겁게 부딪쳐 와도 좋다는 말인가? 아, 나는 당신의 악운惡運의 별이 되기 위해 당신과 결혼

1) E.Gilson, *Heloise und Abälard,* Freiburg, 1955, p.101.

해야 했는가? 그러나, 이제 기쁜 마음으로 당신께 바치오니 나의 희생을 받아 주오.' 이것이 세상에 대한 그녀의 작별 인사였다. 결의에 찬 발걸음으로 제단 앞에 나아가, 주교가 축성한 머릿수건을 재빠르게 받아 들고, 모여 있는 공동체 앞에서 서원을 했다."[2] 이런 일이 있었던 곳은 메디치Medici의 플로렌스가 아니라 이보다 300년 앞선 1120년경 파리 근처 아르장퇴유Argenteuil이다. "중세를 정의할 공식을 발견했다고 주장하기 전에, 엘로이즈에 대한 정의를 발견해야 할 것이다."[3]

이와 같이 어떤 "틀"에 꿰어 맞출 수 없는 개인적인 성격의 일들이 중세 때에도 다양하게 드러나고 있다는 것은 더 이상 놀라운 일이 아니다. 오히려 사람들이 기대하지 못했으리라고 생각되는 것은, 이론적인 입장에 있어서조차 같은 세대 안에 근본적인 차이가 자주 있었다는 것이다. 예를 들면, 엘로이즈와 같은 시대 사람들 가운데에도 아벨라르두스와 베르나르두스Bernhard von Clairvaux와 솔즈베리의 요한Johann von Salisbury은 그 세계관이나 생활양식이나 운명에 있어서 전적으로 예측하기 어려운 대조를 보이고 있다.

이들 세 사람은 서로 아는 사이였다. 아벨라르두스와 베르나르두스는 평생토록 서로 적대자요 반대자였고, 솔즈베리의 요한은 그중 한 사람의 제자이면서 다른 사람의 피보호자였다. 누가 1140년에 여행하기 위하여 프랑스로 갔다면, 그는 이 세

---

2) Abälard, *Die Leidensgeschichte und der Briefwechsel mit Heloise,* ed. by E.Brost, 2. ed., Heidelberg, 1954, p.36.

3) E.Gilson, *Heloise,* p.54.

사람을 모두 만날 수 있었을 것이다. 그 해 아벨라르두스는 이미 잡음이 잦았던 자신의 인생 여정의 막바지에 다다랐고, 60세가 되어 자신에게 아직 남겨진 인생의 마지막 해를 유배 생활을 하면서 보내기 위해 클뤼니Cluny 수도원으로 막 떠나려 하고 있었다. 아벨라르두스보다 열 살 아래인 베르나르두스도 매우 파란만장한 인생을 보내기는 마찬가지였는데(그는 교회 개혁가였고, 십자군 설교가였으며, 철학적-신학적 저술가였고, 동시에 신비주의적 체험을 한 사람이었다), 그는 그런 자신의 인생의 전성기에 있었다. 솔즈베리의 요한은 25세 된 학생이었으며, 존경과 비판이 동시에 담긴 경외심으로 자신의 두 선생님을 진심으로 좋아하고 있었다. 그러나 이 세 사람은 12세기를 가장 잘 대표하는 인물들로, 이들이 남긴 흔적은 철학사 안에 오랫동안 뚜렷이 남아 있다. 그런 사실은 철학사보다는 신학사神學史에 더 속한다고 할 수 있는 베르나르두스에게도 그대로 해당된다.

우리가 우선적으로 아벨라르두스와 베르나르두스에 관심을 기울일 때 중세 철학사에서 기억나는 또 다른 조금 놀라운 사실은, 많은 저술가들과 선생들이 얼마나 젊은 나이에 공적인 활동을 하며 두각을 나타냈는가 하는 것이다. 하얀 수염을 한 수도자가 세상과 동떨어진 구석방에 앉아 양피지 위에 머리를 짜내어 논문을 써내려 간다고 상상하는 것만큼 부적절한 것은 없다. 보에티우스가 수백 년 동안 영향을 미친 첫 번째 책들을 쓴 것은 스무 살 남짓 되었을 때의 일이다. 그는 25세 때 아리스토텔레스에 대한 주해를 시작한다. 캔터베리의 안셀무스는 30세 때 르 베크 수도원의 부원장이었다. 보나벤투라는 27세 때 이미 대학 강사였고, 36세 때에는 서양 전체에 흩어져 있는 프란치스코 수도원의 최고 책임자가 되었다. 둔스 스코투스는 자신의 주저인 거대한 『옥스퍼드 주석서』*Opus Oxoniense*를 35세 때 썼다. 그리고 오컴Ockham은 25세 때 이미 자신의 학문적-문학적 인생길에서 아주 등을 돌리고 만다.

〔**22**〕 아벨라르두스Peter Abälard는 1079년 브르타뉴Bretagne에서 태어났다. 그는 이미 소년 시절에 유명한 철학자인 로셰린Roscelin의 철학 학교에서 공부했으며, 스무 살경에 파리로 가, 2~3년 후에는 스스로 철학 학교를 열었는데, 처음에는 파리 근교에서 열었고, 29세 때에는 파리 자체 안에 있는 성 저노비에브 산St. Genovefenberg, 곧 오늘날의 대학가에 열었다. 1115년에 그는 노트르담Notre Dame 주교좌 성당 학교의 교장이었는데, 당시 35세 남짓이었다. 조금 지나서 그는 엘로이즈Heloise를 만난다. 아벨라르두스 자신이 자서전 격인 『불행의 연대기』*Historia calamitatum*[4]에서 적고 있듯이, 그 자신은 결코 사랑에 빠져서가 아니라 오히려 감각에 사로잡혀서 자기 제자인 이 소녀를 유혹하는 데 온통 정신을 빼앗겼었다. 아들이 태어난 후 이들은 비밀리에 결혼을 한다. 아벨라르두스는 성직자이긴 했어도 사제는 아니었기 때문에 결혼이 가능했고, 또 그런 일이 아주 드문 것도 아니었다. 그럼에도 불구하고 비밀리에 결혼한 것은, 유명하던 그를 사람들이 "세네카 같은 인물 또는 성 예로니모

4) Migne, *Patrologia Latina* 178, 113-182.

같은 인물로 계속 여기게" 하기 위한 것이었다. 질송에 의하면, "아벨라르두스와 엘로이즈는 서로를 잊은 적이 없다. 그리고 이것이 그들을 점점 더 깊게 거짓 속으로 끌어들인 바로 그것이다."[5] 이에 엘로이즈 후견인의 끔찍한 보복이 뒤따랐다. 그는 아벨라르두스를 덮쳐 거세시킨다. 대단히 유명하고 자부심이 강한 교수였던 그는("나는 내가 이 세상에서 유일한 철학자라는 생각을 가지고 있었다. 나는 모든 공격을 다 대적해 냈다……"[6]) 한 수도원 안에 칩거해야 했다. 성 데니스St. Denis 수도원이 그를 받아 주었던 것이다. 엘로이즈도 아벨라르두스의 뜻에 따라 수도원에 들어간다. 그리고 이제 두 사람의 관계에는 진기한 역전이 이루어지기 시작한다. 원래 순전히 쾌락에만 사로잡혀 있던 아벨라르두스 안에서는 참된 내적 변화가 이루어진 반면, 처음부터 헌신적인 사랑을 가졌던 엘로이즈에게는 그 사랑의 "현세적" 성격이 고집스럽게 따라다닌다. "제가 서원을 한 것은 하느님께 대한 사랑에서가 아니었습니다. 그것은 오직 당신의 명령에 따르기 위해서였습니다." "당신 마음에 드는 것이 하느님 마음에 드는 것보다 더 많이 저의 가슴을 채우고 있습니다."[7] 수도원 안에서 그녀는 그 어떤 것도 하느님께 대한 사랑으로 한 것이 없다는 것이고, 하느님도 그녀에게 보상해 줄 어떤 빚도 지고 있지 않다는 것이다.[8] 이런 말은 엘로이즈의 편지들에 여러

---

5) E.Gilson, *Heloise,* p.54.

6) *Leidensgeschichte,* p.18.

7) *Ibid.,* p.126.

8) *Ibid.,* p.95.

번 반복해서 나온다.[9] 그녀는 아벨라르두스의 애원과 간청에 완전히 귀를 막고 있는 것 같다.[10] 서로를 부르는 말마디에 담긴 언어 상의 격조와 치밀성 안에는 정신이 번뜩이기 마련인데, 편지글에서 서로를 부르는 말마디들 안에 변함없이 유지되고 있는 차이가[11] 이 감동적 대화에 담긴 자포자기적인 극적 감흥을 어느 정도 드러내 주고 있다. 한편에서는, "그리스도 안에서 오빠인 아벨라르두스가 그리스도 안에서 가장 사랑하는 누이인 엘로이즈에게" 혹은 "그리스도의 종이 그리스도의 신부新婦에게." 다른 한편에서는, "완전히 복종하는 하녀가 절대적인 주인께" 혹은 "당신의 하녀가, 아니, 당신의 딸이; 당신의 부인이, 아니, 당신의 누이가; 나의 주인께, 아니, 나의 아버지께; 나의 남편에게, 아니, 나의 오빠에게: 나의 아벨라르두스에게 당신의 엘로이즈가."

물론 아벨라르두스는 생을 마칠 때까지 성 데니스 수도원에 있었던 것은 아니다. 공적인 교수 활동에 대한 열망이 너무 강해서 그럴 수 없었다. 그는 얼마 후 다시 교수 활동을 시작했다. 그 밖에도 그는 디오니시우스 아레오파기타와 성 데니스 수도원이 어떤 식으로든 관련이 있다는 사실을 부인함으로써, 오래전부터 수도원 측에 강한 불쾌감을 유발시켰다. 아벨라르

9) 질송은 이런 서신 교환의 진실성을 의심할 만한 충분한 논거가 전혀 없다는 사실을 제시해 주었다: "모든 가설 가운데 가장 신빙성 있고 깊이 있는 가설은 엘로이즈가 엘로이즈의 편지들을 쓴 장본인이고 아벨라르두스가 아벨라르두스의 편지들을 쓴 장본인이라는 사실을 여전히 받아들이고 있다." E.Gilson, *Heloise,* p.133.

10) 참조: *Leidensgeschichte,* pp.143f.

11) *Ibid.,* pp.99, 129, 163, 83.

두스가 있는 곳에서는 분명 어디에서나 갈등이 불가피했다. 이미 그의 스승들 가운데서도 그와 불화를 일으키지 않았거나, 공공연히 그가 나중에 악의에 찬 풍자시 형태의 조소로써 은혜 갚음 하지 않은 사람은 하나도 없었다. 예를 들면 라온의 안셀무스Anselm von Laon에 대해 그는, "그의 불길이 집을 온통 연기로 채웠으나, 밝게 빛나지는 않았다. …… 진기하게도 멀리서 보면 풍성한 화관花冠을 가진 나무인데, 가까이 가서 보면 아무리 날카로운 눈을 가진 사람이라도 도무지 열매를 찾아볼 수 없다"[12]고 말한다. 다시 시작한 공적 교수 활동은, 보에티우스 때부터 논리적 사유를 위해 불가피한 주제였던 삼위일체에 대한 그의 글이 시노드Synode에서 단죄되는 바람에 급작스럽게 중단된다. 아벨라르두스는 외떨어진 곳으로 물러나게 되지만, 센Seine 계곡 어딘가에 있던 그의 은신처는 오래지 않아 사람들에게 알려지게 된다. 학생들은 떼를 지어 그에게 몰려갔고, 이들을 위한 숙소가 지어지게 된다. …… 그러나 5년 후에 아벨라르두스는 다시 피난길에 오른다. 무엇을 피해 도망한 것이었는가? 그 자신은 "프랑켄인들의 그 유명한 시기심"[13]을 피해 도망친다고 말한다. 그는 브르타뉴Bretagne 해변에 있는 평판이 좋지 않은 성 질다St. Gildas 수도원에 다다르게 되고, 그 수도원의 원장이 된다. 『불행의 연대기』에는 다음과 같이 적혀 있다: "이렇게 한 사람이 위협적으로 휘둘러지는 칼 앞에서 맹

12) *Ibid.,* p.15.

13) *Ibid.,* p.64.

목적인 공포에 휩싸여 구렁 속으로 뛰어든다. 그곳에서 한순간 죽음을 모면한다는 것이, 이곳에서 죽음의 품안으로 달려든 꼴이 되고 만다. …… 거칠게 포효하는 파도 앞에서, 지구의 끝에서, 도망갈 수 있는 가능성마저 더 이상 없는 곳에서, 나는 기도 중에 자주 다음 시편의 말로 신음하곤 했다: '제 영혼이 두려움에 떨고 있사오니, 땅 끝에서 당신께 부르짖나이다.'"[14] 곧 이어 그곳 수도자들과 다시 불화가 시작된다: "매일 벌어지는 흉계 때문에 나는 먹고 마시고 할 때 가능한 한 정신을 바짝 차려야 했고, 나 자신을 지키기 위해 부단히 노력해야 했다. 그들은 성작 안에 독을 넣어 나를 미사 중에 독살하려 했다."[15] (잠시 부언하면, 그런 사실이 전혀 믿을 수 없는 일이라고 생각하는 사람은 질송이 엘로이즈와 아벨라르두스에 대한 연구 논문에서 말한 다음 사실을 잊지 말아야 할 것이다: "모든 것이 중세적이다: …… 〔한편으로〕 성체 찬미가를 쓰고 있는 성 토마스와 〔다른 한편으로〕 매일 주님의 성체와 성혈이 봉헌되는 같은 제단에서 하느님과 성모님과 모든 성인들의 이름으로 저주하며 주사위 놀이를 하는 것이 1276년에 금지되어야 했던 파리 대학의 성직자들. 이 사실들 가운데 어느 것이 '더 중세적'인가?"[16]) 물론 아벨라르두스는 외적으로만 위협을 받은 것이 아니었다. 그 자신 안에 있는 혼란도 마찬가지로 큰 것이었다: "사탄이 밧줄로 나를 꼼짝 못하게 두르고 있어서

14) *Ibid.*

15) *Ibid.,* p.76.

16) E.Gilson, *Heloise,* p.101.

나는 쉬거나 인간처럼 살 수 있는 곳을 어디에서도 발견하지 못한다. 저주를 받고 난 카인의 처지처럼 방황하고 불안해하면서 이리저리 헤맨다. '밖으로는 싸움이 안으로는 두려움이'(2고린 7,5) 끊임없이 나를 고문한다. 아니 밖과 안에서 싸움과 두려움이 계속된다."[17] 아벨라르두스는 7년 후 다시 성 질다 수도원에서 파리로 도망하는데, 다시 그곳 성 저노비에브 산에서 변증론Dialektik을 가르친다. 이때 솔즈베리의 요한이 그의 제자가 된다. 그리고 **브레시아의 아르놀트**Arnold von Brescia 같은 사람도 자신이 아벨라르두스와 내적으로 닮았다는 것을 본능적으로 눈치 채고 그에게 합류한다.(그는 엄격하게 규율을 지키는 금욕주의자였고, 동시에 정치적으로는 황제와 교황을 거스른 선동자, 민중 운동가, 혁명가였으며, 끊임없는 도망자요 유배자였다. 그는 결국 바르바로사Barbarossa의 손에 넘어가 교수형을 당하고 불태워졌으며, 재는 티베르Tiber 강에 뿌려졌다.) 아벨라르두스는 곧이어 자신을 불안하게 하는 새로운 비판에 직면하게 된다. 이번에는 클레르보의 베르나르두스가 아벨라르두스의 "합리주의"를 거슬러 공격을 시작한 것이다. 변함없는 문제는 보에티우스의 원칙에 따라 신앙 내용을 지식 내용과 결합시키는 것이었다. 그런데 베르나르두스는 이렇게 말한다: "이 사람은 신앙에 대해 말한다면서 신앙을 거슬러 논쟁한다. 그는 어떠한 것도 거울을 통해 보거나 비유를 통해 보지 않고, 모든 것을 면전에서 직접 본다. 그는 자신의 분수를 넘는다. …… 무

17) *Leidensgeschichte,* pp.75f.

엇보다도 그는 자기 자신 말고는 하늘과 땅에 있는 것을 모르는 것이 없다고 말한다. 그는 계시의 아주 숭고한 물음들을 토론에 붙임으로써 우리 교부들이 세워 놓은 경계석들의 위치를 바꿔 놓고 있다. 아직 제대로 교육받지도, 변증론을 감당할 만큼 성장하지도 못한, 그래서 신앙의 초보적 진리들을 이해할 수도 없는 아주 미숙하기 이를 데 없는 자기 학생들에게 그는 삼위일체 신비와 성체와 대왕의 천막을 열어 보여 준다. 그는 자신의 이성을 사용하여 하느님을 완전히 이해할 수 있다는 엉터리 생각에 사로잡혀 있다totum quod Deus est, humana ratione arbitratur se posse comprehendere."[18] 베르나르두스는 겉보기에는 그리 고상해 보이지는 않는 방식으로 또 하나의 교회 단죄를 새로 얻어낸다. 그리고 이 단죄에 따라 아벨라르두스에게는 종신토록 수도원 안에 감금되는 벌이 내려진다. 그는 항상 그래 왔듯이 처음에는 아무 이의도 제기하지 않았지만, 이어 교황청에 항소한다. 로마로 가는 길에 클뤼니Cluny 수도원 원장 **페트루스 베네라빌리스**Petrus Venerabilis를 통해 거기 머물러 달라는 친절한 간청을 받고, 자기 일생의 마지막 해를 보내기 위해 마침내 그곳에서 안정된 자리를 찾는다. 잠시 부언하면, 클뤼니 수도원은 28세 때 수도원장직을 맡은 이 페트루스 베네라빌리스가 원장으로 있을 때 학술적 연구를 위한 중요한 장소가 되었다. (이 수도원은 몇 세대 전만 해도 학문에 대한 금욕주의적 적대

---

18) 1140년 교황 인노첸시오(Innozenz) 2세에게 보낸 논문 형식의 편지인 '*Contra quaedam capitula errorum Abaelardi*'(Epistola, 190)에 들어 있다. Migne, *Patrologia Latina* 182, 1055.

감 때문에 안셀무스가 입회하는 것을 겁내어 포기한 바로 그 곳이다.) 예를 들면 그의 자극에 힘입어 바로 이 시기에 코란이 처음 라틴어로 번역된다.[19] 그러나 무엇보다도 페트루스 베네라빌리스는 베르나르두스와도 친분이 있었고 아벨라르두스와도 친분이 있었으며, 여러 편지에서 알 수 있듯이, 박학한 엘로이즈를 대단히 존경하는 사람이기도 했다. ("아직 소년 시절에 이미 당신의 명성이 제 귀에 들렸습니다. …… 당신은 학문의 깃발을 높이 들고 계셨습니다. 당신은 어느 여자보다도 뛰어나십니다. 그리고 남자들 중에도 당신이 능가하지 못할 사람은 얼마 없습니다……."[20]) 페트루스 베네라빌리스는 그 시대에 위대한 평화 중재자 가운데 하나였다. 그는 아벨라르두스를 교회는 물론 베르나르두스와도 화해시킨다. 엘로이즈에게 보낸 편지에서 그는 변화된 마지막 시기의 아벨라르두스의 모습을 "장황하게 적지 않겠습니다. 그의 정신은 끊임없이 신적 신비에 대한 생각에 깊이 빠져 있었습니다. …… 그는 우리와 함께 소박하고 성실하게 살았습니다. …… 그리고 자신의 마지막 생을 주님께 봉헌했습니다"[21]라고 묘사한다. 페트루스 베네라빌리스는 아벨라르두스의 장례 예절도 주례했다. 아벨라르두스는 자신이 염원한 대로,[22] 엘로이즈가 원장으로 있는 수도원에 묻힌다. 페트루스는 다음과 같은 말로 시작하는 비문

---

19) E.Gilson, *Heloise,* p.11.

20) *Leidensgeschichte,* pp.456f.

21) *Ibid.,* p.464.

22) *Ibid.,* pp.110f.

碑文을 쓴 사람이기도 하다: "갈리아Gallien의 소크라테스, 헤스페리아Hesperien의 위대한 플라톤, 우리의 아리스토텔레스……."[23)]

철학사에서 아벨라르두스가 가지는 의미가 무엇인지 물으려 한다면, 우리는 그처럼 평탄치 않았던 그의 생애를 염두에 두어야 한다. 좀처럼 뚜렷한 판단을 내리려 하지 않는 그라프만Grabmann은 이 물음에 다음과 같이 답한다: "……사변Spekulation에 결코 능하지 않은 사람, 큰 형이상학적……전망을 가지지 않은 사람; 일시적인 학문적 성공에 흐뭇해하고, 자신의 강한 면이 새로운 역설적 사고를 찾아내는 데 있다고 생각한 변증론의 대가."[24)] 아벨라르두스 자신은 자기 자신에 대해 이렇게 말한다: "철학 전체에서 내 마음에 가장 들었던 것은 논리학이다. …… 논리학을 배우기 위해 나는, 고대의 방랑 철학자들처럼, 이 학문으로 명성이 있다는 장소면 어디라도 달려갔다."[25)] 그러나 아벨라르두스에게 "논리학"은 무엇보다도 언어-논리학, 곧 "언어 표현을 가지고 의식 내용들을 비판적으로 분석하는 것"[26)]이었다. 이렇게 볼 때 그는, 쉽게 알 수 있듯이, 오늘날의 문제 접근 방식에 상당히 근접해 있다. 또한 아벨라르두스는 소위 "보편자Universalien 문제"도 아주 의미 있는 시도라 할 수 있는 언어-논리학을 출발점 삼아 대단한 통찰력으로 다뤄나간다. (물론 보편자 문제가 보에티우스 이래로[27)] 철학자들이

23) Migne, *Patrologia Latina* 178, 103.

24) Grabmann, *Scholast. Methode,* II, p.175.

25) *Leidensgeschichte,* p.8.

26) Überweg-Geyer, p.216.

계속 다루는 문제라는 것은 분명한 사실이지만, 그것이 중세 철학의 핵심적인 주제, 심지어 유일한 주제라고까지 말하는 것은 옳지 않다. 보편자 문제는 다음과 같은 문제를 말한다: "소크라테스" "베드로" 등과 같은 개별적인 이름들뿐 아니라 "인간" "장미" 등과 같은 이름들도 객관적인 실재 현실 측에, 곧 "바깥에", 무엇인가가 상응하는 것이 있는지, 아니면 그런 "보편적인"universal 이름들에는 '주관적으로 사유된 것'이라는 "실재"만이 귀속되는 것인지, 아니면 심지어 그냥 말소리flatus vocis 라는 실재만이 귀속되는 것인지 하는 문제이다.)

대단히 치밀하게 사유하는 가운데서도 아벨라르두스의 표현들은, 다른 측면으로 보면, 저널리스트적인 면을 가지고 있는데, 그것은 그가 오직 관심을 끄는 것만을 선호하고, 특히 논쟁거리가 되는 것을 좋아한다는 사실과 무관하지 않다. 그가 같은 시대 사람들에게 미친 직접적인 영향이 대단한 것이었으며, 캔터베리의 안셀무스의 영향보다 "비교할 수 없을 만큼 더 큰" 것이었다는 사실도 이와 잘 어울린다. (여기서 캔터베리의 안셀무스의 영향보다 더 컸다는 말은 현대에 나온 중세 철학에 대한 한 책자[28]에 나오는 말이다. 그러나 이 책은 곧바로 안셀무스는 오늘날에도 살아 있으나 아벨라르두스는 역사적 관심의 대상일 뿐이라고 덧붙인다.)

그러나 아벨라르두스의 작품 안에는 미래의 토론과 문제

27) 참조: Boethius, *Commentaria in Porphyrium a se translatum*. Migne, *Patrologia Latina* 64, 71-158.

28) Überweg-Geyer, p.216.

해결을 위해 풍성한 결실을 가져온 것도 적지 않다. 예를 들면 논리학의 역사[29]를 다룰 때 그의 이름은 항상 언급된다. 또 도덕적인 행위에서 신조와 지향이 무슨 의미를 가지는지 하는 문제를 첨예하게 부각시켜 다룬 것도, 물론 전적으로 그의 개인적인 문제 제기에 의해 고무된 것이라 할 수 있다 하더라도, 변치 않는 가치를 지닌다: 악한 의도 없이는 죄도 없으며, 자신의 양심을 따르는 것은 설사 자기 양심이 잘못 생각한 경우라 하더라도 좋다는 것이다. 이를 설명하기 위해 아벨라르두스는 이어서 자기 방식에 따라, 예수 그리스도의 사형을 집행한 형리刑吏가 유죄인지 무죄인지 등과 같은 극단적 경우들을 다룬다.[30] 어쨌든 이런 사고는 모든 사람이 공통적으로 가진 자연적 이성을 당연히 긍정하고 있으며, 그리스도교 이전 세계와 그리스도교 외부 세계 전체를 새로이 적극적으로 평가할 수 있는 길을 열어 준다. 고대의 큰 현인들은 근본적으로 그리스도교인들이었다[31]는 유스티누스Justin와 알렉산드리아의 클레멘스Klemens von Alexandrien의 옛 명제가 여기 되돌아와 더 날카롭고 대담하게 표현된 셈이다. 토마스 아퀴나스도, 언어 표현으로는 침착하지만 내용에 있어서는 오히려 더 철저하게, 그런 생각을 발전시켜 나간다: 그리스도교 이전 세계와 그리스도교 외부 세계에서 누구라도, 하느님께서 당신의 마음에 드는 방식으로 인간의 구원자가 되실 것이라는 확신을 가지고 있는 사람은,

---

29) 참조: I.M.Bochenski, *Formale Logik,* Freiburg-München, 1956, pp.169f; p.219.

30) *Scito te ipsum,* cap.14. Migne, *Patrologia Latina* 178, 657.

31) *Theologia Christiana.* Migne, *Patrologia Latina* 178, 1172.

(암묵적 신앙을 통해fide implicita) 그리스도를 믿는 것이다.[32] 아벨라르두스가 살던 당시에는 정통 신앙인의 귀에 이 모든 것이 참기 힘든 것이었다. 무엇보다도 아벨라르두스가 그리스도교의 삼위일체론을 플라톤 사상에 비추어 해석하는 데서[33] 드러나듯이, 의도적으로 극단적인 "자유 사상가적 기질로"[34] 해석하는 점이 그랬다. 베르나르두스는 다음과 같이 말한다: 당신은 플라톤을 그리스도교인으로 만드는 가운데, 당신 자신이 이교도라는 사실만을 드러낼 뿐입니다.[35]

결론적으로 말하면, 아벨라르두스는 자신을 우선적으로 사로잡았던 문제들을 한편으로는 날카로운 분석을 통해 발전시킴으로써 지속적인 영향을 미쳤으나, 다른 한편으로는 논쟁거리가 되는 것을 좋아하는 억누를 길 없는 성향으로 인해 나쁜 평판을 더 많이 얻었다. (여기서 아벨라르두스를 사로잡은 문제들이란, 본래 신학적인 영역 안에서 이성이 해낼 수 있는 범위가 어디까지인지, 특히 이성의 형식 논리적 법칙이 적용될 수 있는 범위가 어디까지인지 시험해 보는 것처럼 항상 새로운 모습의 절박한 문제들이었고, 전적으로 합당한 것이면서도 갈등 상황을 야기할 수밖에 없는 문제들이었다.) 게다가 그는 논쟁 상대방을 아주 쉽게 적으로 만들었는데,[36] 그들로부터

---

32) *Summa theologica,* II, II, 2, 7 ad 3. 참조: *Quaest. disp. de veritate* 14, 11 ad 5.

33) *Theologia Christiana.* Migne, *Patrologia Latina* 178, 1144ff. 참조: *In Epist. ad Romanos.* Migne, *ibid.,* 178, 803.

34) A.Dempf, "Die geistige Stellung Bernhards von Clairvaux gegen die cluniazensische Kunst", in: *Die Chimäre seines Jahrhunderts,* ed. by J.Spörl, Würzburg, 1956, p.33.

35) 참조: Grabmann, *Schloast. Methode,* II, p.198.

시기심과 개인적 거부감밖에는 평생 동안 어떤 것도 얻어내지 못했던 것 같다: "나는……우리 그리스도교 신앙의 기초들을 인간 이성의 영역에서 오는 유비類比들을 통해 해명하는 문제에 전념했다. …… 나의 학생들은……이해할 수 있는 철학 논증을 갈구했으며, 납득할 수 있는 것을 듣고자 했다. ……우선 알아들을 수 있어야 비로소 믿을 수 있다는 것이다. …… 내 책은 많은 독자를 얻었고, 모든 이가 굉장히 환영했다. …… 독자들은 내 책이 그토록 중요한 문제들에 대해 훌륭한 답을 하고 있다는 것을 인정하는 데 있어 결코 인색하지 않았다. …… 이것이 나를 시기하는 사람들을 굉장히 분노케 했고, 그래서 그들은 나를 거슬러 교회 회의를 소집했다……."[37]

〔**23**〕 질송은[38] 중세를 한마디로 정의 내릴 수 없는 이유 중 하나가 그 시대에 아벨라르두스와 베르나르두스가 동시대인으로 살았다는 사실에서 드러난다고 말한다. 이 말은 분명 이 두 사람 사이의 논쟁을 두고 한 말이라기보다 완전히 반대되는 이 두 인간 유형을 두고 한 말이다.[39]

클레르보의 베르나르두스 Bernhard von Clairvaux는 제대로 모습을 그려내기가 매우 힘든 인물이다. 그는 서로 부합할 수 없을 것 같은 성격과 특징들을 같이 가지고 있다. 1090년경 디존

36) *Ibid.,* II, pp.179f.

37) *Leidensgeschichte,* pp.38f.

38) E.Gilson, *Heloise,* p.101.

39) 참조: Arno Borst, "Abälard und Bernhard", in: *Historische Zeitschrift,* vol.186(1958).

Dijon 근처에서 부르군트Burgund 귀족 집안 출신으로 태어나 기사騎士 교육을 받으며 자란 그는 21세쯤 되었을 때 4명의 형제와 25명의 친구와 함께 시토Cîteaux 수도원에 동시에 들어갔다. 이 친구들 역시 젊은 귀족들이었다. 그 당시 설립된 지 막 10년 남짓 된 시토 수도원은 처음부터 "개혁" 수도원을 목표로 하고 있었고, 그래서 이 수도원이 나아갈 방향은 두루뭉술하게 평균치가 되는 것을 용납하지 않고 오히려 순수하고 엄격하게 새로 복원되어야 할 원천을 습관적으로 변질시키는 것에 대적하는 것이었다. 그것은 예를 들어 처음 개혁 의지로 출발했음에도 불구하고 "인본주의적"으로 되어 가기 시작한 클뤼니 수도원과 반대되는 방향이기도 했다. 여러 해에 걸쳐 계속된 베르나르두스와 페트루스 베네라빌리스 사이의 우정 어린 논쟁도 바로 이 점에서 불붙기 시작한 것이었다. 시토 수도원에 들어간 지 불과 3년 후에 벌써 베르나르두스는 클레르보 수도원 설립을 위해 파견되고, 24세인 그가 당연히 수도원을 이끌게 된다. 이토록 놀라운 역동적 힘의 원천은 바로 베르나르두스 자신이었다. 그리고 어떤 것에도 움츠러들 줄 모르는 이런 열정적이고 강렬한 삶은 우선적으로, 앞으로 살펴보겠지만, "문제"를 사변적으로 풀어 나가는 것을 목표로 하지 않는다. 하지만 베르나르두스는 적지 않은 저술 작품도 남겼다. 거기에는 강론과 신비주의적 묵상들 외에도 자유 의지에 대한 글 같은 예리한 이론적 토론 내용들도 포함되어 있다. 그리고 무엇보다도 우리는 그를, 아주 특별한 의미에서, 관상觀想하는 인간, (단테의 표현에 의하면[40]) 'quel contemplante'라고 부를 수 있다.

이미 첫 번째 전기傳記가 암시하고 있듯이, 그가 가진 위험은 'nimia nimietas',[41] 끝을 모르는 과도함에 있다. 이 말은 다양한 의미로 이해될 수 있다. 이 말은 신체의 건강을 해치는 무자비한 고행을 의미할 수도 있고, 아벨라르두스처럼 하느님 나라에 해독을 끼치는 것이 분명하다고 생각되는 사람과의 싸움에서 나타나는 앞뒤 가릴 것 없는 격렬한 열성을 의미할 수도 있다. 특히 외부를 향한 활동들에서 그는 영적 영역을 훨씬 넘어 정치적인 영역에도 영향을 미쳤는데, 이때 흉포한 폭력성 같은 것이 드러나고 있다. 베르나르두스 자신도 자기 자신에 대해 희한한 말을 한 적이 있다: 자신은 "소위 세기의 키메라Chimäre"라는 것이며, "세상의 구렁텅이에 휘몰린다"[42]는 것이다. 그리고 그는 자신의 삶을 돌이켜보고, 아벨라르두스와의 논쟁, 끔찍한 재앙으로 끝나는 십자군 전쟁(설교를 통해 베르나르두스는 유럽 전역에 십자군 전쟁의 불을 붙였다) 등 그 모든 것을 되돌아보면서 편지에 다음과 같이 적었다: "내가 한 모든 일들이 나를 두렵게 한다. 나는 내가 행하는 것을 도무지 이해할 수 없다."[43]

철학사 안에서 베르나르두스가 가지는 역할은 때로 "신학 안의 변증론과의 투쟁"이라는 말로 짧게 표현되곤 했다. 그러나 이 말은 너무 소극적인 표현인 것 같고, 정확하게 꼭 들어

---

40) *Göttliche Komödie; Paradies,* 32. Gesang.

41) *Vita,* cap.8, nr.41. Migne, *Patrologia Latina* 185, 251.

42) *Epistola* 250〔1147년과 1150년 사이에 씌어짐〕. Migne, *Patrologia Latina* 182, 451.

43) "Vereor omnia opera mea et quod operor, non intelligo", *Epistola* 306. Migne, *Patrologia Latina* 182, 509.

맞는 표현도 아닌 것 같다. 사실 베르나르두스가 디오니시우스 아레오파기타의 작품 안에 이미 들어 있던 경고 내용을 새로 되살려 내고,[44] 그런 작업을 그 자신만의 방식으로 대단한 열정과 새로운 논증들을 통해서 해낸다는 것은 의심할 바 없이 대단한 것이다. 그러나 베르나르두스한테 있어서 우선적인 문제는 "부정 신학"과는 다른 것이었다. 더욱이 철학과 신학이 서로에 대해 방법론적으로 어떤 위치를 점해야 하는가 하는 문제나, 철학은 신학에 "봉사해야" 한다는 등 추상적인 문제는 그의 관심이 아니었다. 또한 베르나르두스가 지식과 철학을 원칙적으로 부인한 것도 아니었다. 오히려 그는 다음과 같이 말한다: "어떤 사람들은 지식을 추구하는 데 있어서 지식만을 목적 삼는데, 그것은 호기심이다. 어떤 사람들은 남에게 알려지기 위해 앎을 원하는데, 그것은 허영심이다. 또 어떤 사람들은 팔아먹기 위해 지식을 추구하는데, 그것은 명예롭지 못한 짓이다. 그런가 하면 어떤 사람들은 다른 사람을 교화하기 위해 지식을 추구하는데, 그것은 사랑caritas이다. 그리고 또 어떤 사람들은 자기 자신이 교화되기 위해 지식을 추구하는데, 그것은 지혜이다."[45] 다른 한편으로는 그 역시 철학이 자신에게 무엇이어야 하는지 묻는다. "나의 스승은 사도들이다. …… 그분들

44) 베른하르트 가이어(Überweg-Geyer, p.256)는 "어떤 단서도" 베르나르두스가 "위(僞) 디오니시우스의 영향을 받았다고 할 만한 것은 없다"고 하는가 하면, 질송(Gilson, *History,* p.164)은 베르나르두스가 디오니시우스의 작품들과 막시무스 콘페소르(Maximus Confessor)의 주해서를 알고 있었을 뿐 아니라, 심지어 요한 에리우게나의 작품들까지 알고 있었을지 모른다고 주장한다.

45) *Serm.* 36. Migne, *Patrologia Latina* 183, 968.

은 나에게 사는 법을 가르쳐 주었다. 사는 법을 아는 것이 사소한 일이라고 생각하는가?"[46] 베르나르두스의 내적인 관심이 드러나고 있는 이런 문장들은 외떨어진 종교심이란 의미로 이해되어서는 안 된다. 오히려 이것이야말로 소크라테스와 플라톤 이래로 참된 철학이 한결같이 목표로 삼았던 바로 그것이다. 여기서 분명해지는 것은 베르나르두스의 정열적이고 실로 "철학적인" 관심이 궁극적으로 오직 "실현"을 목표로 한다는 것이고, 인간 실존 전체의 온전한 구원을 겨냥하고 있다는 것이다. 그리고 인간의 모든 개별 진술 형태들이나 철학은, 신학 못지않게, 바로 그것을 위해 봉사하도록 정해져 있다는 것이다. 베르나르두스는 바로 이 점이 아벨라르두스 같은 유형의 "변증론자들"에 의해 위협받고 의문시되고 있다고 보고 있다. 그가 그런 유형의 사람들 안에 예고되고 있다고 생각한 위험 요인은 삶을 살아가는 인간이 양식으로 취하는 진리의 실체가 "올바른" 사유의 공허한 형식주의Formalismus에 의해 소진되고 사라져 버릴 수 있다는 것이었다. (이 점에서 그는 아주 올바르게 보았다.) 그래서 그는 스스로 바로 이 위험을 거슬러 대적해 나간다.

베르나르두스는 지식에는 "불타는 정열"[47]이 결합되어 있어야 한다고 말했는데, 그 정열이 거의 다 타 버려 대부분 생동감을 잃어버린 인생의 막바지에 이르러 자신의 인생관 전체

46) *Sermones.* Migne, *Patrologia Latina* 183, 407.

47) *Sermo in Nativitate S. Joannis Baptistae,* 3. Migne, *Patrologia Latina* 183, 399. 자주 인용되는 "불타는 정열은 지식보다 뛰어나다"는 말은 그의 진언(眞言)이 아니다.

를 요약하듯 하나의 공식 같은 말을 했다. 단 세 마디로 되어 있는 **'anima quaerens Verbum'**〔말씀을 추구하는 영혼〕이란 말은 『아가서』雅歌書에 대한 마지막 설교들 안에 들어 있다.[48] (참고로 말하면, 『아가서』에 대한 설교는 그의 작품들 안에 80개가 넘는다.) 말의 구조로 보면 안셀무스의 **'fides quaerens intellectum'**〔지적 이해를 추구하는 신앙〕이라는 구조가 다시 반복되고 있다. "신앙"과 "지적 이해" 개념이 구체적인 인간 실존에 가까운 "영혼"과 "말씀" 개념으로 대체되었을 뿐이다: "말씀을 추구하는 영혼"이라고. 그런데 **말씀**은 오직 신비적 관상에서 오는 탈혼 상태脫魂狀態(exstasis) 속에서만 발견될 수 있으며, 영혼은 그 안에서 "**말씀을** 향유한다." 그러나 여기에서 실제로 일어나고 있는 일은 인간 언어로 전달될 수 없다: **'ineffabile est'**〔형언할 수 없다〕.[49] 이 말이 신비가神秘家이던 베르나르두스의 마지막 말이라고 해도 좋을 것이다.

〔**24**〕 아벨라르두스나 베르나르두스와 같은 시대 사람이었지만 이들보다 젊었던 **솔즈베리의 요한**과 함께 철학적인 논의 속에는 누가 뭐래도 앵글로색슨계 냄새를 분명하게 풍기는 완전히 다른 유형의 인물이 처음 등장한다. 그것은 형식적으로 흠잡을 데 없는 모든 형태의 변증론에 대해서나, 형이상학적 신학적 사변에 의거한 포괄적 세계 조망이나 "종합 명제들"

---

48) *Sermones in Canticum* 85와 86. Migne, *Patrologia Latina* 183, 1187ff.

49) *Ibid.,* 85, 14. Migne, *Patrologia Latina* 183, 1194.

Synthesen에 대해서 원칙적으로 불신의 눈길을 던지고, 구체적 경험과 역사적 개별 지식에 우선적으로 의지하는, 그리고 필요하다면 오직 그것에만 한정하여 사유하는 경험주의자를 말한다. 이러한 그의 공헌에 힘입어 철학적 논의 안에 도입된 토론 주제는 이제부터 늘 새로운 형태로 변형되면서 유럽 정신사 안에서 끊임없이 반복되어 나타날 것이다.

1110년과 1120년 사이에 영국의 남부 지역에서 태어난 솔즈베리의 요한Johann von Salisbury은 철학과 신학 영역에서 가능한 한 모든 것을 배우기 위해 젊은 학생으로서 프랑스에 간다. 이때 그는 당시에 가장 유명한 최고의 교수들을 하나도 빼지 않고 모두 알고 지내는 데에도 역점을 둔다. 12년 동안의 공부를 마쳤을 때 그는 자신의 독특한 냄새를 풍기는 결정을 하는데, 그것은 자율적이고 교양 있는 이 젊은 신사가 학문을 계속하는 직업을 택하지 않은 것이다. 말하자면 그는 교수가 되지 않고, 소위 외교관이 되었던 것이다. "이제 그와 함께, 동시에 정치인이자 종교인이면서, 인문주의자, 철학자, 저술가이기도 한 영국 지성인들이 많이 나오기 시작한다."[50] 베르나르두스의 추천을 받아 솔즈베리의 요한은 우선 영국 교회의 수장首長인 캔터베리의 대주교 테오볼드Theobald의 비서가 된다. 테오볼드의 후임자인 토마스 베케트Thomas Becket 아래에서도 이 직무는 계속되었으며, 두 사람은 개인적으로 친한 친구 관계를 맺고 지냈다. 그는 왕과 대주교 사이의 엎치락뒤치락하는 오랜 갈등

50) De Wulf, *Histoire*(영어 번역본), I, p.226.

관계를 아주 가까이에서 직접 경험한다. 그는 프랑스로 유배를 떠나는 토마스 베케트를 동행하며, 둘이 같이 영국으로 다시 돌아왔을 때, 주교좌 성당에서 이 대주교가 살해되는 것을 목격하는 증인이 된다. 그리고 이 모든 기간 동안 솔즈베리의 요한은 영국과 프랑스, 심지어 이탈리아까지(이탈리아에는 다섯 번을 간다) 오가면서 지냈으며, 항상 대주교, 교황, 영국 국왕의 정치적인 임무를 띠고 있었다. 죽기(1180년) 몇 해 전에 샤르트르Chartres의 주교좌에 부름을 받는다.

프랑스 유배 기간 동안 솔즈베리의 요한은 아주 중요한 책을 두 권 쓴다. 그중 하나는 『메타로기콘』*Metalogicon*이고, 다른 하나는 『폴리크라티쿠스』*Polycraticus*이다. 두 권 모두 친구 주교에게 헌정하고 있다. 이 책들은 지금까지의 보통 책들과 현저하게 다른데, 그것은 이 책들 안에서는 이론적-추상적 토론이 직접 경험할 수 있는 역사적 현실에 대한 아주 구체적인 묘사를 통해 끊임없이 부드러워지면서도 동시에 그 근거가 제시되고 있다고 생각되기 때문이다. 또한 사용된 언어도 아주 이례적이어서, 전혀 "스콜라 철학적"인 라틴어를 쓰지 않고, 오히려 키케로의 문장에 기초한 세속 사람들의 우아한 라틴어를 쓰고 있다. 바로 그런 이유로 솔즈베리의 요한은 중세 저술가들 가운데에서 나중에 반反스콜라 철학적 인본주의의 심판대 앞에서도 인정을 받은 거의 유일한 사람이 된다. 더욱이 이 책들의 "내적" 필치는 더 특색 있다고 할 수 있어서, 고요하고 결코 흥분하지 않으면서도, 자신의 두 눈으로 많은 것을 아주 정확하게 직접 배워 익힌 사람한테서나 볼 수 있는 결코 현혹될 줄 모르는 확신이 들어 있으며, 거의 알아챌 수 없는 가운데 반어적反語的(ironisch)으로 말하는 유머에 담긴 "억제된 표현"은 오늘날까지도 영국 산문의 매혹적인 특징으로 인정받을 수 있을 만한 것이다. 그러므로 그런 특징에 대해 말하는 것이 이 책들의 주제에 대해 말하는 것보다 더 중요하지만, 그래도 주제에 대해서 알아둘 필요는 있다: 『메타로기콘』은 철학을 하는 올바른 방식에 대해 다룬다고 할 수 있고, 『폴리크라티쿠스』는 일종의 철학적-실천적 국가론 혹은 정치철학이라고 할 수 있다.

무엇보다도 이 책들이 중요한 책으로 남는 이유는 아무 결실도 맺지 못하는 파리 대학 교수들의 변증론적 접근 방식에 대한 서술 뒤에 숨겨진 경고와 암시 때문이다: 철학은 "논리학만 가지고 살아가려"[51] 할 때 결국 망할 수밖에 없다는 것이고, 변증론은 "다른 곳으로부터 〔무엇인가를〕 수용하지 않는다면, 끝내 아무 열매도 맺을 수 없는 것으로 남게 된다"[52]는 것이다. 또 솔즈베리의 요한은 보편적인 형이상학적 문제들에 대한 추상적 토론에 대해서도 마찬가지로 의혹을 품고 있다. 철학 하는 사람의 본래 과제는 그런 식의 토론에 있을 수 없다는 것이다. 예를 들어 영혼의 실체와 그 근원에 대한 물음이나, 섭리의 작용 방식에 대한 물음, 순수 영靈의 본성에 대한 물음[53] 같은 것들은 확실한 답을 기대할 수 없는 물음

51) Gilson, *History,* p.154.

52) *Metalogicon* 2, 10. Migne, *Patrologia Latina* 199, 869.

53) *Polycraticus* 7, 2. Migne, *Patrologia Latina* 199, 638f.

들이기 때문에, 실용적인 면에 따른 개연성으로 만족해야 한다는 것이고, 구체적인 것을 인내심을 가지고 좀 더 정확하게 탐구하는 쪽으로 눈을 돌려야 한다는 것이다. 사변적 체계화의 철저함과 위대함에 대해 원칙적으로 불신하는 이런 태도가 때로는 두루 회의주의적인 억양을 띠고 있었던 것도 사실이지만, 솔즈베리의 요한에게 회의주의자라는 표현은 전혀 어울리지 않는다. 그는 진리가 절대적으로 도달될 수 없다거나, 모든 인식이 상대적이라는 말을 한 적이 없다. 그가 품고 있는 불신은 두 개의 뿌리를 가지고 있다. 그 하나는 인간의 인식능력이 불충분하다는 것을 단호하게 인정하는 것이다: "피조물의 지식은 모두 제한되어 있다."[54] 그리고 다른 하나는 진리에 대한 종교적 경외심으로, 여기서 진리는 체계적으로 폐쇄된 "세계관"을 추구하는 우리의 원의願意를 만족시키는 데 있지 않고, 실재 현실이 실제로 있는 그대로, 곧 인식할 수 있는 것이면서 동시에 헤아릴 길 없는 것으로, 알려지는 데 있다.

솔즈베리의 요한의 이런 입장 안에서 이제 곧 13세기의 아리스토텔레스-수용을 통해 완전하고 분명하게 드러나게 될 사실이 처음으로 예고되고 있다. 그것은 눈으로 보고 대하는 세계의 풍요를 고스란히 담고 있는 경험이 전승과 권위에 대해 독립적으로 자신의 권리를 주장한다는 것이다. 이제 이를 통해, 여전히 자명한 것으로 생각되고 있는 신앙과 자연적 인식의 결합이라는 과제가 전적으로 새로운 (더 풍요로우면서도

[54] *Metalogicon* 2, 20. Migne, *Patrologia Latina* 199, 881.

더 위험천만한) 의미를 가지게 될 것이다.

제6장

(25) 우리는 한번 프랑스를 여행하는 여행자를 상상해 본 적이 있는데, 그 여행자는 1140년에 파리 성 빅토르 수도원Chorherren-Stift St. Viktor에서 독일 사람 한 명을 만날 수 있었을 것이다. 그는 블랑켄부르크Blankenburg의 백작으로 **성 빅토르의 후고**Hugo von St. Viktor라는 이름으로 유명하게 된 사람이다. 100년 후에 보나벤투라[1]는 심지어 그를 캔터베리의 안셀무스나 클레르보의 베르나르두스보다 더 높이 평가한다: 안셀무스는 합리적 논증에 있어서 위대한 사람이었고, 베르나르두스는 복음 선포 말씀에 있어서 위대한 사람이었으며, 리카르트Richard[2]는 신비적 직관에 있어서 위대한 사람이었지만, 후고는 이 모든 것을 동시에 소유하고 있었다는 것이다. 1096년 하르티감Hartigham am Harz에서 태어난 그는 19세 때 할베르슈타트Halberstadt의 주교

[1] *De reductione artium ad Theologiam,* cap.5. *Opera Omnia,* Tom. 5, Quaracchi, 1891, p.321.

[2] 후고의 제자이며 후계자인 성 빅토르의 리카르트를 말한다.

에 의해 파리로 보내져, 도시 외곽에 있는 성 빅토르 수도원에서 거의 15년 동안 교편을 잡는다. 1140년에는 마흔을 조금 넘겼을 뿐인데도 불구하고 삶이 1년밖에 더 남지 않았었다. 그러나 그의 **대작**大作(opus magnum)인 『그리스도교 신앙의 성사聖事들[3]에 대하여』는 이미 상당한 기간 전에 완성되어 있었다. 이 작품을 우리는 중세의 첫 **대전**大全(Summa)이라고 부를 수 있다. 예로부터 개별적으로 흩어져 있는 많은 것들을 간명하게 요약한 것이라는 의미를 가진 '대전'이라는 단어가 이미 새로우면서도[4] 아주 특별한 의미로 서문에 등장한다: **"brevis quaedam summa omnium."**[5]

사람들이 성 빅토르의 후고를 두고 "요한의 발현"[6]이라고 부른 것은 정당하다고 할 수 있다. 그는 완전히 디오니시우스 아레오파기타의 전통 안에 있었으며, 신비적 관상은 그에게 영적 생활의 자명한 목표였다. 그러나 그는 동시에 실재 현실에 대한 인식이 관상의 전제 조건이고,[7] 관상 안으로 수렴되어 들어오도록 정해져 있지 않은 지식 형태는 하나도 없다는 확신을 가지고 있었다. 7개의 자유과목들 모두 "하느님의 모상模

---

3) 여기서 "성사"(Sakrament)라는 말은 "신비"(Mysterium)라는 의미를 가진다. 예를 들어 그는 삼위일체의 성사(sacramentum Trinitatis)와 부활의 성사(sacramentum resurrectionis)에 대해 말한다(Migne, *Patrologia Latina* 176, 803).

4) 참조: André Forest, *De Jean Scot Érigène,* p.151. — Grabmann, *Scholast. Methode,* II, pp. 222ff.

5) Migne, *Patrologia Latina* 176, 183f.

6) O.Zöckler, "Hugo von St. Victor", in: *Realenzyklopädie für prot. Theologie und Kirche* (3rd. ed.), vol.8, p.436.

7) Gilson, *History,* p.170.

像이 우리들 안에 다시 복구되는"[8] 것을 목표로 한다. "모든 것을 배워라. 나중에 너는 아무것도 불필요한 것이 없었다는 것을 알게 될 것이다."[9] 이와 같이 아무것도 배제하지 않는 폭넓은 사유로부터 대전이 기획되었던 것이다.

그러나 이 대전은 많은 찬양을 받았음에도[10] 불구하고 당대에 특별히 큰 영향을 미치지는 못한 것 같다. 어쩌면 그것은 시대를 너무 앞서 가고 있었는지 모른다. 어쨌든, "가장 위대한 최고의 대전이……뒤이은 시대에 고전적인 교과서가 된 것이 아니라, 오히려 평범한 명제집Sentenzenbuch인 페트루스 롬바르두스Petrus Lombardus의 '*libri quatuor sententiarum*'이 고전적 교과서가 되었다."[11] 후고의 책이 새로운 유형인 "대전"의 첫 작품이었던 반면, 페트루스 롬바르두스의 책은, 10~20년 더 늦게 나왔음에도 불구하고, 옛 "명제집" 유형에 속하는 것이었다.

앞에서 우리는 전해 내려온 거대한 양의 유산을 자기 것으로 만들 수 있기 위해서는 우선 그것이 어떤 식으로든 사람들이 개관할 수 있고 쉽게 접할 수 있는 형태로 만들어져야 한다는 말을 했다. 바로 그것이 명제집들이 의도하는 것이어서, 아주 초기 형태의 명제집들은 교부들의 작품에 나오는 타당하게 진술된 "주요 명제들"을 모아 놓은 것에 불과했다. 타당성과 받아들여야 하는 권위라는 요소는 **명제**sententia 개념 자체에

8) *Didascalia* 2, 1. Migne, *Patrologia Latina* 176, 751.

9) *Ibid.,* 6, 3. Migne, *Patrologia Latina* 176, 800.

10) 참조: Grabmann, *Scholast. Methode* II, pp.229f.

11) A.Dempf, *Die Hauptform mittelalterlicher Weltanschauung,* 1926, p.108.

속하는 것이었다.[12] 이런 방식으로 자료들을 모아 놓은 첫 번째 모음집 가운데 하나는 600년경에 나온 세빌라의 이시도르 Isidor von Sevilla의 『명제들』*sententiae*이다. 그러나 주어져 있는 내용을 단순히 알려 주는 그런 작업[13]을 통해서 이제 사람들은 전래된 것들이 서로 대단한 차이를 보이고 심지어 서로 모순되는 것까지 포함하고 있다는 사실을 알게 된다. 그래서 인용구引用句들을 같이 모아 놓는 것만으로는 더 이상 해결될 수 없는 새로운 과제에 자연히 직면하게 된다. 그래서 사람들은 첫눈에 봐도 서로 모순된다고 여기기에 충분한 다양한 의견들을 이해할 수 있는 가능성을 찾아 나서야만 했다. 예를 들면 단어들이 다의적多義的인 의미를 가진다고 하거나, 언급되고 있는 내용 자체가 다양한 관점을 가진다고 했다. 이런 노력에 대한 증거가 1100년경 아벨라르두스의 스승들 세대에[14] 생겨나기 시작한 새로운 유형의 명제집들이다. 아벨라르두스 자신도, 당연히 기대할 수 있듯이, 이런 유형의 아주 특별한 명제집을 썼는데, 경구警句(Epigramm) 형식으로 표현하는 것을 즐기는 그의 성향에 따라 『예 그리고 아니오』*Sic et non*라는 제목을 하고 있다. 실제로 이 책 안에는 '예'와 '아니오'처럼 서로 모순되어 보이는 교회 교부들의 텍스트가 수백 개 모아져 있다. 그러나 아벨라르두스의 『예 그리고 아니오』에서 가장 중요한 것은, 모순되는 것들

12) A.Forest, *De Jean Scot Érigène,* p.150.

13) 뎀프(A.Dempf)는 600년부터 1100년 사이를 "순전히 거의 수용하는 일만" 있었던 "전통주의적" 단계라고 부른다. *Die Hauptform,* pp.61f.

14) Überweg-Geyer, p.273.

을 이해하고 해결할 수 있게 해주는 규칙들("정합整合을 위한 규칙들 Konkordanz-Regeln")이 주어져 있는 서문이다.

더 이상 언급된 내용을 글자 그대로 무턱대고 받아들이지 않는[15] 이런 비판의 관점은 새로운 명제집들 안에서 다른 어떤 요인과 결합되어 있다. 즉, 사실적으로 주어져 있는 내용이 이제부터 내용적인 완전성sachliche Vollständigkeit이나, 이미 도달되었거나 앞으로 실현되어야 할 전체성Totalität을 염두에 두고 고찰된다. 이 말은 전체가 어떻게 하나를 이루게 되었는지에 대한 근거와 이 전체가 어떻게 체계적으로 세분되는지에 대한 원리가 필연적으로 물음의 대상이 된다는 것을 의미하며, 더 나아가 전해 내려온 내용을 자기 것으로 만드는 작업이 이루어지는 가운데 이제 그 해당 사안 자체로부터 규정되어 나오는 사상적 체계화가 서서히 이루어지기 시작한다는 것을 의미한다. 이것이 나중에 가면 대전Summa이라는 문학적 형태가 된다. 그리고 바로 이 과도기에 남의 추종을 불허하는 유일무이한 "명제의 대가" 페트루스 롬바르두스의 작품이 자리하고 있다.

여기서 막간을 이용하여 사람들 마음속에 이미 자리 잡고 있을 수 있는 오해에 대해 한마디 언급하고 싶다. 끊임없이 텍스트들을 수집하는 것, 부단히 다른 사람들의 의견만을 취급하여 다루는 것이 대단히 비독창적인 일일 뿐 아니라(물론 상당 부

15) "아벨라르두스는 모든 교부들 인용문이 우리가 검토나 시험을 해보지 않고 무조건 받아들여야 하는 권위로 여겨져서는 안 된다는 것을 제시하여 보여 주고자 했다." Grabmann, *Scholast. Methode* II, p.210.

분 의심할 수 없이 맞는 말이긴 하다), 그런 태도 안에서는 사안 자체에 대한 직접적인 관심이 결여되어 있기까지 하다고 생각할 수 있다. 그러나 바로 그런 생각은 근본적으로 오해에서 나온 것이다. 실제로는 겉보기와 아주 다르다. 아우구스티누스나 다른 사람들에 대해 쉴 새 없이 인용하면서 사람들이 노리는 것은 이 저자들의 역사적인 모습을 이해하고 알려 주려는 것이 아니다. 오히려 명제집을 쓴 사람들은 역사적인 아우구스티누스나 다른 권위들에 대해 너무 많이 신경 쓴다기보다 너무 적게 신경 쓰고 있다. 그들의 관심은 전적으로 "옛 사람들"의 말 안에서 만날 수 있는 문제 자체에 대한 해명이며, 현존재와 세계 전체에 대한 진리이다.[16]

〔**26**〕 이제 "명제의 대가" 페트루스 롬바르두스Petrus Lombardus 자신에 대해 이야기하자. 그는 란프랑크와 캔터베리의 안셀무스처럼 랑고바르드인Langobarde이었으며, 1100년경 노바라Novara 지역에서 태어났다. 그는 공부를 볼로냐Bologna에서 시작했으며, 베르나르두스에게 추천되어 랭스Reims와 파리로 가게 되는데, 거기에서 아벨라르두스의 강의를 들었을 가능성이 아주 크다. 마흔 살쯤 되었을 때 그는 노트르담 주교좌 성당 학교의 선생Magister이 되고, 20년 후(1159/1160년)에는 파리의 주교가 된다. 이런 정황으로 볼 때 이미 그의 『명제집』은 유난히 좋은 기회를 가졌을 수 있다. 그러나 그것보다는 어쩌면 이 "명제의 대가"의

16) 참조: Josef Pieper, *Hinführung zu Thomas von Aquin*, pp.77ff.

충실한 제자로서 아주 활동적인 사람이었던 프와티에의 페트루스Petrus von Poitiers의 덕을 더 크게 보았다고 할 수 있다. 그는 그 책을 위해 독특한 영향을 미치는 "선전宣傳 활동"[17]을 벌일 수 있었는데, 그것이 독특한 이유는 이 프와티에의 페트루스가 거의 40년 동안 계속적으로 노트르담의 주교좌 성당 학교에서 교수로 활동했을 뿐 아니라, 동시에 파리 대학의 첫 사무총장Kanzler이기도 했기 때문이다. 그러나 그런 식으로는 이미 말했듯이 그저 평범할 뿐인 이 책의 "거의 상상할 수 없는 매력"[18]을 다 설명할 수 없다. 물론 페트루스 롬바르두스의『명제집』은 "거의 우연적으로"[19] 그렇게 된 것이거나, 아니면 "특출한 흔적이 전혀 없다는"[20] 바로 그 이유 때문에 유럽 정신사 안에서 가장 성공적인 교과서가 되었다고 하는 의견도 있다. 심지어 교황 인노첸시오 3세는 그 책에 교회 가르침과 어긋나는 것이 있는지 확인하기 위해 읽어 보고 나서, 오직 견해들만을 보도하고 있을 뿐인 이 책 안에서 올바른 것이든 그릇된 것이든 저자 자신의 고유한 의견은 하나도 발견할 수 없었다고 말한다.[21] 그럼에도 불구하고 우리는『명제집』의 성공 이유를,

17) "선전 활동"(Propaganda)이라는 말은 그라프만(Grabmann)이 한 말이다. *Scholast. Methode,* II, p.406.

18) Überweg-Geyer, p.275.

19) R.Wernle, *Einführung in das theologische Studium,* Tübingen, 1908, p.228.

20) R.Seeberg, "Lombardus", in: *Realenzyklopädie für protestantische Theologie und Kirche,* 3rd ed., vol.11, p.641.

21) Relatorem invenio, non assertorem. Quoted in A.Forest, *De Jean Scot Érigène,* pp.158, 160.

침착하고 일관되게 묘사되어 있는 데서 오는 내용의 평이성과, 쉽게 개관할 수 있는 분류, 불필요하게 까다로운 내용의 회피 등을 들 수 있고, 또 "당시 사람들이 제기하는 문제의 평균적인 폭"[22]을 잘 표현해 주는 훌륭한 텍스트 선택도 들 수 있다. 간단히 말하면, 좋은 교과서의 특징이라고 할 수 있는 내용의 충실성이라고 할 수 있는데, 그것은 불가피하게 다소 지루할 수밖에 없기도 하다.

내용으로 보면 페트루스 롬바르두스의 책은 마땅히 체계적으로 정리된 "아우구스티누스 어록"이라고 할 수 있다. 아우구스티누스의 작품들에서 뽑은 대략 천 개의 텍스트들이 이 책의 거의 5분의 4를 이루고 있다.[23] 그리고 페트루스 롬바르두스가 책 서두에서 말하고 있는 분류 원칙도 아우구스티누스한테서 온 것이다.[24] 이 원칙에 따르면, 한편에는 직접적인 실재들, "사실들", 곧 **레스**res가 있고, 다른 한편에는 직접적인 실재를 가리켜 주는 것들, "표지標識들", 곧 **식나**signa가 있다. 또 직접적인 실재들의 영역 안에서는 더 나아가 인간이 **"사용하는"**utitur 것들과, 인간이 사용한다기보다 오히려 **"향유하는"** fruitur 것들이 서로 구별된다. 하느님은 직접적인 실재이시며, 그분을 "향유하는 것"fruitio은 인생의 목적이다. 거기 도달하기 위해 우리는 창조된 사물들을 "사용한다." 그러나 근본에 있어서 아주 뛰어난 이런 분류 원칙이 시종일관 유지되고 있지는

22) A.Dempf, *Die Hauptform,* pp.108f.

23) 참조: Grabmann, *Scholast. Methode,* II, pp.385f.

24) *De doctrina Christiana* 1, 2.

못하며, 이 원칙에 따라 사유될 수 있는 가능성들이 남김없이 모두 다뤄지고 있지도 못하다. (예를 들면, 성사聖事들만이 유일하게 "표지들"로 거명되고 있다.) 그래서 아주 진기한 현상이 일어날 수 있었는데, 그것은 페트루스 롬바르두스의 『명제집』의 가장 중요한 주해자인 토마스 아퀴나스가[25] 그 텍스트들의 내용적 연관성으로부터 근본적으로 다르면서도 결코 덜 훌륭하다고 할 수 없는 체계화 원칙을 정말 설득력 있게 추론해 내었다는 것이다.[26]

덧붙여 말하면, 토마스는 "명제의 대가"가 이어지는 시기에 만나게 될 대략 250명의 주해자[27] 가운데 오직 한 사람에 불과했다. 그라프만Grabmann에 의하면, "그렇게 많은 사람들이 해석에 매달린 책으로는 그리스도교 문헌 가운데 성서를 빼고는 유일할 것"[28]이라고 한다. 이는 페트루스 롬바르두스의 『명제집』*libri sententiarum*이 16세기까지도 대학들의 교수 목록 안에 확고한 위치를 차지하고 있었고, 모든 신학 교수Magister들이 이 명제집 해설로 교수 활동을 시작했다는 사실과 무관하지 않다.

물론 이렇게 생겨나기 시작한 "명제 주해집들"은 단순히 해석되기만 하는 것으로 제한되지 않았으며, 오히려 곧바로 주해자 자신의 독자적이고 체계적인 진술의 성격을 띠게 되었는데, 흔히 그것은 대전Summa 개념을 충족시키는 것이었다. 이에

---

25) 참조: *Sentenzenkommentar* 1 d. 2 divisio textus.

26) 참조: Grabmann, *Scholast. Methode,* II, pp.364ff.

27) *Ibid.,* II, p.392.

28) *Ibid.,* II, p.392.

대한 예를 두 가지 들어 보면 다음과 같다: 둔스 스코투스의 주저인 『옥스퍼드 주석서』*Opus Oxoniense*는 극히 개인적인 성격을 띤 것임에도 불구하고 페트루스 롬바르두스의 『명제집』에 대한 주해서의 형태를 하고 있다. 또 토마스 아퀴나스가 『신학대전』을 미완성으로 남겼을 때, 피페르노의 레지날드Reginald von Piperno는 그의 사후에 부족한 부분을 그의 초기 『명제 주해집』에서 채워 넣을 수 있었다. 그래서 우리는 봉합 부분을 알아내기 위해 정확하게 주의해 보아야 한다.

제 7 장

〔27〕 서구 그리스도교 세계관이 처음으로 완결된 체계로 완성되기 시작하는 순간, 명제집의 수용적 태도가 대전의 독자적 사유로 변화되는 순간, 그리고 실재 현실에 대한 그런 보편적 해석을 위해 **고유한** 제도인 대학이 형태를 갖추어 가는 순간, 거의 같은 바로 그 순간에 이 세계상을 뒤흔드는 일이(그 세계상은 아직 완전한 형태를 갖추고 있지 못한 상태였고, 주로 아우구스티누스-플라톤으로부터 영감을 받고 있으면서[1] 페트루스 롬바르두스의 "아우구스티누스 어록"에 기반을 둔 세계상이었다) 이미 준비되고 있었다. 이 역시 예기치 못한 일이었지만 근본적으로 대단히 중요한 일이었다. 곧 서양에는 아직까지 알려지지 않은 채로 있던 **아리스토텔레스**의 작품이 라틴어로 번역되고 서구인의 시야에 들어오게 된 것이다. 말하자면 그것은 단순히 이미 현존하는 것에 "새로운 어떤 것이 첨가되는" 종류의 일이 아니었다. 오히려 이 새로운 문헌들

1) Van Steenberghen, *Le XIIIe siècle,* p.189.

안에는 지금까지 사람들이 사유해 온 것을 근본적으로 의문에 빠트릴 수 있는 도전적인 요소가 숨겨져 있었다. 그리고 이 도전적인 요소는 "아리스토텔레스"라는 이름을 달고 있었기 때문에 단순히 무시될 수 있는 것이 아니었다. 보에티우스가 번역하고 주해한 아리스토텔레스의 논리학 저술들은 수백 년 전부터 이미 모든 교육을 위한 자명한 기반에 속했다. 그런데 여기서 다루는 논리학은 처음에는 "옛 논리학"〔logica vetus〕, 곧 개념과 판단에 대한 이론뿐이었다.[2] 그런데 한 베네티아인 Venetianer[3]이 1130년경에 추론 이론, 증명 이론, 토론과 오류에 대한 이론 등을 라틴어로 번역했고, 이것들이 "새 논리학"〔logica nova〕[4]으로서 기기에 첨가되었다. 아리스토텔레스의 전체 작품 가운데 일부분인 이들 작품들만으로도 아벨라르두스가 아리스토텔레스는 "모든 철학자들 가운데 가장 통찰력 있는 사람"perspicacissimus omnium[5]이라고 말하기에 충분했다. 또 솔즈베리의 요한은 "플라톤이 이 세상을 떠났을 때, 태양이 하늘에서 떨어진 것 같았다. 모든 이가 통곡했고, 세상의 등불이 꺼져버린 것 같았다. 그러나 그의 제자 아리스토텔레스가 스승의 자리에 앉았을 때, 그는 새벽녘의 별 같았고, 세상을 환히 비추어 주었다……"라고 했다. 그가 이 말을 한 것은 1160년경으로, 이때는 아직 아무도 아리스토텔레스의 『형이상학』이나

2) 『범주론』과 『명제론』(*Peri hermeneias*).

3) 참조: Grabmann, *Mittelalterl. Geistesleben,* II, p.66.

4) 『분석론 전서』, 『분석론 후서』, 『토피카』, 『소피스트 반박』.

5) *Sic et non,* prolog. Migne, *Patrologia Latina* 178, 1349.

『영혼론』, 『니코마코스 윤리학』, 『정치학』 등은 물론 그의 『자연학』도 알지 못하던 때였다.[6] 사람들이 만일 이 책들을 접할 수 있게 된다면, 대단한 주의력과 기대감으로 거기에 관심을 기울이게 되리라는 것은 불 보듯 뻔했다. 그런 도전은 아직 아벨라르두스와 솔즈베리의 요한 때에는 존재하지 않았지만, 부분적으로 상당히 모험적인 여러 길을 통해 서서히 다가오고 있었다. 예를 들면 아리스토텔레스의 작품들은 그리스어에서만 번역되지 않는다. (그리스어에서의 번역은 특히 시칠리아 Sizilien에서 이루어졌는데, 그곳은 전부터 항상 동쪽과의 물질적·정신적 교류가 이루어지는 자연적인 환적장換積場이었다.) 오히려 중세 때 아리스토텔레스의 책을 라틴어로 번역한 번역 대본들은 상당 부분 **아랍어** 번역본들이었다. "우리가 자부심을 가지고 서구 문화의 업적들에 대해 이야기하는 것은 물론 어느 정도 근거가 있지만, 이때 결코 잊지 말아야 할 것은 동방이 우리 서구 문화의 업적에 크게 기여했다는 사실이다. …… 중세 유럽은 그리스 철학을 그리스로부터 직접 받아들인 것이 아니라, 시리아·페르시아·아랍의 학자들과 자연 과학자들과 철학자들의 매개를 통해 간접적으로 받아들였다"고 질송은 말한다.[7] 그럼 왜 아리스토텔레스의 작품들이, 이미 9세기에 디오니시우스 아레오파기타의 작품들이 아일랜드와 프랑켄 지역의 fränkisch 수도자들에 의해 번역된 것처럼, 직접 그리스어에서 라

[6] 정확한 연도(年度)는 다음을 참조할 것: van Steenberghen, *Le XIIIe siècle,* p.183.

[7] Gilson, *History,* p.179.

틴어로 번역될 수 없었는지 의문이 생길지 모른다. 이에 대해 바로 디오니시우스 번역이 아리스토텔레스 번역을 방해했다고 말한다면, 그런 답도 완전히 틀린 것은 아닐 것이다. 기원후 첫 천 년 동안 그리스도교의 자기 이해와 세계 이해는 아리스토텔레스의 사유 방식과는 비교할 수 없을 만큼 크게 플라톤 정신에 가까웠으며, 특히 아우구스티누스에 의해 대표되는 것이었다. 바로 그런 현상이 12세기 중반 무렵에는 근본적인 변화를 겪게 된다. 솔즈베리의 요한[8] 같은 인물은 구체적으로 만나는 세상의 실재 현실에 자신을 개방하려 하는 전적으로 새로운 마음 자세가 서구 사유 속에 얼마나 깊이 무르익어 있었는지를 잘 보여 주고 있는데, 그런 마음 자세는 바로 아리스토텔레스 철학을 다른 것과 구별하게 하는 기본 특징이었다. 그러나 이렇게 말하는 것은 아직 아리스토텔레스의 문헌들이 아랍어라는 우회로를 거쳐 번역되었다고 하는 믿을 수 없는 사실을 더 잘 이해할 수 있게 해주지 못하며, 특히 아리스토텔레스가 어떤 방식으로 아랍 사람들에게 도달하게 되었는지 말해 주지 못한다. 실은 이 물음에 대한 답은 정치적 이주移住라는 데 있다. 그것은 이오니아 철학이 소아시아 연안에서 시칠리아와 남부 이탈리아, 그리고 결국 아테네로 가게 된 것이나, 오늘날 기호논리학이 미국 대학들에 정착하게 된 것과 똑같은 방식이었다.

아리스토텔레스 철학과 그리스도교 사상 사이에는 처음부

[8] 참조: 제5장, 132쪽 이하.

터 이질성異質性이 있었고, 그런 이질성은 많은 종류의 뿌리에서 양분을 취하고 있었다. 바로 이 이질성은 5세기에 네스토리아니즘Nestorianismus이 명시적으로 아리스토텔레스의 철학과 연합하게 되자 명백한 형태로 나타난다. 네스토리우스는 페르시아 태생으로, 그의 이론은 안티오키아Antiochien 신학 학파의 영향을 받았다. 그는 하느님이 사람이 되신 사건을 무엇보다도 그리스도의 역사적 구체성과 가시성可視性, 다시 말해 그리스도의 인성人性을 강조하는 방식으로 해석한다. 이런 사실은, 쉽게 알 수 있듯이, 이미 아리스토텔레스가 세계를 보는 눈과 어떤 의미에서 유사한 면을 가지고 있다. 네스토리아니즘의 중심이면서 독특하게도 아리스토텔레스 철학의 중심은 400년을 전후한 시기에 널리 알려져 있던 시리아의 에데사Edessa 학파였다. 그런데 이제 네스토리우스의 그리스도론이 에페소Ephesus 공의회(431년)에서 이단으로 단죄되자, 이 그리스도론은 로마 제국의 영역 안에서는 더 이상 공적으로 주장될 수 없게 된다. 당사자들인 많은 수의 "이단자들"과, 이들과 단순히 동일시되지 않는 한에서 "아리스토텔레스주의자들"도, 에데사를 떠나 인접해 있는 페르시아로 이주한다. 이들 대부분은 국경 너머에 직접 인접해 있는 니시비스Nisibis에 머문 것으로 보이는데, 이 도시에도 곧 이어 약 천 명가량이 다닌 유명한 학교가 생긴다.(이 학교가 바로 100년 후 카시오도르가 그 모범을 따라 로마에 대학을 설립하고자 했던 그 학교이다.[9]) 말하자면 시리아에 있

9) 참조: 제2장, 56쪽.

는 이 네스토리우스파 그리스도교의 학교와 수도원들이 당시에 그리스의 철학과 과학 문헌들, 특별히 이 유산에 담긴 아리스토텔레스적 실타래를 잘 보관하고 전수해 준 보호 구역保護區域 역할을 담당해 주었던 것이다. 거기에는 아리스토텔레스 자신뿐 아니라 유클리드Euklid, 히포크라테스Hippokrates, 갈레노스Galenos, 아르키메데스Archimedes 등도 포함되어 있었다. 이들 학자들의 철학적·수학적·의학적 문헌들은 처음에는 그리스어에서 시리아어로 번역되었다가, 어쩌면 페르시아어라는 중간 단계를 하나 더 거쳐, 아랍어로 확실히 번역된 것으로 보인다. 이는 이슬람 세력이 중동 지역 전체와 페르시아의 사산 왕국Sassanid까지 침범해 들어가고, 대부분 시리아인과 페르시아인이던 아리스토텔레스 전문가들이 바그다드Bagdad에 있는 칼리프Kalif의 궁정으로 초빙되었을 때의 일이다. 800년경에는 아랍어가 세계적인 학문 언어나 다름없었다. 아랍어로 한번 번역된 아리스토텔레스의 책들은 이슬람이 지배하는 모든 곳, 다시 말해 동쪽으로는 인더스Indus 강, 서쪽으로는 피레네Pyrenäen 산맥 지역까지 퍼져 나갔다.

이런 문화 공간 안에서 이제 훌륭한 아리스토텔레스 주해서들도 생겨나는데, 그 저자들의 이름은 13세기의 신학적 대전들 안에서 거의 매 쪽마다 등장하고 있다. 우선 우리는 **아비첸나**Avicenna를 들 수 있다. 그는 980년 페르시아에서 태어났으며, 궁정 주치의이면서 동시에 철학자, 신학자였다. 그 자신의 말에 따르면,[10] 그는 어떻게 이해해야 할지 올바른 통로를 발견하지 못한 채 아리스토텔레스의 『형이상학』을 마흔 번이나 읽었다고 한다. 이윽고 그는 그 텍스트를 외우게 되었고, 그러고 나서 마침내 전체의 의미가 자신에게 분명하게 되었다고 한다. (그것을 축하하기 위해 그는 가난한 사람들에게 많은 선물을 나누어 주게 했다고 한다.) 아비첸나에 이어 우리는 **아베로에스**Averroes를 들 수 있다. 그는 1126년 코르도바Cordoba에서 태어난 법학자요, 의사요, 철학자였다. 13세기에 서구에서 아리스토텔레스 주해자라고 하면 "바로 이 아베로에스"를 지칭했다. 라틴 서구에서 그의 영향은 대단한 것이어서, 사람들은 유럽 르네상스 철학을 "아베로에스주의"라고 부를 정도였는데, 이는 어느 정도 정당한 것이었으며, 그렇게 볼 때 그가 미친 영향이 어떤 방향의 것이었는지도 대충 짐작할 수 있다. 이들 아랍 사상가들은 진기하게도 이슬람교보다 서구의 철학과 신학에 훨씬 더 강한 영향을 미쳤다. 이슬람교는 "아리스토텔레스 수용" 같은 것을 전혀 모르며, 오히려 "성전 지상주의적"聖典至上主義的이기 때문에, 코란Koran에만 한정된 신학의 역사는 대체로 철학에 대한 자기 방어의 역사였다.[11] 아비첸나와 아베로에스에 이어 세 번째로 들 수 있는 큰 인물은 **모세 마이모니데스**Moses Maimonides로, 그 역시 코르도바에서 1135년에 태어났다. 그는 아리스토텔레스의 세계관을 열렬히 따르고 있지만, 이에 못지않은 확고한 마음으로 엄격한 신앙을 간직하고 있는 유대인이기도 했다. 그래서 그는 그리스도교 중세의 큰

---

10) 참조: Böhner, *Christl. Philosophie,* p.402.

11) 참조: Gilson, *History,* p.226. Überweg-Geyer, p.309.

학자들이 고민한 것과 똑같은 끝없는 과제로 번민하고 있었다. 그의 주저는 『망설이고 있는 사람들을 위한 안내서』*Führer der Unschlüssigen*인데, 이 책을 그는 다른 책들처럼 히브리어로 쓰지 않고 아랍어로 썼다. 이 책은 철학과 과학 때문에 성서에 나오는 하느님 계시에 대한 믿음이 흔들리게 된 사람들을 목표로 하고 있다. 모세 마이모니데스의 생각에 의하면 그런 사람들은 논리 정연한 방식으로 일관되게 유지되는 과학적-철학적 논증 외에는 다른 어떤 방법을 통해서도 신앙에 다시 돌아올 수 없다. 여기서도 분명 신앙 내용과 지식 내용의 결합이 문제라는 것이 명백하게 드러나고 있다. 우리는 이런 사실로부터, 사람들이 모세 마이모니데스의 책을 "유대교적-스콜라 철학적 대전"[12]이라고 부른 것을 이해할 수 있을 것이다.

한편으로 이런 아랍적-유대교적 철학의 풍부한 내용을 염두에 두면서, 다른 한편으로는 (순전히 신학적인 것은 제외하고) 당시 서양의 학교들에서 중요하게 취급된 것을 그것과 비교해 본다면, 아랍적-유대교적 철학이 이렇게 압도적으로 우세하다는 사실이 얼마나 크고 자연스러운 위력으로 라틴 서구에 확고한 지반을 얻을 수밖에 없었는지 금방 분명해질 것이다. (1200년경 파리 대학의 자유과목 학부에서 배우게 되어 있는 내용은 무엇보다도 "논리학 숭배"[13]를 기반으로 하고 있었으며, "실재 세계 전체를 철학적으로 바라보는 일과 조금이라

12) Böhner, *Christl. Philosophie,* p.402.

13) Van Steenberghen, *Le XIIIe siècle,* p.189.

도 유사해 보이는 내용은 전혀 포함되어 있지 않았다."[14])

이제 우리는 아랍어에서 번역하게 된 데 대해 더 자세히 이야기할 시점에 왔다. 아베로에스와 모세 마이모니데스가 스페인 남부 코르도바에서 태어났을 때, 이미 〔이베리아〕 반도의 북쪽 절반은 다시 무어족maurisch의 지배에서 벗어나 있었다. 예를 들어 서고트족 스페인의 수도였던 톨레도Toledo는 1085년에 이미 재탈환된 상태였고, 이 시점부터 칼Karl 5세 시대까지 나라의 왕도王都 가운데 하나로 남게 된다. 그러나 휩쓸고 지나간 이슬람의 물결은 그곳의 그리스도교적 실체에는 아무 손상도 입히지 않았으면서도, 정신적으로는 스페인을 여러 방식으로 바꿔 놓았다. 그런 변화를 보여 주는 표지 가운데 하나가 12세기에 넓은 안목을 가진 한 주교에 의해 톨레도에 설립된 '번역가 학교'이다. 아랍적-유대교적 아리스토텔레스주의의 대작大作들, 특히 아리스토텔레스 자신의 작품들이 라틴어로 번역된 것은 여러 세대에 걸쳐 지속된 유일무이한 바로 이 작업팀에 의해서였다. 한번 생각해 보자: 그리스어에서 우선 시리아어와 (어쩌면) 페르시아어를 거쳐 아랍어로 번역된 아리스토텔레스의 작품들이라는 점! 아비첸나의 대작인 『영혼의 쾌유에 관한 책』*Das Buch der Genesung der Seele*이 1140년 톨레도에서 얼마나 믿기 어려운 방식으로 아랍어에서 라틴어로 "옮겨지게" 되었는지 우연히 전해진 내용은 다음과 같다: 이 번역은 자신의 고유한 철학 저술들을 남기기도 한 도미니쿠스 군디살리누스

14) *Ibid.*

Dominicus Gundissalinus와 스스로 이 번역 방식에 대해 보도해 주고 있는 유대인 아벤데후트Avendehut의 공동 작업이었다. 아벤데후트에 의하면, 아랍어와 카스티야어Kastilianisch(현재 에스파냐의 표준어가 됨)에 능통한 자신이 아랍어 단어 하나하나를singula verba 카스티야어로 번역했고, 이에 대해 자신의 동료가 다시 단어 하나하나를 라틴어로 옮겼다는 것이다.[15] 위버베크Überweg는 『철학사』*Philosophiegeschichte*에서 다음과 같이 적고 있다: "그런 기계적 작업 방식에도 불구하고 여전히 합리적인 의미가 여러 가지로 밝혀져 나왔다는 것은 매우 놀라운 일이다."[16]

그러나 이런 놀랄 만한 난관들도 아리스토텔레스의 세계관이 서구 사유 속에 성공적으로 침투해 들어가는 길을 본질적으로[17] 막지는 못했다. 또한 굳이 필요한 것도 아닌 위僞-아리스토텔레스 저술들도 동시에 라틴어로 번역되었다. (이들 저술 가운데 하나는 전적으로 비非아리스토텔레스적 제목인 『신비들의 신비』*Geheimnis der Geheimnisse*라는 제목을 하고 있었는데, 이 저술에 대해 사람들은 "수많은 청중"이 "어디에서나 읽고 발췌하고 의역意譯했으며", 그의 진짜 저작들보다 오히려 이 책

15) M.Horten in der *Zeitschrift der Deutschen Morgenländischen Gesellschaft,* vol.66(1912), p.754.

16) Überweg-Geyer, p.310.

17) 적어도 로저 베이컨, 대 알베르투스, 토마스는 번역본들의 결함에 대해 한탄했다(참조: M.Horten, *Zeitschrift d. deutsch. Morgenländ. Gesellschaft,* vol.66 〔1912〕, p.754). 곧 이어 뫼르베케의 빌헬름(Wilhelm von Moerbecke) 같은 사람들에 의해 그리스어 본문과 그리스어에서 직접 번역한 새로운 번역본을 근거로 교정 작업이 착수되었다.

때문에 아리스토텔레스는 더 많은 존경을 받게 되었다고 말했다.[18] 예를 들면 이 책 안에는 하느님 자신이 아리스토텔레스를 "인간이라기보다 천사라고" 불렀다고 적혀 있고, 끝에 가서 그를 빛 기둥 속에서 당신 자신에게 불러들이셨다고 적혀 있다.) 그런 난관들에도 불구하고 맺어진 결실은 오히려 아주 풍성한 것이었다. 아리스토텔레스는 아랍 주해자들과 함께, 다시 말해서 이미 체계화된 형태의 특정한 해석과 함께, 서구 그리스도교의 시야 안으로 들어오게 된 것이다.

어쨌든 이 모든 사실로부터 우리는 다음 두 가지를 예견하고 이해할 수 있다. 첫째는 실재 세계에 대한 아리스토텔레스의 이론을 배우고 숙고하는 데서 드러나는 어느 누구도 막을 수 없는 역동성이다. 이 영역에서 아리스토텔레스의 이론은 타의 추종을 전적으로 불허하는 것이었다. 둘째는 격렬하게 진행되는 그런 습득 과정 때문에, 전해 내려온 내용의 지속성과 진리의 전체성이 파괴될 수 있다는 자연스러운 방어 자세와 염려의 마음이다. 13세기 전반부는 이 두 태도가 함께 특징을 이루고 있었으며, 신기하게도 이 둘이 종종 굳게 결합되어 있었다.

그래서 한편으로는 1210년과 1263년 사이에 아리스토텔레스, 특히 그의 자연학과 심리학과 형이상학에 대한 공적인 대학 강의들에 관하여[19] 수많은 교회의 경고와 제한과 금지 명

18) W. von Herzt, *Gesammelte Schriften,* Stuttgart, 1905, p.161.

19) 상세한 개관을 위해 다음을 참조할 것: Steenberghen, *Le XIIIe siècle,* pp.191-196, 239-242.

령이 있었다. (덧붙여 말하면, 그런 일은 "교회"나 어떤 교황청 기구가 전체 학자 집단과 대립하여 전투를 벌이는 식으로 이루어진 것이 아니다. 오히려 대학의 학자들 자신 가운데 강력한 집단이 당황스러운 이 새로운 물결에 반발했다. 그리고 이제 곧 밝혀지게 되겠지만, 교회 교도권은 이런 근본적인 보수주의와 동일시될 생각이 결코 없었다.)

동시에 사람들은 다른 한편으로 혁명적인 선언을 하거나 극단적인 논쟁에 휩싸이지 않으면서도 항구하고 일관되게, 또 점점 더 드러내 놓고, 저 금지 명령을 무시하게 되었다. 심지어 공적인 대학 강의에서도 아리스토텔레스의 작품을 아주 집중적으로 다루는 일이 있었다. 이런 인내로운 저항은, 때로는 아주 이해하기 어려운 일이지만, 자신의 "적"과 결탁되어 있었던 것 같다. 예를 들면, 전적으로 교회의 정신에 따라 사유하는 토마스 아퀴나스가 자신의 첫 작품에서 아주 자명하다는 듯이 찬양하면서 "유일한" 철학자(아리스토텔레스)와 "유일한" 주해자(아베로에스)에 대해 언급했을 때, 아리스토텔레스에 대한 금지 명령은 여전히 완전한 효력을 가지고 있었다. 그런가 하면 앞서 주어진 경고와 금지 명령을 1263년에 재확인한 교황 우르바노 4세는 오르비에토Orvieto에 있는 자신의 궁에서 아리스토텔레스의 작품들을 그리스어에서 새로 번역하게 했다. 어떤 의미에서 결정적이라 할 수 있는 다음의 사실도 놀랍다. 파리의 자유과목 학부가 1255년 3월, 곧 금지 명령이 새로 강화되기 8년 전, 당시에 알려져 있던 모든 아리스토텔레스 저작들을 명시적으로 새로운 교과 과정에 받아들였을 때, 조그마한 저항도 없었다는 사실 말이다. “주교로부터도, 신학자들로부터도, 교황으로부터도 마찬가지였다. 아리스토텔레스에 대한 강의를 금지시킨 명령이 어쩌면 10년 전부터 이미 잊혀진 것은 아닌가 싶다. 파리에서는 어느 누구도 그것을 다시 부활시킬 생각을 하지 않았다.” 이렇게 이야기한 방 스텐베르겐Fernand van Steenberghen은[20] 교과목에 대한 1255년의 규정은 수용적인 자세가 되어 있는 파리 자유과목 학부라는 토양 위에 머지않아 반反-그리스도교적, “이단적” 아리스토텔레스주의를 싹틔울 씨를 심었다는 의미심장한 말도 물론 덧붙인다.

---

20) *Le XIIIe siècle,* p.242.

제 8 장

〔**28**〕 대 알베르투스Albertus Magnus는 "아리스토텔레스의 사상을 분명하고 예리하게 파악한 중세의 첫 신학자"[1]였다. 그의 특징은 보통 사람들한테서 볼 수 없는 현실 세계에 대한 굶주림이 그에게 항상 있었다는 것이다. 그런 굶주림으로 그는 아리스토텔레스의 모든 작품을 자기 자신의 힘으로[2] 독파하고 습득하는 작업에 착수한다. 논쟁을 즐기는 젊은 베이컨Roger Bacon은 나중에 이 파리 대학 교수에 대해 말하면서, 자신이 직접 배우지도 않은 것을 가르치려고만 한다고 빈정거렸다. 그렇지만 당시에는 알베르투스가 관심을 갖고 있는 그 학문을 배울 수 있는 선생도 학교도 없었다. 비록 자신이 그리스어를 전혀 몰랐음에도 불구하고[3] 알베르투스는 아리스토텔레스의 모

---

1) Grabmann, *Mittelalterl. Geistesleben,* II, p.70.

2) "실제로 그는 아리스토텔레스를 순전히 독학으로 연구한 사람이었다"(Überweg-Geyer, p.403).

3) Grabmann, *Mittelalterl. Geistesleben,* II, p.357.

든 작품, 곧 현실 세계에 대하여 그토록 완전히 새로운 이론을 라틴 서구가 접할 수 있게 해주려는 거의 환상적인 계획을 가슴에 품고 있었다: **nostra intentio est, omnes dictas partes facere Latinis intelligibiles**〔우리의 의도는 적혀 있는 모든 것을 라틴어를 쓰는 사람들이 이해할 수 있게 해주는 것이다〕.[4] 이미 700년 전에 보에티우스도 이와 유사하게 자신감에 찬 문장으로 거의 똑같은 계획을 선포했었다.[5] 그러나 보에티우스와 달리 알베르투스는 아리스토텔레스의 전 작품에 대한 주해를 통해 자신의 결단을 실제로 실천에 옮겼다. 여기에는 "아무것도 모르면서 어떤 식으로든 철학 연구에 맞서 싸우려 들고, 자신들은 전혀 이해하지 못하는 것을 거슬러 으르렁거리기만 하는 야만적인 동물들"[6]에 대적하여 거칠고 떠들썩하게 폭발하는 엄청난 "분노"도 함께했는데, 그런 분노가 그를 어렵고 힘든 일에 덤벼들게 했다. 여기 인용한 말마디에서 〔남독의〕 슈바벤Schwaben 지방의 말투가 다소 느껴진다. 실제로 알베르투스는, 우리가 잘 알고 있듯이, 슈바벤 지방에서 태어났다.

그가 태어난 해를 정확히 알 수는 없지만, 대략 1195년부터 1200년 사이인 것 같다. 그는 볼로냐Bologna와 파두아Padua에서 보낸 첫 학업 기간 중에 "사람을 낚는 어부"인 작센의 요르단Jordan von Sachsen에게 "걸려들었다." 사실 교수들은 학생들에게

---

4) *Kommentar zur aristotelischen Physik,* I, 1, 1: *Opera Omnia* (Borgnet) 3, p.2.

5) 참조: 제2장, 38쪽.

6) *Kommentar zu den Briefen des Dionysius Areopagita* 7, 2 B: *Opera Omnia* (Borgnet) 14, p.910.

그 사람을 조심하라고 경고하곤 했으나 별 성과가 없었다.

니더작센Niedersachsen 지역에 있는 다셀Dassel 출신인 **작센의 요르단**은 아직 도미니코 성인이 살아 있을 때 이 성인의 인도로 도미니코 수도회에 들어가게 되었으며, 2년 후에 벌써, 채 서른도 안 된 나이에 이 수도원 창설자의 후계자로 선출되어 수도원 전체를 책임지게 되었다. 그는 불과 15년 후에 시리아 해변에서 폭풍에 목숨을 잃게 되고, 아콘Akkon에 묻히게 된다. 그는 13세기 초반의 가장 매혹적인 인물 가운데 하나로, 요란한 그의 인생 역정은 영웅시英雄詩의 숨결을 간직하고 있었다. 그의 조직 능력과 원초적 추진력은 그 개인의 천부적 매력[7]과 결합되어 있었고, 이를 통해 그가 활약하기 시작한 지 불과 몇 년 안에 아일랜드에서 러시아에 이르기까지 수백 개의 새 수도원이 생겨날 수 있었다. 무엇보다 젊은 대학들의 학생은 물론 교수들까지 도미니코 수도회에 몰려오게 되었는데, 이는 모두 그의 덕이었다. 사람들은 그가 항상 어떤 대학 도시에 도착하면 곧바로 수많은 수도복修道服을 제작하게 했다고 말한다. 그리고 한번은 수도회에 입회入會하는 학생들의 빚을 갚기 위해 자신의 책들을 저당 잡혀야 했다고 한다.

바로 이 사람이, 자신도 입회한 지 불과 3년밖에 안 된 사람이면서, 슈바벤 사람인 알베르투스의 마음을 움직여 도미니코회에 입회하게 한다. 알베르투스는 신학 공부를 마친 뒤 대

---

7) 예를 들면 부원장(Priorin) 디아나 안달로(Diana Andalò)에게 보낸 그의 편지들을 읽어 볼 만하다(ed. by B.Altaner, 1925).

략 10년가량 독일의 여러 수도원에서 가르쳤고, 1242년에는 파리 대학에서 교수직을 얻는 첫 독일인이 되었다. 당시 그는 대학 문서에 'Albertus Teutonicus'[8]라는 이름으로 서명한다. 이 시기에 또한 그는 자신의 가장 훌륭한 제자였던 토마스 아퀴나스를 만나게 되는데, 토마스는 이탈리아 출신으로서 스무 살이었다. 이 두 사람은 대성당 기공식이 있던 1248년 쾰른Köln에 있었다. 그곳은 알베르투스가 수도원 학교Ordenshochschule를 설립하게 되어 있는 곳이다. 몇 해 후 토마스가 파리에 있는 성 자크St. Jacques 수도원으로 오게 되고, 또 그 바로 얼마 후 파리 대학에 교수로 초빙되어 오게 된 후, 알베르투스에게는 생의 마지막 수십 년에 걸쳐 닥쳐온 불안정한 시기가 시작된다. 그는 수도원의 독일 관구장으로서 3년 동안 파리에서 헝가리, 로마에서 발트 해의 베른슈타인Bernstein 연안에 이르는, 거의 전 유럽을 돌아다닌다. 그 후 교황 알렉산데르Alexander 4세는 그를 방치되어 있던 레겐스부르크Regensburg 주교로 임명한다. "우리는 당신이 우리의, 아니 하느님의 뜻을 따라 주시기를 명합니다. …… 그리고 저 지역 교회에 가서 하느님께서 당신에게 주신 지혜로써 그 교회를 이끌어 주시기 바랍니다." 그러나 수도원 총장General인 훔베르트Humbert von Romans는 이에 반대하여, 그에게 이 임명을 거절할 것을 귀찮을 정도로 요구한다. 교황의 그런 "명령들"은 단순히 격식의 문제이지 완전히 진지한 마음

---

8) B.Geyer, "Albertus Magnus", in: *Die Großen Deutschen,* ed. by H.Heimpel, Th.Heuss, B. Reifenberg, vol.I, Berlin, 1956, p.201.

으로 따라야 하는 것은 아니라는 것이다. “나는 나의 사랑하는 아들이 주교좌에 오르는 것보다는 관棺에 누워 있는 것을 보기를 더 바랍니다.”[9] 그러나 알베르투스는, 비록 2년간이긴 하지만, 레겐스부르크로 간다. 거기에서 사람들은 어색하게 대충 신을 신은 이 방랑 수도자를 “〔농부나 신는〕 가죽끈 구두” Bundschuh라고 불렀다. 그 후 교황은 그를 십자군 설교가로 독일 지역 곳곳으로 보낸다. 1268년에 수도회 장상은 그를 두 번째로 파리 대학에 보내려 하는데, 그것은 파리 대학이 아리스토텔레스주의자 가운데 극단적인 “아베로에스주의자” 진영과의 갈등으로 인해 이에 대적할 수 있는 뛰어난 인물을 요구했기 때문이었다. 그러나 알베르투스는 주교인 까닭에 수도회 안에서 특별한 지위를 누리고 있었기 때문에[10] 이를 거부한다. 그래서 그 대신 토마스 아퀴나스가 그곳으로 간다. 이제부터는 알베르투스의 지속적인 주거지가 쾰른에 있게 된다. 그러나 75세가 되었을 때에도 그는 여전히 여행 중에 있었다. 1273년에

---

9) 1260년 1월 5일자 교황의 편지는 ‘Thomas Ripoll, *Bullarium Ordinis Fratrum Praedicatorum*(Rom, 1729, vol.I, p.387)’에 게재되어 있다. 수도회 장상의 편지는 ‘H.Chr. Scheeben, *Albert der Große. Zur Chronologie seines Lebens*(Vechta und Leipzig, 1931, pp. 154ff.)’에 재수록되어 있다.

10) 책뿐 아니라 금, 은, 보석도 자기 뜻에 따라 처리할 수 있다고 하는 그의 유언도 그런 사실에 대해 암시하고 있다. 정확하게 그는 다음과 같이 적고 있다: “내가 교황으로부터 부여된 수도원 내의 예외적 지위로 인해(ratione exemptionis ab ordine) 세속 재화를 내 소유로 가질 수 있고 내 마음대로 사용해도 좋다는 것을 누구나 알고 있고 의심할 수 없기 때문에……”: *Testamentum domini Alberti*, Edited by Schmeller, in: *Gelehrte Anzeigen*, published by members of the K.bayerisch. Akademie d. Wissenschaften, vol.30, München, 1850, Col.45-47.

는 님베겐Nymwegen에 있었고, 1274년에는 리옹Lyon 공의회에 있었다. (토마스 아퀴나스는 이 공의회에 가는 도중에, 보나벤투라는 이 공의회가 진행되는 중에 죽음을 맞이하게 된다.) 1275년에는 쾰른 시민들의 요청에 따라 스트라스부르크Straßburg로부터 불려 와서, 이미 20년 전에 한번 있었던 것과 같이, 도시와 대주교와 교황청 사이의 진저리나는 논쟁을 중재한다. 1277년, 이미 여든 살이 된 그는 위대한 제자 토마스의 몇몇 주장들에 대한 임박한 단죄를 저지하기 위해[11] 파리로 간다. (그런 저지 노력은 성공하지 못한다.) 그는 1280년에 쾰른에서 죽었고, 그곳에 묻혀 있다.

〔**29**〕 우리는 알베르투스가 이처럼 외적 활동으로 가득 찬 인생을 살았음에도 불구하고, 그토록 거대한 저술 작품을 직접 쓰거나 받아쓰게 한 것이 도대체 어떻게 가능했는지 이해하기 힘들다. ('*Opera omnia*'〔전집〕의 새로운 비평판은 4절판 책으로 40권이나 된다.) 그런데 알베르투스를 당시의 다른 철학-신학 저술가들과 비교해 보면, 그가 "모든 스콜라 철학자 가운데 가장 포괄적으로 자료를 모으고 정리했다는"[12] 점이 명백하게 드러난다. 그는 13세기 학자들 가운데 아리스토텔레스의 모든 작품뿐 아니라 디오니시우스 아레오파기타의 작품들까지 전부를 주해한 유일한 사람이다.[13] 그는 또한 아랍 철학자들까지

11) B.Geyer, *Albertus Magnus,* p.210.

12) Grabmann, *Mittelalterl. Geistesleben,* II, p.345.

13) B.Geyer, *Albertus Magnus,* p.207.

알고 있었으며, 특히 "대단히 좋아한"[14] 아비첸나의 작품들을 잘 알고 있었다. 그라프만Grabmann이 증명했듯이, 아우구스티누스에 대한 그의 지식은 아주 폭넓은 것이어서, 그 지식이 단순히 당시 사람들이 통상적으로 사용하던 인용문 모음집을 통해서만 얻은 것일 수 없다.

알베르투스는, 그를 이은 토마스 아퀴나스와 마찬가지로, 한편으로는 성서든 아우구스티누스(와 플라톤이)든 전래된 전통 유산을 조금도 희생시키지 않고, 다른 한편으로는 이제 막 이해하기 시작한 새로운 진리들을 조금도 축소시키지 않으면서 소유하려는 아주 단호한 결심을 한다. 물론 알베르투스의 작품 안에는 자료들이 엄청나게 많이 쌓여 있었기 때문에, 그것들을 단순히 나열하는 단계를 넘어 사안에 따라 근거를 제시하면서 전체 연관성 안으로 모아들일 수 있는 힘이 그에게는 아직 없었다. 그러므로 사람들이 "이질성"異質性, "불협화음"[15] "한결같지 않은 어법"[16] 등에 대해 말하는 것은 부당한 것만은 아니다. 요셉 베른하르트Joseph Bernhart에 따르면, 그의 생각은 때로 폭풍같이 "자기 자신을 거슬러서까지 소용돌이에"[17] 휘말리곤 한다. 그러므로 알베르투스의 작품으로부터 우리는 그가 "그리스도교적 아리스토텔레스주의의 창시자"[18]라는 근거를 제시

---

14) Grabmann, *Mittelalterl. Geistesleben,* II, p.348.

15) Überweg-Geyer, p.410; van Steenberghen, *Le XIIIe siècle,* p.246.

16) J.Bernhart, "Albertus Magnus", in: *Die Großen Deutschen,* ed. by W.Andreas und W. von Scholz, vol.I, Berlin, 1935, p.228.

17) *Ibid.,* p.228.

18) Grabmann, *Mittelalterl. Geistesleben,* II, p.346.

할 수도 있고, "그를 아리스토텔레스주의자라고 부르는 것"은 "틀린" 것이며,[19] "오히려……신플라톤주의를……강력하게 연장시킨 사람"[20]으로 보아야 한다는 근거를 제시할 수도 있다. 질서 있게 정리하기보다 오히려 정복하고 획득하는 데 더 강한 성향을 보인 알베르투스였기 때문에, 본성상 서로 흩어지게 되어 있는 요소들로 그냥 짜 맞춰져 있는 것을 그 개별적 특성이 상실되지 않게 하면서도 하나의 통일되고 질서 있는 사유체계로 모아들이는 과제가 그에게는 아직 미해결인 채로 남아있게 된다. 이 과제는 그의 제자인 토마스 아퀴나스를 기다리고 있었다.

〔**30**〕 그러나 아직 알베르투스의 위대성을 이루는 특정한 관점 하나에 대해서는 전혀 언급하지 않았다. 이 관점을 통해 우리는 인간 알베르투스의 새롭고 매우 특징적인 모습을 대하는 데 그치지 않고, 13세기 서구에 근본적이고 예견할 수 없을 만큼 새로운 무엇인가를 가져다준 정신적 추진력도 만나게 된다. 우리는 지금까지 앞에서 이야기한 내용을 통해 알베르투스를 엄청나게 풍부한 지식을 가지고 있고, 전해 내려온 사상의 거대한 도서관을 그 근본에서부터 꿰뚫고 있는 인물로 여길 것이다. 그런 가운데 그를 본질적으로는 추상적인 지식을 다루는 사람, 우선적으로 책만 붙잡고 살아간 학자로 여기기 쉽다. 그

19) Böhner, *Christl. Philosophie,* pp.451f.

20) *Ibid.,* p.470.

러나 알베르투스의 참된 보편성은 그가 식물학[21]과 동물학[22]에 대한 책의 저자인 동시에, 이에 못지않게 그와 정반대되는 특성을 가진 사람, 곧 '직접적인 경험의 사람' '관찰과 실험의 사람'이었다는 사실에서 잘 드러난다.

서양 전체를 돌아다니면서 알베르투스는 지칠 줄 모르고 어부, 사냥꾼, 양봉가, 포수 들에게 묻고 그들을 자세히 살펴보았다. 또 그 자신도 가시적可視的인 세상 사물들에 대해 전신의 감각을 곧추세우고 극도로 정확하면서도, 괴테의 표현대로라면, "자만을 모르는"[23] 경각심으로 관심을 기울였다. 그는 **사과**[24]를 껍질에서부터 씨까지 묘사했을 뿐 아니라, **겨우살이**의 "항상 푸른색의 가죽 같은 잎들"을 "거의 올리브 나무의 잎과 같으나 레몬 빛의 노란색 미광微光을 가지고 있다"[25]고 묘사하기도 했다. 그는 어떤 **거미들**[26]이 거미줄을 치는지, 그리고 어디에 치는지(창문에 치는지, 수풀에 치는지, 땅바닥에 치는지), 그리고 어떤 거미들이 먹이를 펄쩍 뛰어 잡는지 등에 대해서 정확하게 적고 있다. 그는 가시 가운데 **엽침**葉針과 **경침**莖針을 구별했다. 그는 직접 입으로 맛봄으로써 **나무의 수액**[27]이 뿌리에서 가장

21) *De vegetabilibus*, ed. C.Jessen, Berlin, 1867.

22) *De animalibus*, ed. H.Stadler, two volumes, Münster, 1916, 1920.

23) 로마에서 헤르더(Herder) 부부에게 보낸 편지(1786년 11월 10일)에 괴테는 다음과 같이 적고 있다: "모든 사물들을 있는 그대로 보고 읽는 훈련, 눈[目]으로 하여금 빛이 되게 하는 나의 신의(信義), 모든 자만으로부터의 완전한 포기, 바로 이런 것이 여기서 아주 조용하게 머물고 있는 나를 행복하게 합니다."

24) *De vegetabilibus*, VI, 1; cap.25; §129, p.402.

25) *Ibid.*, IV, 2; cap.4; §84, pp.252f.

26) *De animalibus*, VIII, 4; cap.1; §134ff., pp.628ff.

쓰다는 것을 알아냈고, 벌의 몸 뒷부분에 아주 좋은 꿀맛이 나는 투명한 작은 주머니가 있다는 것을[28] 알아냈다. 뱀장어는 아리스토텔레스가 말한 것처럼 진흙을 먹고 사는 것이 아니다: "나는 뱀장어가 개구리와 벌레들과 작은 물고기를 잡아먹는 것을 직접 보았고, 그런 미끼를 달고 있는 낚시 바늘에 잡히는 것을 보았다."[29] 그는 자주 그런 방식으로, 다시 말해서 경험을 근거로 아리스토텔레스를 교정했고,[30] 순전히 전설적인 이야기를 적고 있는 통속적인 책 『피지오로구스』*Physiologus*에 대해서는 더욱더 그랬다. 이런 교정 작업은 철저하게 원칙에 따른 어조로 이루어졌으나, 때로는 다소 공격적인 어조를 띠기도 했다. 예를 들어 그는 "구체적인 것에 대해서는 어떤 철학도 있을 수 없다"de particularibus enim philosophia esse non poterit[31]거나 "불사조Phönix가 동東 아라비아의 새라고 적고 있는 사람들은 자연보다는 신비주의 신학을 연구하는 사람들이다"[32]라고 말한다. 그러나 알베르투스가 실재 세계에 대해 부여하는 그런 의미가 속된 의미의 "과학성"이라는 것과 얼마나 다른지는 정확한 관찰과 순수한 시정詩情이 결합되어 있는 "만개"滿開(Blüte)의 기본

27) *De vegetabilibus,* II, 1; cap.3; §31, pp.114f.

28) *De animalibus,* IV, 2; cap.7; §71, p.390.

29) *Ibid.,* VII, 1; cap.3; §26, p.506.

30) 예를 들어 그는 달 무지개가 50년에 단 두 번 나타난다는 것은 사실이 아니며, 오히려 같은 해에 두 번 나타난 것이 경험 사실이라고(veridici experimentatores experti sunt) 말했다(*Meteor.* III, 4; cap.11; *Opera Omnia* 〔Borgnet〕 4, p.679).

31) *De vegetabilibus,* VI, 1; cap.1; §1, p.339.

32) *De animalibus,* XXIII; cap.24; §110, p.1493.

형태들에 대한 문장이 잘 보여 준다. 알베르투스는 식물학 책에서[33] "만개"는 새鳥, 종鐘, 별星 이렇게 세 형태를 하고 있다고 말한다.

〔**31**〕 그러나 알베르투스가 유럽 철학사 안에서 아무도 예상할 수 없었던 풍성한 결과를 가져온 위대한 일을 시작했다고 말하는 것이, 정확히 말한다면, 그에게 경험을 통해 습득한 자연에 대한 인식이 놀랄 만큼 풍부했다는 사실을 의미하는 것은 아니다. 물론 그는 자연 연구가라는 점에서도 새로운 출발점을 보여 준 사람으로 칭송받고 있다: "자연 과학들의 발전이 알베르투스가 열어 준 길을 따라 계속 진행되었더라면 300년에 걸친 우회로의 과정이 생략되었을 것이다."[34] 그러나 철학적 세계 해석의 발전을 위해 대 알베르투스가 기여한 깜짝 놀랄 만한 새로움은 그의 굽힐 줄 모르는 단호한 마음으로, 사실 자체와의 직접적 만남에서 얻어진 실제 사실에 대한 구체적 지식을 모든 자연 인식의 필수 불가결한 출발점으로 선언했다는 것이다. 실로 경험이 닿는 영역에서는 전해 내려온 내용이 타당할 수 있기 위해 당연히 확인 과정을 버텨 내야 한다. 이 말은, 경험이 미칠 수 있는 한, 상상할 수 있는 어떤 권위에 대해서도 성숙한 인간의 독립성이 아주 분명하게 보장되어야 한다는 말과 다를 바 없다. "그런 것들에 대해서는 경험만이 유

33) *De vegetabilibus,* II, 2; cap.6; §135, p.157.

34) H.Stadler, *Verhandlungen deutscher Naturforscher und Ärzte,* I, Leipzig, 1909, p.35.

일하게 신빙성을 준다"experimentum solum certificat in talibus.[35] 오직 경험만이 신빙성을 준다는 주장이 담긴 이 말은 근본적으로 새로운 명제이다. 그리고 우리는 여기서 이 말이 전적으로 대조성과 배타성의 방식으로 언급되었다는 것을 알아야 한다. 실로 여기에서는 우선적으로 문제되는 것이 논리학의 형식들도, "종합"을 일구어 내는 합리적 사고의 조합술組合術도 아니고, 오히려 경험 가능한 실재 현실과의 대면에서 얻어진 **사실에 대한 지식**Sach-Wissen이라는 것이 언급된 것이다. 이는 분명 "개념적 구별이 사실 자체에 대한 해결인 것처럼 여기는 사람들" qui omnem distinctionem solutionem esse reputant[36]에 반대하여 말하는 것이다. "나 자신으로 말하면, 나는 사실을 다루는 바로 그런 학문들에서는 논리적 논증을 아주 싫어한다."[37]

하이젠베르크Werner Heisenberg는[38] 얼마 전에 중세 때 사람들은 "자연을 하느님의 작품으로 생각했다"고 말하면서, "그래서 그들에게는 하느님과 무관하게 물질 세계에 대해 묻는 것이 무의미하게 보였을 것"이라고 말했다. 그러나 그런 말은 대 알

---

35) 알베르투스는 여기서 자신이 다루게 될 식물들에 대해 말하고 있다. "우리가 다루고자 하는 것들 가운데 어떤 것들은 우리가 직접 경험을 통해 배운 것들(ipsi nos experimento probavimus)이지만, 다른 것 가운데에는, 우리가 경험해 봐서 알고 있듯이, 만일 경험(experimentum)을 통해 증명되지 않는다면 쉽게 이야기할 수 없는 것들에 대한 보도가 들어 있다. 말하자면 그런 것들에 대해서는 오직 경험만이 신빙성을 준다." *De vegetabilibus,* VI, 1; cap.1 §1, pp.339f.

36) *Kommentar zur aristotelischen Metaphysik* 1, 1; cap.2. *Opera Omnia* (Borgnet) 6, 6.

37) "Ego tales logicas consequentias in scientiis de rebus abhorreo." *Ibid.*

38) W.Heisenberg, "Das Naturbild der heutigen Physik", in: *Die Künste im technischen Zeitalter,* Darmstadt, 1956, p.32.

베르투스나 토마스 아퀴나스와 관련시켜 볼 때, 부드럽게 말해서, 지나칠 정도로 너무 단순화시켜 말한 것이다. 물론 이 두 사람 모두 세상은 피조물creatura이라고 확신하고 있었다. 그러나 그들은, 창조란 것이 그 **정의**定義**로 볼 때**per definitionem 사물들에 자신의 고유한 존재가 참으로 그 자신의 소유이도록 전달되는 것이기 **때문에**, 우리가 하느님의 작품들을 있는 그대로secundum quod hujusmodi sunt[39] 바라보지 않고서는 그것들을 도저히 파악할 수 없다는 사실도 잘 알고 있다. 물론 알베르투스 이전에는 이런 사실이 그처럼 단호하고 정확하게 언급된 적이 없다. 정확히 바로 이 점이 새로운 점이다. 알베르투스에게는 자연과학적 토론 속에서 신학적 논증을 해서는 안 된다는 것이 이론의 여지없는 자명한 사실이었다.[40] 그리고 그는, 질송의 말대로,[41] 철학적 물음들에 대해 철학적으로 답하는 것을 자기 스스로에게 면제해 주는 "신학자들의 신심 어린 순진성을 용납하지 않는다." 오히려 그는 신학자에게 모든 신학적 지식에 앞서 시대에 맞는 철학적·과학적 교육을 잘 받을 것과, 그것을 능수능란하게 사용할 것을 요구한다.[42] 우리는 전혀 채워질 수 없는 이런 요구 사항 앞에서 알베르투스가 속한 수도회가 보인 유보적인 태도를 잘 이해할 수 있다. 또 수도회는 여러 총회(1271년, 1278년, 1280년)에서 신학이 성직자 공동체를 위해서는 당연히 세

---

39) Thomas von Aquin, *Summa contra Gentes* 2, 4 (1).

40) B.Geyer, *Albertus Magnus,* p.212.

41) Gilson, *History,* p.289.

42) *Ibid.,* p.278.

속 지식보다 우선된다고 지적했는데, 그것도 아주 정당한 것이었다.[43] 그러면서도 우리는 알베르투스가 세상 안에서 신학의 참된 과제가 무엇인지를 여기서 처음으로 적절하게 표현하고 있다는 사실만큼은 잊지 말아야 한다. 비록 그런 신학의 과제 역시, 철학의 과제와 마찬가지로, 한 사람의 개인에 의해서는 결코 완전하게 실현될 수 없다 하더라도 말이다.

〔**32**〕 신앙fides과 이성ratio의 결합은 또다시 한 차원 더 어려워지고 까다로워졌다. 그것은 무엇보다도 이성 자체가 더 포괄적이고 새로운 의미를 획득하게 되었기 때문이다. 알베르투스한테 "**라치오**"ratio는 단순히 형식에 따른 올바른 사유 능력만을 의미하는 것도 아니고, 우선적인 의미에서 구원 진리들을 피조물의 유비나 "적합한 이유들"Konvenienz-Gründe을 통해 서로 연결해 주고, 우리 생각이 따라갈 수 있게 해주는 능력만을 의미하는 것도 아니다. 오히려 그것은, 무엇보다 먼저, 인간이 마주하는 실재 현실을 파악해 내는 인간 능력을 말한다. 결국 솔즈베리의 요한이 이론적으로 근거를 제시하기보다는 오히려 실천에 옮긴 것을 대 알베르투스는 원리Prinzip로 작성하기에 이른 것인데, 그것은 실재 현실에 대한 아주 광범위한 경험과 당시의 철학·신학 전체에 대한 깊이 있는 지식을 근거로 한 것이었다. 이제부터 "있는 힘을 다해 신앙과 이성을 결합시켜라"라는 보에티우스의 명제는 신앙 내용을 한 치 앞도 내다볼 수 없

43) Van Steenberghen, *Le XIIIe siècle,* p.239.

을 만큼 끊임없이 다양화하는 인간과 세계에 대한 자연 지식 전체 안에 항상 새롭게 귀속시키고 의미 있게 수렴시켜야 하는 과제를 의미한다.

제 9 장

〔**33**〕 진리는 실제적인 사실이 밝혀지는 것이고, 실제적인 사실이 자신을 드러내는 것이다. 따라서 진리는 이차적인 것, 나중에 질서가 부여된 것Nachgeordnetes이다. 진리는 외떨어져 그 자체로 있는 것이 아니다. 진리에 항상 앞서 주어져 있는 일차적인 것은 존재하는 사실들, 실제적인 것이다. 말하자면 진리 인식은 궁극적으로 "진리"를 목표로 하지 않고, 정확히 말하면, 실재 현실을 있는 그대로 아는 것을 목표로 한다. 더 나아가 만일 우리가 "신앙 진리"와 "이성 진리"를 구별한다면, 이는 한편으로는 오직 하느님의 계시에 대한 신앙 안에서만 볼 수 있는 것들이 있고, 다른 한편으로는 자연적 인식으로 이해할 수 있는 것들이 있다는 것을 말하려는 것이다. 비록 "신앙"과 "지식"에 대해 말한다 하더라도, 글자 자체가 표현하는 내용이야 어떻든 간에, 항상 인간 정신의 서로 다른 두 행위 또는 행동 방식을 의미하는 것이 아니라, 오히려 우리가 믿음을 가지거나 지식을 가지는 가운데 접하게 되는 두 실재 현실의 영역

들을 의미한다.

"신앙과 지식을 결합시키는 것", 말하자면 그것은 근본적으로 이들 두 **실재 현실의 영역**들을 한꺼번에 같이 생각한다는 것, 바로 그것이다. 부분적으로는 자연적 인식 앞에 주어져 있는 피조물 전체가 있고(그렇다고 우리가 그것들을 언젠가 완전히 이해할 수 있다는 말은 아니다), 부분적으로는 (예를 들면 무엇보다도 "삼위일체" "육화"肉化 등의 암호를 통해 주어지는 것들처럼) 하느님의 계시 말씀, 곧 신앙 안에서 밝혀지는 실재가 있다. 이런 의미에서 신앙과 지식을 결합시키는 과제는 물론 합리적 사고에만 고정될 수 없는 요구 사항을 담고 있으며, 그런 한에서 "한꺼번에 같이 **생각한다**"는 표현은 수정될 필요가 있다. 우리는 오히려 단순한 사유보다 인격의 핵심에 더 가까이 있으면서 정신적 실존 실행 자체를 구성하는 어떤 것을 행하라는 요구를 받고 있다.

이 말은 보에티우스가 표명한 원리에 대한 **토마스 아퀴나스**의 해석 내용을 상당히 정확한 표현으로 달리 표현한 것이라는 생각이 든다. 토마스의 해석은 보에티우스의 원리에 대해 우리가 생각해 볼 수 있는 것 가운데 가장 극단적인 형태를 하고 있다. 즉 토마스는 자연의 실재 현실이 하느님의 피조물로서, 하느님이 사람이 되신 육화 사건 속에서, 알아들을 길 없는 새로운 방식으로, 자신의 근원과 하나가 되었다고 보고 있는데(이런 그의 시각은 결과적으로 다른 사람들과 그를 아주 분명하게 구별할 수 있는 특징이 된다), 바로 그런 시각을 통해 두 가지 사실이 분명해진다. 첫째는 인간이 세상 안에 있는 모든 영역을 향해 눈을 돌리는 것이 신학적으로 단지 정당한 태도일 뿐만 아니라, 꼭 필요한 태도이기도 하다는 것이고, 둘째는 신학 자체도 오직 실재 현실 전체의 지평 안에서만 전개되어 나갈 수 있고, 실재 현실 전체에서 단 한 요소도 신학적 숙고의 대상에서 배제되어서는 안 된다는 것이다. 다른 곳에서 한번 사용한 적이 있는[1] 짤막한 표현을 여기에서도 다시 한번 반복하면 이렇다: "신학적 근거를 가지고 있는 세상, 그리고 세상에 개방되어 있는 신학"theologisch gegründete Weltlichkeit und weltoffene Theologie.

〔**34**〕 이런 생각이 쉽게 실현될 수도 없고, 보통 사람들 사이에서 쉽게 구현되지도 않으리라는 것은 처음부터 예견된 것이나 마찬가지였다. 오히려 그 반대다. 설사 그런 일이 복된 섭리에 힘입어 실제로 이루어진다 해도 대립하는 힘들이 서로 저울을 당기고 있기 때문에 그런 있을 법하지 않은 상태가 오래 지속될 수 있으리라는 생각은 일찌감치 집어치워야 할 것이다. 질송은[2] 스콜라 철학사 안에서 "고전적인 시기"에 속하는 것으로 할당되어 있던 13세기 중엽의 "한순간" 짧은 시기에 대해 말한 적이 있는데, 그 순간은 모든 사람이 예감할 수 있듯이 이미 몰려오기 시작한 폭풍 바로 직전에 있었다. 심지어 우리는 거의 생각만으로도in abstracto 그런 질서 체계가 어떤 방향으로 흘러가기 쉬운지, 그처럼 세분화되어 있으면서도 동

[1] Josef Pieper, *Hinführung zu Thomas von Aquin,* p.183.

[2] Gilson, *History,* p.325.

시에 상처 나기 쉬운 질서 체계가 어느 방향으로 "승복해 들어가고" 와해될 것인지 미리 알아낼 수 있기까지 하다.

예를 들면 우리는 "나는 신학적 신비에 이바지하는 한에서만 철학(과 여러 과학)에 대한 연구에 결코 반대하지 않는다……"고 말하는 사람이 나타나리라는 것, 아니 더 정확히 말해서, 그런 사람은 이미 언제나 대기하고 있다는 것을 예측할 수 있다. 아리스토텔레스에 대한 토마스 아퀴나스의 주해를 명시적으로 겨냥하고 있는 이 말은 토마스의 논쟁 상대방인 프란치스코회원 **존 페캄**John Peckham[3])한테서 유래하는 것이다. 페캄은 파리 대학과 옥스퍼드 대학 교수였고, 나중에 캔터베리의 대주교가 된 사람으로, 부적절하게도 "중세 아우구스티누스주의"라고 불리곤 하는 전통적인 철학적-신학적 세계관을 대변하는 사람 가운데 하나이다.[4]) 그가 제기하는 반론에 따르면, 분명 창조의 오직 한 부분만이 신학자의 인식을 위해 중요하다는 것이고, 세상에는 결국 중요한 것들과 중요하지 않은 것들이 있는데, 신앙fides과 이성ratio의 결합을 위해서는 당연히 그 주제로 볼 때 중요한 것만이 의미가 있다는 것이다. 신학 교수가 하는 말로서 상당히 그럴듯하게 들리는 이 명제는 프란치스코회 총장인 보나벤투라Bonaventura가 생의 말년에 이 명제를 아주 힘주어 지지하기 시작함으로써 더욱 설득력을 얻게 된

3) 링컨(Lincoln)의 주교에게 보낸 1285년 6월 1일자 편지 'Registrum epistolarum Johannis Pecham', ed. C.T.Martin, 3 volumes, London, 1882-1885, vol.III, p.871.

4) 참조: Van Steenberghen, *Le XIIIe siècle*, p.300. 여기에서는 "신(新)아우구스티누스주의"에 대해서도 언급되고 있다(p.296).

다.[5] 보나벤투라는 우선적인 의미에서 당연히 삶에 대한 가르침이요 지혜에 대한 가르침인 그리스도교 세계관의 통일성에 대한 염려와 파리 대학의 극단적 아리스토텔레스주의에 대한 경험으로 인해서 자연적 이성의 가능성 일체에 대해 큰 불신을 가지게 되었고, 그래서 페캄의 명제를 강력하게 지지하기 시작했던 것이다. 페캄처럼 신학자였던 토마스는 이 반론에 대해 다음과 같이 답한다: 신학을 위해 어떤 자연적 사실을 아는 것이 중요하고 어떤 것은 중요하지 않은지 결정하는 것은 어느 누구의 소관도 아니다; 세상 현실에 대한 탐구가 신학자를 위해 어떻게 이바지하게 될지에 대해 미리 이러쿵저러쿵 최종 판단을 내릴 수는 없다; 아주 일반적으로 통용되는 사실은 신앙의 인식이 세상에 대한 자연적 지식을 전제하고 또 필요로 한다는 것이다;[6] 때로 피조물에 대한 오류가 사람들을 신앙의 진리로부터 멀어지게 하기도 한다는 것은 의심할 수 없는 분명한 사실이다;[7] 끝으로, 더 나아가서, 피조물에 대한 탐구는 피조물이 하느님의 작품들이라는 바로 그 이유 때문에도 그 자체로 찬양받아 마땅하다.[8]

덧붙여 말하면 페캄의 몇 가지 다른 명제들도 겉으로만 보면 저 명제와 아무 관련이 없어 보이지만 실은 저 반론과 결

5) *Ibid.,* pp.218, 229. 참조: Gilson, *History,* pp.404f.

6) *Quaest. disp. de veritate* 14, 9 ad 8.

7) *Summa contra Gentes* 2, 3.

8) *Contra impugnantes* 3, 4; nr. 400. — 참조: Josef Pieper, *Hinführung zu Thomas von Aquin,* pp.209, 216.

합되어 있다. 예를 들어, 토마스 아퀴나스와 존 페캄이 1270년에 파리 대학의 교수와 학생들 앞에서 벌인 유명한 공개 토론에는 토마스가 옹호하고 그의 상대방이 정열적으로 거부한[9] 견해가 토론 주제로 되어 있었는데, 그것은 인간 안에는 오직 하나의 생명 원리만이 있다는 것으로, 그것은 영혼이라는 것이다. 이 말은, 학교 냄새가 덜 나는 표현을 쓴다면, 육체가 인간의 본질에 함께 속한다는 것을 주장 내지 거부했다는 것을 의미한다.[10] 여기서 비세속적인 페캄의 신학이 (전적으로 의심쩍은 눈으로 보지 않았다면 적어도) "덜 중요하다"고 여긴 것이 피조물의 어떤 부분인가가 드러나고 있다.

〔**35**〕 그러나 이것이 토마스가 대적하고 있는 적 가운데 가장 위험한 적은 아니었다. 보수주의자들의 원칙적인 비세속성에 의한 공격보다 더 파괴적이고 더 큰 파장을 몰고 오는 것은, 그리고 어쩌면 그들보다 더 가까이에서 그의 생각을 위협하는 것은, 전위적前衛的으로 행동하는 파리 대학 젊은 교수들 집단의 맹렬한 세속주의에 의한 위협이었다. 이들은 1265년경부터 활달한 동료 브라방의 시제Siger von Brabant를 중심으로 무리를 이루기 시작했다. 사람들은 이 집단의 특징을 나타내려고 "라틴 아베로에스주의",[11] "이단적 아리스토텔레스주의",[12] "철학주

[9] 참조: 이 논쟁과 관련된 존 페캄의 편지들은 에를레(Fr.Ehrle)에 의해 편찬되어 '*Zeitschrift für Katholische Theologie,* Jg. 13(1889)'에 들어 있다.

[10] 참조: Josef Pieper, *Thomas-Brevier,* München(Kösel-Verlag), 1956, pp.30ff.

[11] 망도네(P.Mandonnet)는 이 표현을 브라방의 시제에 대한 자신의 책 제목에 넣었

의"philosophism[13] 등 여러 가지 표현을 사용했다. 이 표현들은 각기 한 측면만을 올바로 묘사하는 것 같은데, 우리는 이 표현들을 더 이상 다루지 않고 그냥 넘어가려 한다. 그럼 저 집단이 옹호하는 명제들은 어떤 것인가? 우리는 (세계의 영원성; 모든 인간 안에 있는 지성의 유일성; 의지의 자유에 대한 부정 등) 수많은 개별 명제들을 열거할 수 있다. 그러나 이들이 출발점으로 삼는 공동의 원천을 알아내기는 쉽지 않다. 그것은 일종의 위장된 얼굴 밑에 숨겨져 있는 것 같다. 전승되어 온 것에 대해 의문시하는 태도는 분명 극단적인 것이었고, 그것을 남 앞에서 감히 솔직히 터놓고 이야기하려 하지 않았다. 심지어 혼자 속말을 하면서도 그랬을지 모른다.[14] 그들이 사용하는 위장 가능성 가운데 하나는 아리스토텔레스 해석이었다. "철학을 하는 사람들 가운데 어떤 이들은 신앙에 견주어 참되지 않은 것을 언급한다. 그러나 누가 그들에게 그들의 말이 신앙을 거역하는 것이라고 알려 주면, 즉시 그들은 그런 말을 하는 사람은 철학자(즉 아리스토텔레스)라고 대답한다. 그들 자신은 같은 의견을 가지고 있지 않다는 것이고, 여기서 한 말은 철학자의

다: *Siger de Brabant et l'averroïsme latin au XIIIe siècle*, 2nd ed., Louvain, 1908-1911. — 마찬가지로 브라방의 시제에 대해 광범위한 연구를 발표한 방 스텐베르겐(Van Steenberghen)은 이에 대해 다음과 같이 말한다: "13세기의 라틴 아베로에스주의는 르낭의 상상의 산물이다"(L'averroïsme latin du XIIIe siècle est un produit de l'imagination de Renan). *Le XIIIe siècle*, p.280.

12) Van Steenberghen, *Le XIIIe siècle*, pp.277-283.

13) Gilson(*History*, p.408)과 Chenu(*Introduction*, p.34).

14) 방 스텐베르겐(Van Steenberghen)은 브라방의 시제가 단죄들로 인해 자신의 명제들을 신앙 진리와 더욱 조화시키려 노력했다고 말한다. 참조: *Le XIIIe siècle*, p.275.

말을 그대로 반복하여 한 말에 불과하다는 것이다." 이것은 토마스 아퀴나스가 파리 대학에서 한 강론에 나오는 말이다.[15] 쉽게 알 수 있듯이 이는 "이중 진리"에 대한 비난과 멀지 않은데, 이 비난에 의하면 브라방의 시제와 그 동료들은 어떤 것이 과학적-철학적으로는 참되면서 동시에 신학적으로는 거짓이거나 또는 그 반대일 수 있다고 생각한다는 것이다. 그러나 브라방의 시제가 이중 진리 이론을 옹호하지 않았을 뿐 아니라 명시적으로 거부하기도 했다는 것은 아주 분명한 사실이다. 그리고 많은 정황으로 볼 때 그것은 단순히 조심해야 했기 때문이 아니라, 솔직한 심정으로 그렇게 한 것이었다.[16] 그러나 나는 이 문제에 있어서, 이렇게든 저렇게든 결국 같은 결론에 이른다고 하는, 그리고 이미 많은 사람들은 자신이 "원칙적으로" 긍정하는 어떤 결론을 주관적으로는 아주 진실한 마음으로 부정했다고 하는 질송[17]의 견해에 동조한다. 순전히 논리적으로만 볼 때 어쨌든 브라방의 시제는 이중 진리라는 결과를 피할 길이 없다. 그런데 이 말은 보에티우스 이래 처음으로, 아니 아우구스티누스와 유스티누스 이래 처음으로, 신앙 내용과 지식 내용의 결합이라는 원리를, 아니 **그 원리 자체**를, 부인할 수 있는 사유 가능성이 등장하게 되었다는 것을 의미한다. 중

15) 망도네(P.Mandonnet)의 '*Siger de Brabant etc.,* vol.I, p.109, Note 1'에 따르면 이 강론은 1270년 7월에 한 것이다. 그 텍스트는 '*Opera Omnia*(ed. by Fretté, Paris, 1879), vol.32, p.676'에 들어 있다.

16) Van Steenberghen, *Le XIIIe siècle,* p.276.

17) Gilson, *History,* pp.398, 404.

세의 끝이 예고된 것이다.

그러나 브라방의 시제가 공식적으로 이 원리를 부정할 마음을 품고 있었다는 것은 아니다. 우선 그는 분명히 부정하는 것과는 전혀 관계가 없다. 지난 수십 년간 그의 작품들에 대한 연구를 통해 밝혀진 것을 종합적으로 생각해 보면,[18] 오히려 여러 이론과 명제들 뒤에 오직 하나의 열정적인 관심사만이 드러나고 있다. 어쩌면 "관심사"라는 말 대신 "매료되었다"는 말을 써야 할지 모른다. 인간 이성에 의한 인식 가능성들이 아리스토텔레스를 통해 갑작스럽게 열리게 되었고, 그것이 전혀 예측할 수 없는 실로 깜짝 놀랄 만한 것으로 다가왔다는 것을 생각하면, 아니 달리 표현해서, 무한대로 탐구할 수 있는 자연 세계의 풍요로움이 아리스토텔레스를 통해 새롭게 시야에 펼쳐졌다는 것을 생각하면, 사유하는 일에 그토록 열광적으로 전념한 사람에게 그것은 충분히 이해할 수 있는 매료였다. "아리스토텔레스가 그들의 마음에 열어 놓은 것은 이성보다는 우선 자연이었던 것 같다"; "실제 세계, 인식할 수 있는 세계가 몸을 드러냈다."[19] 그럼 신학에 대해서는 어떠했는가? 당연히 신학을 명시적으로 부인하지는 않았다. 당시의 사유로 볼 때 신학을 부정한다는 것은 감히 어느 누구도 상상할 수 없었다. 그러나 신학은 새로 접하게 된 이 풍부한 자연 세계에 대한 지식

18) 이미 언급한 망도네(Pierre Mandonnet)의 작품 외에 나는 'Fernand van Steenberghen, *Siger de Brabant d'aprè̀s ses oeuvres inédites*, two volumes, Louvain, 1931, 1942'를 들고 싶다.

19) M.-D.Chenu, *Introduction,* pp.29-30.

앞에서 그냥 흥미롭지 않은 것이 되어 버렸다. 사람들은 거의 순진하게 보일 만큼 전혀 개의치 않는 무정한 마음으로[20] 신학을 방치해 두었다. 아무튼 뤼티히Lüttich에 있는 성 마르틴의 참사 위원이었던 브라방의 시제가 쓴 상당수의 논문 가운데 실제로 신학적 주제를 다룬 것은 하나도 없다.[21] 바로 그런 사실도 새로운 것이었고, "비非중세적인" 것이었다.

말하자면 자립적인 이성을 근거로 사유하는 극히 역동적인 합리주의가 대략 1265년 이래 파리 대학의 분위기를 실제로 장악하기 시작한다. 그리고 당시 이 도시에는 더 뛰어난 논증을 통해 이런 합리주의에 대적할 만한 사람이 아무도 없었다. 그것이 대 알베르투스가 파리로 초빙되고, 그가 이를 거절하자 토마스 아퀴나스가 다시 한번 파리로 초빙된(1268년) 이유였다. 토마스도 강력하게 이 논쟁에 개입한다. 물론 그는 그럴 듯한 동맹자라고는 하나도 없이,[22] 이론적으로 매우 어렵고 실천적으로 매우 험난한 전투를 여러 전선戰線에서 치러야 했다. 즉, 브라방의 시제를 중심으로 한 혁명가와도 싸워야 했고, 또한 존 페캄 같은 종류의 원칙적 보수주의자들과도 싸워야 했다. 사실 존 페캄 같은 사람의 눈으로 보면 시제와 토마스는 같은 부류의 사람이었고, 이 둘이 똑같은 이유에서 똑같이 위험한 존재였다. "토마스의 힘든 철학 작업에 담긴 깊은 의미를

20) Van Steenberghen, *Le XIIIe siècle,* pp.271, 272, 280.

21) *Ibid.,* pp.268-270.

22) "Ce solitaire n'a pas écrit pour son siècle", E.Gilson, *La philosophie au moyen âge*, 2nd ed., Paris, 1944, p.590.

이해할 수 없는 사람들의 눈에는 틀림없이 그가 아베로에스주의자는 아니라도 적어도 '단순 가담자'로는 비쳤다."[23] 토마스는 논박하기 위해 쓴 글들[24]에서 브라방의 시제의 특정한 개별 이론들을 반박한다. 그러나 이미 자기 생의 말년에 이른 이 파리 대학 시절에 그는 무엇보다도 아리스토텔레스에 대한 큰 주해서들을 쓴다. 이 주해서들은 토마스 자신이 브라방의 시제와 그 동료들 못지않게 실제적인 자연 세계의 모든 영역을 긍정되어야 하는 실재이자 자기 나름의 고유한 권리를 가진 "좋은" 실재로서 받아들이고 있다는 것을 증언하고 있다. 그것은 그가 신학적 이유에서 세상을 하느님의 피조물로, 그리고 더 나아가 그리스도교 성사적 신비들의 질료materia로 이해하고 있기 때문이었다. (그렇게 이해하고 있었음에도 불구하고 그랬던 것이 아니라!) 그러나 토마스는 자신의 생각이 서로 대립된 두 이론에서 가장 좋은 부분을 구하여 잘 보존하고 있다는 사실을 자신의 상대방들에게 분명하게 보여 주는 데는 성공하지 못한 것 같다. 무엇보다 그는 자신의 고유한 입장이 개별적인 문제들에 관한 견해 차이를 넘어 브라방의 시제의 입장과 근본적으로 다르다는 것을, 그리고 왜 그런지를, 납득시키는 데까지 나아가지 못한 것 같다. 곧 이야기하게 되겠지만, 어쨌거나 전통적인 아우구스티누스적-플라톤적 세계관을 옹호하는 사람들은 두 입장이 근본적으로 다르다는 것을 계속 부인할

23) Gilson, *History,* p.409. 참조: Van Steenberghen, *Le XIIIe siècle,* p.296.

24) 「지성의 유일성에 대하여」(Über die Einzigkeit des Intellekts), 「세계의 영원성에 대하여」(Über die Ewigkeit der Welt).

것이다. 그리고 시제 자신의 경우 그 마음속 생각이 여러 이유에서(조심스러움? 자기기만? 위장?) 명확하게 언급되지 않은 채로 있고, 그래서 그것을 이해할 수 없다는 데 어려움이 있다. 그를 "소환하여 세우면" 금방 그는 그것이 그 자신의 의견이 아니라 아리스토텔레스 해석일 뿐이라고 답한다. 그리고 이성에 너무나 배타적인 타당성을 인정하는 것이 아니냐는 비난이 주어지면 금방 이 비난은 비난할 대상을 상실하게 되고 만다. 신앙과 지식이 서로 일치하지 않는 경우 당연히 신앙이 우위를 차지한다고 단언하기 때문이다.[25)]

여기서 우리는 이 새로운 합리주의의 또 다른 특징에 대해 이야기하고 싶은데, 그 특징은 첫눈에는 놀랍게 보여도 진짜 앞뒤가 안 맞는 것이다. 방 스텐베르겐은 "혁명적으로 처신하면서 그리스도교 생활환경으로부터 받아들여진 사상들을 주저하지 않고 깨어 부수는 무모한 정신을 가진 이 사람들이 동시에 철학 전통에 대한 참된 예배를 주창하는 것"은 "희한한 일"chose curieuse이라고 말하고 있다.[26)] 결국 그들에게는 철학을 한다는 것이 무엇보다도 "특정한 문제에 대해 철학자들이 그때그때 사유한 내용을 탐구하는 것"[27)]이었다는 것이다. 이 말은 결국, 쉽게 알 수 있듯이, 오늘날에도 어디에서나 만날 수 있는 극히 현실성 있는 문제, 곧 철학적 물음들을 순전히 역사화歷史化하여 논의하는 문제를 언급하는 셈이다. 물론 우리는

---

25) 참조: Van Steenberghen, *Le XIIIe siècle,* p.276.

26) *Ibid.,* p.272.

27) *Ibid.*

여기에 "희한할" 것이 아무것도 없다고 생각한다. 오히려 철학을 하는 사람이 거룩한 전승의 인도를 포기하는 순간 두 가지 상황에 직면하게 되는데, 이는 사람들이 자연스럽게 예상할 수 있는 일일 뿐이다. 그것은 첫째로 자신이 가지고 있던 참된 대상, 곧 실제 세계와 그 의미 구조를 시야에서 잃게 되고, 그 대신 이와는 완전히 다르다고 할 수 있는 특정 철학이나 철학자들에 대해 이야기하게 된다는 것이고, 둘째는 자기가 의지해야 하는 유일하고 합법적인legitim 지반인 전통을 잃음으로써, 이제는 의지할 수 있는 기반을 단순히 사실적으로 전해 내려왔을 뿐인 임의의 역사적 "자료" 속에서 비합법적으로illegitim, 그리고 결국 헛되이, 찾아 나서야 한다는 것이다. 어찌 보면 우연적으로 만났다고 할 수 있는 "큰 사상가들"에 빌붙거나, 심사숙고하지 않고 다른 사람들의 견해에 열심히 몰두함으로써 말이다.

바로 이 문제를 두고 성 토마스가 1271/72년에 브라방의 시제를 향해 언급한 자주 인용되는 다음 문장을 기억해 보는 것이 좋을 것이다. "철학 공부의 의미는 다른 사람들이 생각한 내용을 아는 데 있는 것이 아니라, 오히려 실제 사물들의 진리가 어떠한지를 아는 데 있다."[28]

---

28) Kommentar zu Aristoteles, *De caelo* I, 22.

제 10 장

〔**36**〕 1950년 이후에 중세 철학에 대해 서술하는 책들은 그 이전에 나온 대부분의 책과 비교할 때, (물론 다른 점도 있겠지만) 특히 한 가지 점에서 차이가 나는데, 그것은 처음에는 별로 눈에 띄지 않아 보이는 하나의 특정 사건을 의외로 중요하게 다룬다는 것이다. 1277년 3월 파리와 옥스퍼드에서 철학적-신학적 명제들에 대해 행해진 교회의 단죄가 그것이다. 예를 들면 슈퇴클Albert Stöckl의 3권짜리 『중세 철학사』*Geschichte der Philosophie*(1864/66년)에는 그 사건이 그냥 지나가는 말로만 언급되고 있고, 위버베크Überweg의 역사책(1928년판)[1]도 그 밖의 사건들에 대해서는 아주 상세하게 서술하면서도 이 사건에 대해서만은 고작 20줄만 적고 있다. 반면, 1951년에 나온 방 스텐베르겐F. van Steenberghen의 『13세기 교리 발전사』*Geschichte der Lehrentwicklung des dreizehnten Jahrhunderts*에서는 책의 거의 5분의 1을 차지하는 한 장章

1) Überweg-Geyer, pp.493, 495.

이 이 사건에 할애되어 있고,[2] 1955년에 나온 질송Etienne Gilson의 『중세 그리스도교 철학의 역사』*History of Christian Philosophy in the Middle Ages*도 전체 11개의 큰 단락 가운데 한 단락의 제목이 '1277년의 단죄'The condemnation of 1277이다.

방 스텐베르겐은 이 "중세의 가장 중대한 단죄"[3]를 "이 시기 정신사精神史의 참된 선회점"[4]이라고 부른다. 질송도 "선을 긋는 획기적인 사건landmark"이라고 말하면서, 그 사건은 지적인 삶의 분위기를 근본적으로 변화시켰기 때문에, 사람들은 특정 교리에 대해 그 자세한 내용을 알지 않고도 그 교리가 이 사건 이전에 나온 것인지 아니면 이후에 나온 것인지를 금방 알아차릴 정도라고 한다.[5] 그럼 무슨 일이 일어났다는 말인가?

토마스 아퀴나스가 1272년 파리를 떠나고 1년 반 후에 세상을 떠났을 때, 철학과 "세속" 학문의 역할에 대한 여러 견해가 논쟁을 계속 불러일으키게 되리라는 것은 예견된 것이나 마찬가지였다. 그러나 한 가지만은 달라졌는데, 그것은 성 토마스 자신의 입장이 이제 그 자신만한 수준의 대변자를 가지지 못했다는 것이다. (물론 정확히 말해서 토마스는 이 논쟁에서 하나의 "분파"이어 본 적이 없지만 말이다.) 1276년 페트루스 히스파누스Petrus Hispanus가 요한 21세 교황이 된다. 그는 리사본Lissabon 태생으로 이전에 파리 대학 논리학 교수였고, 아리스

2) Kapitel V: "Autour de la condamnation de 1277", *Le XIIIe siècle,* pp.289-322.

3) *Ibid.,* p.302.

4) *Ibid.,* p.287.

5) Gilson, *History,* pp.385, 408, 465.

토텔레스와 디오니시우스 아레오파기타에 대한 주해자이면서, (덧붙여 말하면) 그리스-아랍 전통의 의사이기도 했다. 자연히 그는 파리에서 벌어지고 있는 논쟁에 관심을 가지고 있었고, 그래서 그곳 주교인 텅피에Etienne Tempier에게 그것에 대해 보고해 줄 것을 요청한다. 몇 년 전까지만 해도 자신도 파리 대학 교수였던 텅피에 주교는 (부드럽게 표현하면) 이 일에 전적으로 "관여하고" 있었다. 그는 전통적인 방향에 속했는데, 이 말은 그가 브라방의 시제에 대해 분명하게 거부 입장을 보이고, 토마스 아퀴나스에 대해서도 상당한 의구심을 가지고 있었다는 것을 의미한다. 교황이 요구한 보고서가 로마에 보내졌는지 여부는 오늘날 그것에 대해 아무런 흔적도 남아 있지 않기 때문에 알 길이 없다. 그러나 다혈질적인 사람이었고 "절제할 줄 아는 성격의 인물은 아니었던"[6] 텅피에 주교가 급히 소집된 위원회를 통해 "성급한 조사"[7]를 하게 하고, 결국 토마스 아퀴나스가 세상을 떠난 지 정확히 3년이 되는 1277년 3월 7일, 곧 교황의 문의가 있은 지 불과 6주 만에(말하자면 어떤 보고에 대해서건 로마로부터 답이 도착하기 전이었을 것이다), 219개 명제들 목록을 자신의 고유한 권위에 입각하여 단죄했다는 사실은 알려져 있다. 이 사실은 나중에 교회의 "보편 박사"가 된 토마스의 몇몇 명제들도 단죄 칙서에 들어 있었기 때문에 언급할 가치가 있다. (그러나 전혀 토마스의 작품들에서 글자 그대로 인용한 것이

6) Van Steenberghen, *Le XIIIe siècle,* p.268.

7) *Ibid.,* p.302.

아닌 까닭에 정확히 토마스의 사상이라고 단정짓는 데는 어려움이 있고, 여전히 논란의 여지가 있다. 이에 대해 질송은 "단죄에 포함된 토마스의 명제들 목록은 그 작성을 프란치스코회원이 했는지 아니면 도미니코회원이 했는지 여부에 따라 길기도 하고 짧기도 하다"[8]고 풍자적으로 말한다.) 덧붙여 말한다면, 그 칙서는 서로 전혀 다른 내용의 명제들을 나란히 배열하고 있고, 방 스텐베르겐의 말대로, "멋진 무질서"[9]를 이루고 있으며, 반복과 심지어 서로 모순되는 내용들까지 완전히 배제하지 않은 상태이다. 명제들은 철학의 의미, 신적 인식, 창조주와 피조물의 관계, 천사들, 기적, 인간의 최후 목적, 그리고 그 밖에 여러 가지 다른 내용을 다루고 있다. 주교는 서문에서 노골적으로 자유과목 학부 교수들이 이교도 철학자들을 따르고, 혐오스럽고 오류투성이인 내용을 강의하며, 그렇게 하고 나서는 이단으로 고발당하는 것을 피하기 위해, "마치 서로 모순되는 두 진리가 있기나 한 것처럼"quasi sint duae contrariae veritates[10] 신앙의 진리와 철학적 진리를 구별하는 작업을 벌인다고 말한다. 여기에 이미 이 단죄 행위가 지향하는 방향이 어느 정도 분명하게 드러나고 있다.

텅피에 주교의 관할권이 물론 파리 교구 밖에까지 미치지는 않지만, 여기에서 문제되고 있는 파리 대학은 어쨌든 그의

8) Gilson, *History,* p.728.

9) Van Steenberghen, *Le XIIIe siècle,* p.302.

10) "Dicunt enim ea esse vera secundum philosophiam, sed non secundum fidem catholicam, quasi sint duae contrariae veritates." P.Mandonnet, *Siger de Brabant,* II, p.175.

관할 아래 있다. 그런데 이제 그 이상의 일이 벌어진다. 캔터베리의 대주교도 파리에서 단죄가 있은 지 11일 만에 일련의 명제들을 단죄한 것이다. 그리고 여기에서도 문제는 물론 캔터베리가 아니라 캔터베리 교구 안에 있는 옥스퍼드 대학이다. 덧붙여 말하면, 옥스퍼드에서 단죄된 명제들은 전체적으로 볼 때 대개 "토마스의 사상"[11]으로 통할 수 있는 것들이다. 이에 대해 우리가 알아야 할 것은, 역시 이전에 파리 대학 선생Magister이었고 이어 옥스퍼드 대학의 신학 교수였던 캔터베리의 대주교 킬워드비Robert Kilwardby가 토마스처럼 도미니코회원이었음에도 불구하고 토마스를 완고히 반대하는 사람이었다는 사실이다. 그리고 캔터베리 주교좌의 후계자는 바로 존 페캄John Pekcham이었다. 그는 1284년에 그 단죄를 명시적으로 다시 한번 강조했고, 1286년에는 새로운 단죄가 뒤따르게 했는데, 이 역시 토마스를 거슬러 주어진 것이었다.

이것이 있었던 일을 요약한 것이다. 여기서 우리는 그런 일이 벌어진 현장이 그리스도교의 지도적인 최고 학교들이었다는 사실만으로도 그 일들이 대단히 중요한 것이었다는 것을 알 수 있다. 그리고 바로 이것이 공동의 계획 없이는 그렇게 행동했을 수 없었을 두 주교의 의도와도 명백히 일치한다. 실로 저 단죄들이 서양 전체에 불러일으킨 반향은 아주 엄청난 것이었다. 옥스퍼드의 칙서는 파리에서도 텅피에 주교의 칙서와 마찬가지로 활발하게 거론되었다. 그리고 곧 이어서 벌써

---

11) Van Steenberghen, *Le XIIIe siècle,* p.305.

킬워드비는, 마찬가지로 도미니코회원이면서 (고린토의) 주교이기도 했던 콘플란스의 베드로Peter von Conflans가 제기한 비판적인 질문에 답해야 했을 때, 자신이 직접 확인했다고 하는 옥스퍼드 교수들의 동의를 근거로 삼고 있다.[12)]

여기에서는 풀릴 수 없는 다양한 힘과 동기들이 서로 얽혀 작용하고 있다는 사실이 드러나고 있고, 그렇기 때문에 그 진행 과정들에 대한 올바른 판단은 결코 쉽지 않다. 예를 들어 이 전체가 단순히 성직자나 교수들의 음모일 뿐이라고 강하게 주장하는 사람은 이 일에 대해 훨씬 포괄적인 시각을 얻을 수 있는 기회를 잃게 된다. 경쟁 관계가 상당한 역할을 했다는 것도 이론의 여지가 없다. 그리고 한 학자는 깊이 있는 학술 논문에서 텅피에 주교에 대해 말하면서, 1277년의 칙서는, 토마스 아퀴나스와 관련된 한, 편향적인 분파적 간계였다고 말하고 있는데,[13)] 그것이 경솔한 판단이 아니라는 것도 분명하다. 또 더 나아가, 파리의 단죄는 점점 명성과 영향력이 커 가는 자유과목 학부를 거스른 경쟁에서 신학 학부가 취한 방어 수단이었다는 것 역시 부인할 수 없는 사실일 것이다. 방 스텐베르겐은 저 단죄를 "신학자들 사이에 있던 두려움에 의해 야기된, 그리고 어쩌면 점점 커지는 아리스토텔레스주의의 성공에 의해 야기되었다고도 할 수 있는, 분별없는 처신"이라고 불렀

12) 이 편지는 에를레(Fr.Ehrle, *Archiv f. Literatur und Kirchengeschichte des Mittelalters,* vol. 5, pp.614ff.)와 비르켄마이어(A.Birkenmajer, *Beiträge zur Geschichte der Philosophie des Mittelalters,* vol.20, 5)에 의해 간행되었다.

13) P.Glorieux, "Tempier", in: *Dictionnaire de Théologie Catholique,* vol.XV, 1, col.102.

다.[14] 그러나 간과하지 말아야 할 것은, 그것이 교리를 수호하는 교회 교도권敎導權의 행동이기도 했다는 것이다. 깊이 생각해 본다면 이 행동은 교황의 특권 위에 세워진 대학에서 성직자 또는 사제 지위의 교수들에 의해 가르쳐지고 있는 근본적인 세속주의에 맞서 취해진 것이었다. 그런 행동을 취할 수 있는 권리가 교회에 있다는 것은 누구도 반박할 수 없다고 본다. 그리고 그렇게 볼 때 여기서 우리는 인간적인 여러 결함들 외에 내용상의 이유가 무엇이었는가에 눈길을 돌리게 된다.

단죄된 내용들은 예컨대, 복락은 다른 세상이 아니라 바로 이 세상 삶 속에서 찾아져야 한다거나, 그리스도교는 배우는 것을 방해한다거나, 인간 영혼은 분리될 수 없이 육체와 붙어 있다거나, 무無로부터의 창조는 불가능하다거나, 신학을 배운다고 해서 지식이 늘어나는 것은 아니라거나, 철학에 종사하는 것보다 더 완전한 상태는 없다거나 하는 것들인데, 만일 우리가 저 단죄가 성립하게 된 여러 정황을 잠시 잊고 가능한 한 아무 선입견 없이 단죄된 명제들이 말하는 내용만을 생각해 본다면, 그리고 그 모든 것을 정말 편견 없이 신중하게 생각해 본다면, 결국 교회 교도권이 그 모든 것은 그리스도교 신앙 가르침에 어긋난다고 권위 있게 선포하지 않고는 달리 어떻게 할 수 없었으리라는 생각이 점차 설득력을 얻게 된다.

〔**37**〕 여기서 교회의 "단죄"가 도대체 무엇인지 그 의미와 권

---

14) *Les oeuvres et la doctrine de Siger de Brabant,* Bruxelles, 1938, p.183.

한에 대해 잠시 부언할 필요가 있다고 본다. 왜냐하면 그런 "가망 없는 중세적" 사안을 단순히 역사적인 것으로만 받아들여서는 안 된다는 요구 앞에 현대인들의 사고 구조가 마구 저항하곤 하기 때문이다. 물론 이 문제는 어느 정도 복잡한 문제이고, 적어도 현대 지성인들이 평균적으로 보이는 반응처럼 그렇게 단순하지만은 않다. 우리는 여기서 몇 가지 사실을 지적하여 생각의 단초를 제공하는 것만으로 만족하려 한다. 만일 **첫째로**, "계시"라는 것이 있다면, 다시 말해서 인간이 감지할 수 있는 하느님의 말씀이 있어서 다른 방식으로는 인식할 수 없는 무엇인가가 그 속에서 표명된다면(나는 여기서 계시가 있는지 여부에 대해 말하는 것이 아니지만, 이 기본적인 전제 위에 그리스도교가 서 있는 것은 분명하다. 그러나 그리스도교 이전 세계와 그리스도교 바깥 세계에도, 예를 들어 플라톤한테서 볼 수 있듯이, "신적인 말씀"theios logos이 있다는 확신은 생생하게 작용하고 있었다), 그리고 만일 **둘째로**, 하느님의 말씀 속에 계시된 내용을 모든 사람이 직접 접할 수 없고, 오히려 하느님의 말씀은 처음 이 말씀을 받은 사람("영감"에 참여한 사람, "예언자", "옛 사람들")에 의해 대대로 전수되고 전달되고 "전승되는" 것이어서 다른 모든 사람은 그것에 의존하게 되어 있다면, 만일 그렇다면 사람들 모두가 계시의 의미, 계시가 정말로 이야기하려는 내용을 해석할 수 있는 것도 아니라는 사실은 기본적으로 이 문제의 본질에 속한다. 그렇다면, 필연적으로 전승되어야 하는 것을 보존하고 전수할 뿐 아니라 구속력 있는 해석을 하는 권위 있는 기관, 예를 들어 하느님의 말씀이 의도하고 있지 않은 것, 하느님의 말씀과 일치할 수 없는 것이 무엇인지에 대해서도 말하는 기관이 어떤 식으로든 같이 고려되어야 한다. 바로 이것이 "단죄"의 의미이다! 신학이 전체적으로 그렇듯이, 단죄들이 처음부터 갈등으로 온통 뒤범벅되어 있는 사안이라는 것은 뻔한 사실이다. 그것은 계시된 내용에 대한 해석이(게다가 이 해석은 그 구속력의 정도가 다양할 수 있다) 자연적으로 역사적 조건들 아래 놓여 있다는 의미에서도 그렇다. 그러나 하느님께서 당신 스스로 이를 위해 선택한 사람들에게 당신 자신을 계시하셨다는 확신이 사람들 사이에 생생하게 살아 있는 한, 이 계시가 오염되거나 잘못 해석되지 않게 잘 보호되어야 한다는 것을 사람들은 이론의 여지없는 필수적인 일로 받아들일 것이다. 이 문제를 지나가 버린 "중세적인 것"과 관련시켜 볼 때에도, 실로 중세는 어떤 가르침이 하느님의 계시와 아무 연관 없이 순전히 인간적 권위에 의거해서 공식적으로 교의로 선포되거나 단죄되는 것을 결코 받아들이지 않을 것이다. 다 알고 있듯이 이로써 우리는 오늘날 전체주의 세계에서 아주 일상적으로 있는 현상에 대해서도 언급한 셈인데, 그것은 거기에서는 자신의 강제적인 요구를 정당화시킬 수 있는(그리고 가능하게 하고 필연적인 것으로 여기게 하는) 어떠한 진리 규범도 **없이** 절대적인 요구와 함께 끊임없이 "이탈 행위"가 단죄되고 있기 때문이다.[15] 토마스 아퀴나스는 물론 텡피에 주교나 킬워드비도 그런 전체주의적 요구가 실제적인 면에서 인간 이성의 품위를 손상시킬 뿐 아니라, 특히 이론적 면에서 부조리를 드러낸다고 여길 것이다.

[15] I.M.Bochenski, *Der sowjetrussische dialektische Materialismus,* Bern, 1950, p.73.

반면 품위 손상과 부조리를 수락하는 세속화된 지성인이 오늘날 우리 시대에 적지 않게 있는데, 그런 슬픈 사실은 없어질 줄 모른다. 이것이 명제들의 "단죄"라는 주제에 대한 부언이다.

〔**38**〕 한마디로 서양 그리스도교 사유는 그리스-아랍에서 온 세계에 대한 우세한 지식과 거기에 근거하고 있는 실재 현실에 대한 해석과의 만남으로 인해서 아주 근본적인 부분에 이르기까지 온통 동요에 휩싸이게 되었다. 하지만 이미 오래전부터 꺼질 줄 모르고 일고 있던 그런 동요가 1277년에 있었던 단죄 같은 징계 행위를 통해 치유되고 진정될 수 있을지 하는 문제는 물론 교도권의 권위 문제와는 전적으로 다른 문제이다. 이 문제에 대해 우리의 마음은 즉시 그런 방식으로는 참된 문제 해결이 오히려 방해만 받을 뿐이라는 쪽으로 기운다. 실제로 토마스와 알베르투스는 몰려드는 그리스-아랍 지혜에 대면하여 다음과 같이 말했다: 그 지혜 가운데 **참된** 것은 우리를 더 풍요롭게 해주는 것으로서 받아들이고, 지식과 믿음을 가진 우리가 이미 소유하고 있는 진리에 그것을 덧붙여(그리고 그 안에 수렴시켜!) 가지자고. 그러나 그 지혜들 가운데 **그릇된** 것은 우리가 반박하게 될 것이라고. 물론 이 말은 옳다. 그러나 그렇게 반박하거나 수렴시킬 수 있는 능력과 의지를 가진 사람이 아무도 없다면 무슨 일이 일어날 것인가? 따라서 파리와 옥스퍼드에서 있었던 1277년의 저 단호한 절단 행위가 없었다면 무슨 일이 일어났을지 결코 쉽게 속단할 수 없는 노릇이다.

물론 학술적 토론이나 학문적 삶의 역동성에 있어서는 저 칙서가 전적으로 방해되는 요인으로 작용했던 것 같다. 방 스텐베르겐은 파리 대학의 삶이 50년 동안 이 부담스러운 장애물에 의해 마비되었다고 하고,[16] 정통 신앙의 테두리 안에서조차 자유로이 생각을 전개시켜 나가는 것이 방해를 받았다고 한다.[17] 물론 "아리스토텔레스의 사상"과 "아우구스티누스의 사상" 사이의 논쟁은 계속 진행 중이었다. 그러나 풍성한 결실을 가져오는 논쟁적 대화가 아무 결실 없는 반목과 불화로 변하기 시작했고, 논쟁의 쌍방 모두 진리를 찾는 것보다 자신이 옳다고 인정받는 것에 더 큰 관심을 두었다. 사실 논쟁적 대화는 개별 인물들 사이에서만 가능하며, 대화하는 사람들 모두 이 또는 저 점에 있어서 상대방이 옳다는 것을 인정하는 것이 대화 규칙에 속한다. 이는 아무리 자기 반대자의 의견이라 할지라도 더 나은 논증이면 그것을 받아들인다는 것을 의미한다. 그러나 이제 그런 일이 일어날 개연성이 점점 적어지는데, 그것은 각 진영이 경직되어 가기 시작했기 때문이다. 즉, 그 당시 각 진영은 대체로 특정 수도원 공동체와 동일시되면서 나름의 규율을 따르는 "학파"라는 조직적인 계파로 얼어붙어 갔다. 예를 들어 킬워드비가 개인으로 행동할 때는 자기 수도회 동료인 토마스 아퀴나스의 "아리스토텔레스주의"에 맞서 싸웠다. 그러나 파리와 옥스퍼드의 단죄가 있은 지 1년 후에는 도

16) Van Steenberghen, *Le XIIIe siècle,* p.304.

17) *Ibid.,* p.305.

미니코회 총회에서(밀라노, 1278년) 토마스 아퀴나스의 주장을 수도회의 공식 이론으로 선포했기 때문에 그런 일을 하는 것이 규율을 어기는 것이 되어 버렸다.

1277년 사건이 직접 가져왔다기보다 오히려 마치 미리 준비되어 온 과정 끝에 갑자기 모양을 드러내는 결정結晶 형성처럼 찾아온 변화는 대단히 심각한 것이어서, 질송은 바로 여기에서 시기 구분의 한 단락이 끝나는 것으로 보아야 한다고 말한다.[18] 무엇보다, 당연히 항상 신학적이면서 동시에 철학적이던 그리스도교 세계관이 이제부터는 "세속의" 지식에 대해 방어하는 자세를 취하게 된다는 것이고, 우정 어린 합동 작업의 자리에 불안과 의혹의 눈이 들어선다는 것이다.

그런 지평에서는 이제 한편으로 이성ratio을 불신하는 신학과 다른 한편으로 딜타이Dilthey가 "과학적 사고의 무신론"[19]이라고 표현한 인식 태도의 대치 상황이 특징적으로 나타난다.

"스콜라 철학의 황금시대", "철학과 신학의 밀월 관계는 끝이 났다."[20]

---

18) Gilson, *History,* p.385.

19) *Briefwechsel zwischen Wilhelm Dilthey und dem Grafen Paul Yorck von Wartenburg 1877-1897,* Halle, 1923, p.126.

20) Gilson, *History,* pp.408, 465.

중세 스콜라 철학

제11장

〔39〕 1277년의 단죄에는 여태까지 이야기한 것보다 더 많은 의미가 부여된다고 할 수 있다. 그것은 저 칙서를 뒤쪽으로는 보에티우스, 안셀무스, 아벨라르두스와 연결시키고, 앞쪽으로는 우리가 이제 다루게 될 둔스 스코투스Duns Scotus와 연결시킴으로써 그 전체 연관성을 살펴볼 때 비로소 눈에 들어오게 된다. 마치 땅 위에서 아주 높은 곳으로 올라갈 때에만 가까이에서는 볼 수 없었던 지질학적 지층에 대해 비로소 알 수 있는 것처럼, 역사적으로 거리를 취하여 보에티우스의 탄생에서 토마스 아퀴나스의 죽음까지 800년을 전체로 묶어 고찰하려고 할 때 여러 지체를 가진 정신사적 몸체가 비로소 특징 있는 윤곽을 드러내게 된다. 이 몸체에서 1277년 3월에 있었던 사건은 하나의 관절과 같은 것이다.

〔40〕 우리는 안셀무스의 '필연적 근거들'rationes necessariae이라는 개념에서 출발할 때 저 몸체를 가장 잘 추적해 갈 수 있다. 이

개념은 보에티우스와 아벨라르두스 안에 생생하게 살아 있던 생각을 아주 날카롭게 표현해 주는 개념이기도 하다. 안셀무스의 이 개념은 인간의 논증적 이성이 "누구나 받아들여야만 하는 근거들"을 제시함으로써 우리가 신앙에 의해 알고 있는 구원 사건들을 이해시켜 줄 수 있다는 것을 의미한다. 그렇다고 물론 우리가 신앙 진리들을 그 필연성이 우리 이성에 명백하게 들어오기 때문에 수락한다는 것이 아니라, 오히려 신앙을 근거로 해서 우리는 신앙 내용을 이해하는 데 이르게 된다는 것이다.[1] '이해하기 위하여 믿는다'credo ut intelligam는 안셀무스의 표현이 바로 그런 사실을 의미한다는 것을 우리는 잘 알고 있다. 그러나 이제 우리는 그런 "필연적 근거 제시"의 논리적 구조를 조금 더 자세히 살펴보아야 할 것이다.

안셀무스의 후기 작품인 『하느님은 왜 사람이 되셨는가』*Cur Deus homo*에는 다음과 같은 문장이 나온다. "말하자면 그들(즉 타락한 천사들)이 인간 본성에 의해 대체되는 것은 필연적인 것이다. 왜냐하면 그들을 대체할 수 있는 다른 어떤 〔본성〕도 없기 때문이다."[2] 이 명제 안에서는 다음과 같은 신앙 진리들이 전제되고 있다: 순전히 영적인 존재들이 있고, 그들 가운데 일부는 하느님을 거슬러 반기를 들었다; 하느님은 인간을 당신 자신과 공동체를 이루도록 부르셨는데, 이는 인간 본성에 속하는 내용을 넘어서는 일이다. 바로 이것이 저 명제의 근간을 이루

---

1) 참조: 제4장, 87쪽 이하.

2) "Necesse est ergo eos de humana, quoniam non est alia de qua possint, natura restaurari." *Cur Deus homo* 1, 16.

는 신앙 내용credo이다. 여기에서 합리적인 내용, 곧 이성의 내용intelligo은 대략 다음과 같은 본질적 요소들로 환원될 수 있다: 하느님을 직관할 수 있도록 부름을 받은 합리적이고 완전한 수數의rationabilis et perfectus numerus[3] 존재들이 있다; "타락한 천사들은 저 수에 포함되도록 창조되었다";[4] 그 수는 오직 정신적 존재에 의해서만 "채워질" 수 있다; 천사들 외에 정신적 존재는 인간밖에 없다; 따라서 "다른 어떤 존재도 없기 때문에……" 등이 그것이다. 나는 이미 오늘날의 그리스도교 신앙인들이 이런 논증에 접하면서 놀라움과 극도의 언짢음이 뒤섞인 감정을 굉장히 많이 가질 것이라고 말한 바 있다. 그러나 둔스 스코투스의 입장이 어떤 것인지 더욱 직접적으로 이해할 수 있기 위해, 이 문제에 대한 꺼림칙한 감정을 있는 그대로 다시 한번 불러일으키는 것이 꼭 필요하다는 생각이 든다. 그러나 지금 당장은 그 내용적인 면보다는, 이미 언급했듯이, 안셀무스한테서 여러 번 반복되어 나오는 사유의 형식적 결합에 담긴 논리적 타당성이 우리의 관심거리이다. 다시 말해서 만일 우리가 (신앙으로 받아들인 계시 진리 외에) 어떤 조건 아래에서 안셀무스의 논증이 전적인 타당성을 가진다고 할 수 있는지 묻는다면, 그 답은 다음과 같은 이중의 전제 아래에서라는 것이다: 첫째, 하느님이 하시는 것은 모두가 합리적이어야 한다는 것과, 둘째, 인간, 더 정확히 말해서 신앙을 가진 인간은, 자기 측

3) *Ibid.*

4) *Ibid.*

에서 그 합리성을 인식하고 증명할 수 있어야 한다는 것이다.

이런 안셀무스의 생각으로부터 다음과 같이 생각을 한 발짝 더 진전시킬 수 있으나 안셀무스 자신이 그렇게 하지는 않았다. 곧 하느님은 어떤 특정한 것, 다시 말해서 그때그때 가장 합리적인 것만을 행하실 수밖에 없고, 또 반드시 그렇게 하시도록 되어 있기 때문에, 그것의 합리성을 (신앙을 가진) 인간 이성도 알아들을 수 있다고, 또 그렇기 때문에 합리성이라는 최상의 척도로부터 사실적인 타당성, 또는 이를 넘어 실제 사실의 실재성을 추론해도 좋다고, 간단히 말하면, 결국 있는 모든 것은 있는 그대로 있어야 한다고 말이다. 다시 한번 말하는데, 나는 이것이 안셀무스의 견해라고 말하는 것이 아니라, 안셀무스의 '필연적 근거들'rationes necessariae이라는 원칙을 글자 그대로 받아들일 때, 한 발짝만 더 떼면 이런 생각에 이르게 된다고 말하는 것이다.

그런데 이런 생각 자체가 1277년 3월에 주어진 단죄 칙서 안에 요약되어 있는 명제들의 상당한 부분에 공통적인 기반으로서 그 근간을 이루고 있다는 사실은, 비록 브라방의 시제의 명제라고 하는 다음과 같은 명제들에서처럼 아주 분명하게 표현되어 있지는 않더라도, 증명될 수 있기까지 하다. 브라방의 시제의 것이라고 하는 명제에 따르면 다음과 같다:[5] 하느님은 직접 당신으로부터 나오는 모든 것을 필연적으로 산출하신다

[5] 괄호 안에 있는 숫자는 망도네(Mandonnet)가 '*Siger von Brabant,* II, pp.175ff.'에서 열거하는 명제들 순서를 나타낸 것이다.

(20); 제일원인은 직접적으로 오직 하나의 작용만을 유발시킬 수 있다(33); 하느님은 어떤 새로운 것을 덧붙여 창조하실 수 없고, 어떤 것을 새로운 방식으로 창조하실 수도 없다(22) — 이 명제에는 결국 정확히 같은 부류에 드는 다음과 같은 명제도 속한다: 죽을 운명을 타고 난 우리지만, 이 세상 삶 속에서 하느님의 본질을 인식할 수 있다(9). 질송은[6] 아비첸나와 아베로에스가 아리스토텔레스한테서 이어받은 "그리스 사상의 필연주의"Greek necessitarianism라는 것에 대해 이야기하고, 〔한편으로〕 파리 대학에서 옹호하고 있는 "아베로에스주의적인" 명제들과 〔다른 한편으로〕 "사물뿐 아니라 제일 우선적으로 하느님 안에서 실재성과 이해 가능성과 필연성을 동일시하는 아리스토텔레스적 명제 사이에 연관성이 있음"이, 다시 말해 저 모든 개별 오류들과 이런 아리스토텔레스의 기본 생각 사이에 연관성이 있음이, 1277년의 단죄를 통해 아주 명확하게 드러나게 되었다고 말한다.[7]

이런 식의 "필연주의"가 그리스도교 세계관 안에 의미 있는 요인으로 수렴되어 들어올 수 있기 위해서는 분명 이중의 교정 작업이 필요하다. 그 하나는 디오니시우스 아레오파기타의 작품 안에 표현되어 있는 "부정" 신학에 대한 생각으로, 그것은 안셀무스 자신의 마음이나, 물론 더욱 심하게는 브라방의 시제를 중심으로 극단적 아리스토텔레스주의를 신봉하는 집단

6) Gilson, *History,* p.409.

7) *Ibid.,* p.407.

의 마음은 전혀 움직이지 못했어도, 벌써 수백 년 동안 서양 그리스도교 안에 영향을 미치면서 존재해 왔던 것이다. 다른 하나는 자유라는 단 한마디의 말로 대변할 수 있는 것이다. 그런데 바로 이것이 동시에 둔스 스코투스 사상의 근간을 이루는 개념이기도 하다.

〔**41**〕 “스코틀랜드는 나를 낳아 주었고, 잉글랜드는 나를 받아들여 주었으며, 프랑스는 나를 가르쳐 주었고, 쾰른Köln은 나를 꽉 붙들어 주었다.” 쾰른의 프란치스코회 수도원 성당에 있는 요한 둔스 스코투스Johannes Duns Scotus의 무덤가에 있는 이 비문碑文은 1266년부터 1308년까지 그의 짧은 인생의 여러 단계들을 보여 준다. 15세 때 프란치스코 수도원에 들어간 그는 10년 후에 노샘프턴Northampton에서 사제품을 받았으며, 잠시 옥스퍼드에 머문 후 27세 때에는 파리로 가서 여러 해 동안 공부에 전념했다. 그 이후에는 가르치는 시기가 이어졌는데, 그 장소는 아마 옥스퍼드였을 것이다. 파리 대학에 두 번째로 머물던 시기는 프랑스 왕과의 갈등으로 인해 짧은 기간 동안 중단된다. 1307년, 그는 파리에서 쾰른으로 보내졌으며, 곧바로 거기에서 42세의 나이에 죽음을 맞이하게 된다. 그가 남긴 엄청난 양의 철학적-신학적 작품은, 그 가운데 특히 사람들이 보통 『옥스퍼드 주석서』*Opus Oxoniense*라는 이름으로 인용하는 명제 주해집은 비록 그의 사상을 합당하고 온전하게 재현한 것이긴 해도 완전히 그의 말마디 그대로를 우리에게 전해 주는 것은 아니라고 할 수 있으며, 그래서 어떤 연구가들은[8] 둔스 스코

투스의 실제 모습에 대해 궁극적으로 확실하게 묘사하는 것이 아직 가능하지 않다고 주장한다. 그런 사실은 또한 그의 인물됨과 사상에 대한 해석에[9] 상당한 차이가 있다는 것을 이해할 수 있는 근거가 될 수도 있다.

〔**42**〕 앞에서 우리는 둔스 스코투스 사상의 근간을 이루는 특징적 개념이 "자유"라고 말했는데, 그것은 무엇보다 먼저 **하느님의** 자유를 의미한다. 이렇게 말하면 사람들은 그것을 우선 순수 신학적인 명제로 여기겠지만, 둔스 스코투스가 곧 이어 거기서 나오는 결론에 대해 말하는 것을 듣는 순간 생각은 달라진다: 하느님은 절대적으로 자유로우시기 때문에, 그분이 행하고 작용을 미치시는 모든 것은 근본적으로 비非필연적인 성격, 곧 특정한 의미에서 "우연적인" 성격을 가진다는 것이다. 그런 사실은 하느님의 창조 작용에도, 피조물에도, 구세사救世史의 여러 사건들에도 모두 해당된다. 이런 내용이 어떤 방향으로 나아가게 될지는 아주 분명하다. 한마디로, 하느님의 작용을 위해서는 어떤 "필연적 근거"도 없다는 것이다. 더 나아가 인간 이성은 하느님의 자유로운 행동으로부터 산출되어 나오는 어떤 것도 연역이나 논증을 통해 도달할 수 없고, "그 자체로" 의미 있다거나 심지어 필연적이라는 식으로 이해할 수 없다. 하느님의 절대적 자유가 닿는 한, 철학적 사유의 가

8) Copleston, p.477.

9) *Ibid.,* p.481.

능성은 전혀 없다. 그런데 전체 피조물은 하느님의 자유에서 나오는 작품 가운데 하나이고, 인간이 구원되거나 은총을 받는 것도 마찬가지이다. 말하자면 이 모든 것은 "이러이러하거나" "저러저러하거나" 아니면 "전적으로 그러그러해야" 할 필요가 조금도 없다. 하느님께서 도대체 어떤 것을 왜 창조하셨는지, 그것 대신 왜 다른 것을 창조하지 않으셨는지 등에 대한 "근거"를 찾으려는 노력은 그저 무의미할 뿐이다. 둔스 스코투스는 제일원인이 필연적으로 원인으로 작용한다는 가정은 철학자들의 의견이라고 말한다.[10] 반면 그리스도교 신앙은 자유로운 작용이 하느님의 본성에 속한다고 말한다는 것이다.

둔스 스코투스가 "주의주의자"主意主義者(Voluntarist)였는지, 만일 그렇다면 어떤 의미에서였는지 등에 대한 논쟁이 오래전부터 있어 왔다. 물론 이 물음은 주의주의Voluntarismus라는 특성을 어떤 의미로 이해해야 하는지가 분명해질 때에만 결정될 수 있다. "외부를" 향해 작용하는 하느님 작용의 절대적 자유에 대한 명제를 이미 "주의주의적"이라고 부르는 사람은 하느님에 대한 그리스도교의 가르침 전체를 그렇게 불러야 한다. 그러나 더 엄격한 의미로는 "주의주의"는 견해와 태도 두 가지를 의미한다. 견해로서 주의주의는 실재 현실의 마지막 근거를 전혀 아무 근거 없는 원의願意(Wollen)로 본다는 것을 의미한다. 이런 원의에 대한 거의 지나치리만큼 온건한 표현이 "임의"任

10) "In hoc errabant Philosophi, ponentes omnia quae sunt a Deo immediate, esse ab eo necessario." *Oxon*. Prolog. 1, nr.8, *Opera Omnia,* Paris, 1891-1895, vol.8, p.15.

意(Willkür)라는 표현인데, 그것은 이 표현이, 비록 부정적이긴 해도, 그 안에 "근거들"과의 명시적인 관계가 여전히 함께 언급되고 있기 때문이다. 태도로서의 "주의주의"는 "맹목적 역동성을 즐기는 것"이라고 바꿔 표현할 수 있을 것이다. 그러나 이런 의미에서라면 둔스 스코투스는 의심의 여지없이 "주의주의자"가 **아니다**. 그럼에도 불구하고 그에게 자꾸 이 표현을 적용시켜 말하는 것은 그냥 우연적인 일만은 아니라고 생각한다.

그것을 알기 위해서는 둔스 스코투스가 하느님의 원의건 인간의 원의건 모든 원의에 부여하는 "극도의 즉흥성"radikale Spontaneität이라는 개념을 끝까지 생각해 보기만 하면 된다.[11)] "즉흥적"이라는 것은 다른 어떤 곳으로부터가 아니라 오로지 자기 자신으로부터 일기 시작하는 충동이다. 그리고 의지의 충동이 그런 것이라고 주장하는 데는 의심할 바 없이 충분한 이유가 있다. 내가 외부로부터는 원의를 가지는 데 이를 수 없다는 것은 두말할 필요 없이 이 문제의 본질에 속하기 때문이다. 그런데 "외부로부터"라는 것은 무슨 뜻인가? 혹시 원의를 가지도록 나를 움직이는 동인動因이나 동기動機나 지적인 통찰 등, 이 모든 것이 이미 원의의 즉흥성과 자유에 대한 제한인가? 둔스 스코투스는 의지의 원의가 의지 자체 말고는 그 어떤 것에 의해서도 규정되지 않는다고 말하는데, 그렇다면 그는 실제로 그런 사실을 주장하고 있는 듯하다.[12)] 그의 견해에 따르면, 그

---

11) Gilson, *History,* p.452.

12) "Nihil aliud a voluntate est causa totalis volitionis in voluntate." *Oxon.* 2, 25, nr.22, *Opera,* vol.13, p.221.

런 의미에서 "자유롭다"는 것이 의지가 "어떤 것"을 원하고, 추구하고, 탐하고 하는 것보다 의지에 더 본질적이다.[13] 말하자면 원의의 "자유"와 "즉흥성"이 그런 방식으로 그 "무근거성"無根據性과 동일시된다면("근거"라는 말이 우연히 불어로 'raison', 영어로 'reason', 라틴어로 'ratio'인 것이 아니다), 이 지점에서 우리는 저 맹목적이고 순수 사실적인 에너지-방전放電의 "주의주의"가 적어도 사유 가능성으로서는 우리 시야에 들어오는 것이 아닌지 물어 볼 만하다. 그러나 이 문제는 그냥 두고 넘어가자.

이보다 더 중요한 것은 둔스 스코투스에 의해 처음으로 그처럼 단호하게 표현된 관점 아래 신앙과 이성의 결합을 고찰하는 순간 이 결합이 어떻게 변할 것인가 하는 물음일 것이다. 만일 그 자체로 의미 있거나 필연적이지 **않다**는 바로 그 사실이 우리의 자연적 인식 속에서 만나는 모든 것의 특징을 이룬다면, 더욱이 신앙이 우리에게 구원하시고 은혜를 베푸시는 하느님의 작용에 대해 알려 주는 것을 이성이 결코 이해할 수 없다면, 그리고 이 모든 것이 이유를 알 수 없는 하느님의 절대적 자유 자체 외에 다른 어떤 근거도 가지지 않기 **때문**이라면, 논증적 이성을 신앙 안에 수렴시키려는 일체의 행위가 도대체 어떤 의미를 가질 수 있을까? 만일 이성으로는 출발하는 것조차 가능하지 않다면, 도대체 이성과 신앙이 어떻게 만

13) "...〔voluntas〕 quae est libera per essentiam." *Oxon.* 1, 17, 3, nr.5, *Opera,* vol.10, p.56. — "In voluntate possumus duo considerare, vel inquantum est appetitus, vel inquantum est libera ... Ratio ... formalior voluntatis est magis 'libera' quam ratio 'appetitus'." *Oxon.* 2, 25, nr.16, *Opera,* vol.13, p.210. — 참조: Copleston, p.539.

날 수 있을까? "결합"이라는 말이 그냥 개념으로만 봐도 무슨 의미를 가질 수 있을까? 어쨌든 전체적으로 논증적 이성이 운신할 수 있는 폭이, 특히 신앙 진리들과 가지는 관계에서는, 극도로 축소되고 수축되어 버리는 것 같지 않은가? 이 문제를 더 자세히 살펴보자.

이 문제를 살펴보기 위한 "모범적인 경우"로 우리는 아우구스티누스 때부터 여러 차례 토론되어 온, 하느님은 인간이 죄를 짓지 않았더라도 인간이 되셨을까 하는 물음을 들 수 있을 것이다. 이 문제를 다루는 데 있어서 형이상학적 사유가 (보편적 연관성들을 사유하려 드는) 이성에게 얼마나 매혹적인 가능성들을 제공할지는 처음부터 아주 분명하다. 스콜라 철학에서 자주 토론되고 생각되어 온 것을 하나만 묘사하면 다음과 같다. "완성은 마지막 것이 첫 번째 것과 결합되는 것이 아니고서는 있을 수 없다. …… 그런데 하느님 자신은 첫 번째 분이시고, 인간은 창조된 것 가운데 마지막 것이기 때문에, 인간이 설사 죄를 짓지 않았다 하더라도 하느님이 인간이 되셨으리라는 것이 우주의 완성과 더 잘 부합할 것이다."[14] 또는 인간이 자신의 죄로 인해 득을 보게 되어 있다고 하거나,[15] 인간 본성이 죄에 의해서 비로소 하느님 본성과 하나를 이룰 수 있게 되었다고 한다면,[16] 이는 앞뒤가 맞지 않는 가정일 것이라는 등등처럼 말할 수 있을 것이다. 둔스 스코투스가 표현한

14) Thomas von Aquin, *Sentenzenkommentar* 3 d. 1, 1, 3, obj. 1.

15) *Ibid.,* 3 d. 1, 1, 3, obj. 5.

16) *Ibid.,* 3 d. 1, 1, 3, obj. 4.

하느님의 절대적 자유에 대한 기본 명제를 받아들이는 어느 누구도 그런 답을 하거나 적어도 시인할 수 없으리라는 것은 분명하다. 오히려 다음과 같이 답할 것임에 틀림없다: "이 물음에 있어서 진실이 무엇인지는 '스스로 원했기 때문에' 태어나시고 '당신 생명을 속죄의 제물로 내놓으신'(이사 53,10) 바로 그분만이 유일하게 아실 수 있다. 말하자면 오직 하느님의 의지에 종속되어 있는 것들은 하느님께서 당신의 뜻을 계시해 주신 성인들의 권위에 의해 우리에게 알려지지 않는다면 결코 알 수가 없다." "신앙에 속하는 것에 대해 이성을 통한 논증이란 없다"ad ea, quae fidei sunt, ratio demonstrativa haberi non potest.

이런 내용은 우리도 직접적으로 그 정당성을 인정할 수 있는 분명하고 진심 어린 답변이다. 무엇보다도 이 답변 안에는 헤아릴 길 없는 하느님의 자유에 대한 생각이 우선적으로 성서 신학에서 결정적으로 나타나는 원리와 결합되어 있다.

그러나 우리는 여기서 둔스 스코투스의 글에 들어 있을 법한 이런 답변이 실은 그에게서 유래하는 것이 아니라 오히려 토마스 아퀴나스한테서 나오는 내용이라는 사실을 고백해야 할 것 같다.[17] 전략적으로 이렇게 살짝 속임수를 쓴 데는 두 가지 이유가 있다.

첫째로 우리는 토마스와 둔스 스코투스가 이와 같이 완전히 근본적인 문제에 있어서는 전적으로 동일한 견해를 가지고 있었다는 사실을 보여 주고 싶었다. 다시 말해서 "둔스 스코투

---

17) *Ibid.*, 3 d, 1, 1, 3; 3 d 1, 1, 2.

스의 경우 그의 신학이 더 성서적이기 때문에 그만큼 더 그의 철학은 비판적이라고" 하면서 그가 그런 자신의 철학을 통해 "성 토마스 같은 사람의 이성에 대한 낙관론"을 수정했다고 말하는 것은[18] 어떻게 보면 틀렸다는 것이다.

둘째로, 무엇보다도 먼저, 우리는 토마스 아퀴나스처럼 뛰어난 인물은 분명 둔스 스코투스가 표명한 원리를 명시적으로 인정하면서도 동시에 신앙 내용과 지식 내용의 결합을 포기하지 않는 것이 결코 어려운 일이 아니라고 생각했다는 사실을 명백히 보여 주는 것이 중요하다고 여겼다. 왜냐하면, 비록 토마스와 둔스 스코투스 두 사람 모두 하느님 자유의 신비 안에 창조의 근원과 원천뿐 아니라, 신앙이 구원과 은총이라고 부르는 모든 것의 근거와 원천도 들어 있으며, 인간 이성은 그런 하느님 자유의 신비를 결코 건드릴 수 없다는 데 있어서 한 목소리를 내고 있다 하더라도, 신앙fides과 이성ratio이 서로 주고받으면서 상호 관련되어 있다는 바로 그 문제에 있어서는 두 사람이 변함없이 극단적으로 서로 다른 견해를 가지고 있기 때문이다. 따라서 이제 신앙과 이성의 결합 가능성에 대해 토마스에 비해서 상당히 부정적인 견해를 보이고 있는 둔스 스코투스를 우리가 어떻게 이해해야 할지 조금 더 자세히 물어야 할 것이다.

그런데 우리는 시작하기에 앞서 둔스 스코투스는 이미 합리주의가 이성ratio에 대한 신망信望을 돌이킬 수 없을 정도로 심

18) Böhner, *Christl. Philosophie,* pp.559, 564.

하게 손상시키고 난 시기에, 그래서 "철학과 신학의 밀월 관계"가 돌연 끝장나 버린 시기에 정신적 교육을 받았다는 사실을 언급해야 할 것 같다. 질송은 우리가 설사 역사적인 연대를 모르고 있다 할지라도 "둔스 스코투스의 이론이 1277년의 단죄 이후에 나왔다고 추정할"[19] 수 있을 것이라고 말한다. 그가 파괴하겠다고 마음에 두고 있던 "카르타고"는 "그리스 사상의 필연주의"[20]라는 것이다.

그러나 둔스 스코투스에게 영향을 미친 것은 1277년 사건 직후, "그 다음날",[21] 일반적으로 주도권을 잡은 프란치스코회 학파의 분위기만이 아니다. 오히려 옥스퍼드 대학의 수학적-자연과학적 풍조도 한몫했다. 옥스퍼드에서는 어떤 논증이 무엇인가를 증명하려 한다면 그 형식적인 면에서 아주 높은 수준이 요구되었다. 그리고 둔스 스코투스 자신도 그런 요구 조건들을 엄격하고 정확하게 규정해 가는 데 상당히 기여한 것 같다. 이 사실은 그가 이 점에 있어서 덜 엄격한 스콜라 철학자들과 벌이는 논쟁에서 전반적으로 드러내는 비판적-공격적 태도를 이해할 수 있게 해주기도 한다. 또한 그런 사실은 이해 가능성의 한계에 이를 때까지 파고드는 그 자신의 표현 방식의 정확성을 설명해 줄지도 모른다. "명민한 박사"Doctor subtilis라는 별명도 이 때문에 생긴 것이다. 우리는 둔스 스코투스한테

19) Gilson, *History,* p.465.

20) *Ibid.,* p.409.

21) "Au lendemain des évènements de 1277, l'école franciscaine prend la tête du mouvement doctrinal." Van Steenberghen, *Le XIIIe siècle,* p.306.

서 뒤따르는 시기에 하나의 모델처럼 되어 버린 역설적인 양분兩分 마차Zwiegespann를 처음 만나게 되는 것 같은데, 그것은 인간적으로 거의 불가능한 절대적 필연적 명증성에 대한 요구가 "근거가 해명된" 인식이라는 점에서 거의 포기에 가까운 체념과 결합되어 있다는 것이다.

이런 모든 사실 자체로도 이미 논증적 이성의 가능성들을 상당 부분 축소시키기에 거의 충분하다. 사실 토마스도 증명 과정을 정확하게 규정하는 것을 아주 훌륭한 일로 여길 것이다. 그렇지만 그는 절대적 신빙성은 오직 절대 정신에게만 가능하다고 할 것이고, 더 나아가 가능한 최상의 명증성과 전적인 인식 불가능성 사이에는 다양한 중간 단계들이 있다고 반론을 제기할 것이다. 아닌 게 아니라, 신앙에 속하는 것에 대해서는 이성을 통한 논증이란 있을 수 없다고 말한 앞서 인용한 문장에 바로 뒤이어, 그럼에도 불구하고 (예를 들어) 육화肉化가 불합리하고 그 자체 모순으로 가득한 공상이 아니라는 것을 증명하는 것이 가능할 뿐 아니라, 그것이 그 자체로 의미 있음congruens을 증명하는 것도 가능하다는 말이 있다.[22] 그리고 신앙과 가지는 관계라는 측면으로 볼 때 자연적 이성의 가능성들이 결코 적지 않다는 사실이 여기에서 아주 명백하게 다뤄지고 있다.

그러나 둔스 스코투스는 이성 자체의 고유한 영역에서도 이성의 그런 가능성들을 제한한다. 그 근거는 물론 그 자신이

22) Thomas von Aquin, *Sentenzenkommentar,* 3 d. 1, 1, 2.

불가지론자라는 데 있는 것도 아니고, 증명을 위한 형식적인 요구들이 너무 엄격하게 규정되었다는 데 있는 것만도 아니다. 오히려 그것은 또다시 그의 신학적 원리에서 나온다. 여기서 실제로 무엇이 일어나고 있는지는 개념적으로 이해하기가 어렵다. 그러나 가능한 해석 중 하나는 그가 자연 안에 실제로 있는 피조물 자체를 건너뛰고 있으며, 그럼으로써 그것에 대한 인식이 확실성에 이르는 길을 애초부터 가로막고 있다는 것일 수 있다. 예를 들어 둔스 스코투스는 영혼의 불사불멸성이 이성적 논증을 통해 확실하게 증명될 수 있는 것이 아니라고 말하는데, 물론 여기서 증명이라고 할 때 그는 수학적 증명에서만 본래 채워질 수 있는 요구 사항들을 우선적으로 염두에 두고 있다. 그리고 이런 관점에서 그가 알려진 철학 논증들에 가하는 비판은 정말로 아주 예리한 것이다. 더욱이 그 자신의 명제는 영혼의 불사불멸성이 아직 사실적으로 만족스러울 만큼 충분히 증명되지 않았다는 것만이 아니라, 원칙적으로 증명될 수 없는 것이기도 하다는 것이다. 왜냐하면 영혼 자체가 비非필연적인 것으로서 하느님의 자유로부터 생겨 나온 것이고, 그래서 하느님에 의해 다시 무無 속으로 되돌아갈 수도 있기 때문이라는 것이다.[23] 이렇게 이 모든 이야기는 결국 둔스 스코투스 사상의 근간을 이루는 자유 개념 속에서 종결된다.

23) "...simpliciter destruere vel annihilare." *Reportata Parisiensia* 4 d. 43, 2 ad 7. *Opera*, vol.24, p.497.

돌이켜 살펴볼 때 아주 진기한 현상이 드러나게 되는데, 그것은 분명 둔스 스코투스의 신학적 출발점도 브라방의 시제의 세속화한 철학 개념과 똑같이 신앙 내용과 지식 내용의 결합을 어렵게 한다는 것이다. "이중 진리"가 양측에서 위협해오는 위험으로서 등장하게 된다.

바로 그런 사실로 인하여 브라방의 시제와 둔스 스코투스 두 사람은 의심의 여지없이 보에티우스, 안셀무스, 아벨라르두스, 토마스 아퀴나스가 (각기 서로 무척 다름에도 불구하고) 공동으로 속하는 시대의 최외곽 경계선에 서 있게 된다.

〔**43**〕 중세를 벗고 나오는 단계는 다음 세대에 오컴Wilhelm von Ockham에 의해 비로소 이루어진다. 그의 극적인 이력履歷에 대해 우리는 앞에서 짧게 언급한 바 있다. 런던 근교에서 1298년에 태어난 이 천재적 프란치스코회원은 스무 살경에 이미 옥스퍼드에서 가르쳤다. 그러나 마기스터Magister 학위를 받기 전인 1324년에 교회 가르침에 맞지 않는 이론으로 인해 고소당했으며, 교황청에 출두하라는 소환을 받고 아비뇽Avignon에 불려 간다. 이 말은 그가 이제 겨우 25세를 조금 넘었을 뿐인데, 선생으로서의 인생길을 궁극적으로 마감하게 되었다는 것을 뜻한다. 체계적인 논리학 저술, 아리스토텔레스의 『자연학』에 대한 주해서, 미완성의 『명제 주해집』 등을 포함하여 우리에게 전해진 그의 모든 철학적-신학적 작품들도 이 시기 이전에 씌어진 것이다. 그는 나중에 프란치스코회로부터 축출된 수도회 총장 체세나의 미카엘Michael von Cesena과 함께 아비뇽으로부터

독일 바이에른의 루드비히Ludwig des Bayern 황제의 궁정으로 도피하고, 곧바로 정열적인 교회정치학적 저술가로서 황제와 교황 사이의 논쟁에 관여한다. 그는 또 다른 도피자로서 뮌헨에 이미 와 있던 파두아의 마르실리우스Marsilius von Padua의 투쟁 동지가 되는데, 이 마르실리우스는 반反교황적 진정서 『데펜소르 파치스』*Defensor Pacis*를 통해 교회가 세속으로부터 물러갈 것을 요구했다. 황제가 죽은 후(1347년) 오컴은 교회와 화해한 것 같다. 2년 후 그는 뮌헨에서 페스트에 걸려 목숨을 잃는다.

비록 둔스 스코투스가 오컴의 "선구자"로 보기에는 너무 보편적인 정신을 가진 사람이지만, 그리고 이 젊은 혁명가 오컴이 둔스 스코투스에게 명시적으로 반기를 들고 있지만(그는 스코투스가 "너무 많이 증명하려 한다"[24]고 하여 그를 "옛 사람들에 속한다"[25]고 생각한다), 그럼에도 불구하고 오컴은 둔스 스코투스가 먼저 발걸음을 내디딘 그 동일한 길을 솔선하여 나아간다. 오컴의 이론도 1277년에 단죄된 "아베로에스주의" 명제들에 반대하는 한층 진전된 반응 가운데 하나로 볼 수 있다.[26] 그리고 무엇보다 오컴도 하느님의 절대적 자유라는 원칙을 주장하는데, 일차적으로 이 자유는 무제한적으로 권능을 행사할 수 있는 자유로 이해되고 있다. "하느님께서 모든 피조물을 오직 당신이 원하셨기 때문에 창조하신 것같이, 그분은 피조물을 당신 마음에 드는 대로 하실 수 있다." 온전히 하느님의 뜻에 따라 사는 인

24) E.Hochstetter, "Nominalismus?", in: *Franciscan Studies,* Jg. 9(1949), p.396.

25) J.Hirschberger, *Geschichte der Philosophie,* Freiburg, 1949, I, p.458.

26) Gilson, *History,* p.501.

간을 "파멸시키신다annihilare 하더라도 그분은 아무런 불의도 저지르는 것이 아닐"[27] 수 있다. 이런 생각의 지나친 면은 특히, 오컴이 구세사에서 실제로 있지도 않은 가능성들에 대해 너무 심하게 언급하는 데서 잘 드러난다. 예를 들면 하느님이 사람이 되셨다는 것은 "그 자체로" 의미 있거나 필연적인 것이 아니어서, 만일 하느님께서 원하셨다면 그분은 사람이 되신 것과 마찬가지로 돌이나 나무나 당나귀의 본성을 취하셨을 수도 있다는 것이다.[28] 이런 표현은 무엇인가를 아는 데 있어 인간이 무능하다는 것을 극단적인 형태로 강조하는 것처럼 보이지만, 아무리 그렇다 하더라도 예컨대 토마스 아퀴나스가 말하는 내용보다 근본적으로 훨씬 까다롭고 훨씬 "제멋대로"인 표현이다. 토마스 아퀴나스는 돌이나 당나귀에 대해 언급하지 않을 뿐 아니라, 도대체 어떠어떠했으리라는 데 대해서는 전혀 언급하지 않고, 오히려 하느님이 사람이 되셨다는 사실을 깊이 묵상하면서, 단순히 이 사실이 만일 계시되지 않았다면 우리는 그것에 대해 전혀 아무것도 알지 못했으리라고 말할 뿐이다. 그리고 토마스가 하느님이 사람이 되신 사건이 그 자체로 의미 있고 "적합한" 것이었다는 것을 사람들이 이해할 수 있게 하려고 노력한다 하더라도, 그는 오컴이 하느님의 "전적으로 다르심"을 풍성한 말을 사용하여 선포하는 것보다 신비 앞에서 조용히 경의를 표하는 데 훨씬 더 큰 의미를 두고 있다. 또

27) *Sentenzenkommentar* 4 qu. 9 E.

28) *Centilogium theologicum,* concl.6.

만일 하느님께서 원하신다면si Deo placeret[29] 모든 것을 무無 속으로 가라앉게 하실 수 있다는 토마스 스스로 자명하게 여긴 가능성들 앞에서 토마스가 절제 있는 분별력으로 임하는 데 대해서도 마찬가지 말을 할 수 있을 것이다. 그러나 하느님께서 세상을 창조하셨다는 사실 자체는 그에게 하느님의 자유로운 의지의 표현이며,[30] 이를 뒷받침하기 위해 그는 동시에 다음과 같이 성서를 인용한다. "'하느님께서는 모든 것을 존재하도록 창조하신' 것이지(지혜 1,14), 무無 속에 가라앉게 하시려고 창조하신 것이 아니다."[31]

그러나 오컴이, 다시 극단으로 치달으면서, 하느님의 임의적인 자유라는 원칙으로부터 이끌어 내는 결론은 실로 엄청난 결과를 담고 있는 것이었는데, 그 결론을 우리는 다음과 같이 요약할 수 있다: 인간은 순전히 사실적으로 주어져 있는 것에 의존하는 수밖에 다른 길이 없으며, 꼭 있는 모습 그대로 있어야 하는 것은 결코 아니다; 의미와 연관성을 탐구하는 것은 쓸데없는 짓이다; 연관성은 기껏해야 우리의 사유 속에 존재할지 모르며, "실제적"이지는 않다; "실제적인" 것은 오직 개별 사실들뿐이다; 그러나 사실적- 실제적인 것은 계산되거나, 추론되거나, 연역될 수 있는 것이 아니라, 오직 **경험될** 수 있을 뿐이다; 인식은 오직 구체적인 것과의 직접적 만남으로서 있을 뿐이다.

---

29) *Quaest. disp. de Potentia Dei* 5, 4 ad 10.

30) *Ibid.*, 5, 4.

31) *Quaest. quodlibetales* 4, 4.

〔**44**〕 이런 사유가 철학을 하는 방식에 어떤 결과를 가져올지는 아주 분명하다. 어찌 되었든 경험주의가 자라난 뿌리가 신학적 뿌리라는 사실만큼은 주목할 만한 가치가 있다. 그리고 그런 토양에서 유일하게 번성할 수 있는 신학 형태가 어떤 특징을 가질 것인지에 대해서도 더 자세한 설명이 필요하지 않다. 그것은 논증적 이성과의 합동 작업을 비신학적이라 하여 거부하는 순수 "실증적인"positiv 신학일 수 있을 뿐이다.

그러나 이전 시기의 철학적-신학적 사유 스타일에 대한 이런 격렬한 반응은 분명 불가피한 것이기도 했다. "대전"大全들이 형성되는 시기는 엄청나게 힘겨운 사유 노력을 요하는 시기였다. 따라서 그런 사유 노력이 있은 후에 당연히 체계화 작업에 쏟아 부은 힘의 피로가 찾아왔을 것이고, 꼬치꼬치 따져 나가는 사변 작업에 싫증을 내기도 했으리라는 것은 예상된 일이나 마찬가지였다. 오컴 이후 한 세대가 지난 뒤, 『명제 주해집』을 쓴 적이 있는 칸디아의 페트루스(Petrus von Candia: 크레타 출신의 그리스인으로, 파리 대학의 교수Magister였으며, 나중에 밀라노 대주교에 이어 결국 교황 알렉산데르 5세가 된 인물)는 완전히 서로 합치될 수 없는 명제들을 어떻게든 하나의 사유 체계 안에 모아들이겠다는 노력을 전혀 기울이지 않은 채 그냥 나란히 배열해 놓는 것을 아무렇지도 않다고 생각하는데, 그것은 "가끔은 빵 먹는 것을 좋아하고 가끔은 치즈 먹는 것을 좋아하는 사람들의 마음에 들도록"[32] 한 것이라고 설명을 덧붙인다. 그러나 그런 피로나

---

32) Gilson, *History,* p.470.

싫증이 전부는 아니다. 무엇보다도, 구체적인 것을 향해 경험적으로 접근해 갈 것을 강요하는 자연 세계의 매력과 풍요가 있었다. 그것은 예상치 못했으나 이제 접할 수 있게 된 것이었다. 그리고 또 한 가지를 덧붙여 말하면, 스콜라 신학도 자신만의 독방에서 "하느님 말씀"을 한눈팔지 않고 묵상하기 위해 (실로 하느님의 말씀을 해석하는 것은 스콜라 신학 자체의 참되고 유일한 과제였다) 일정 기간 동안의 "은거"隱居를 필요로 한다는 것을 누가 부인하려 하겠는가?

그렇다고 해서 오컴이라는 이름으로 대변되는 시기에 극히 위험한 일들이 꿈틀거리기 시작했고, 미래의 많은 재앙이 준비되고 있었다는 사실을 무시할 수 있는 것은 아니다. 이 문제에 대해서는 그 개별적인 부분에 있어서 다양한 의견들이 끊임없이 존재하게 될 것이다.

그러나 한 가지 사실만은 논란의 여지도 없고, 또 논란거리가 되지도 않았다: 정치적인 면에서 그리스도교의 세계 형태(그것은 고대가 끝나면서 형성되기 시작했고, 영적인 권력과 세속적인 권력의 상호 귀속 관계에 기초하고 있었다)가 부서지기 시작한 것처럼, 정신적인 면에서는, 이 시대가 정점頂點에 도달한 바로 그 순간부터 이미 예고된 대로, 신앙 내용과 지식 내용 사이의 불화가 점점 커갔다는 것이다. 신앙fides과 이성ratio의 결합을 위해 거의 천 년 동안 모든 역량을 다 집중시켰는데, 이제 양측 모두로부터 여러 근거를 통해 정당화되는 가운데 그 분리가 쉴 새 없이 이루어진다. 한마디로, 중세가 막을 내린다.

제 12 장

〔**45**〕 우리는 오늘날 고대와 근대 "사이의" 시기만이 아니라, 근대 자체도 끝났다고 말한다. 그러나 "사실 자체가 본래 어떠했는지" 여부가 아니라, 예나 지금이나 변함없이 사유할 가치가 있는 것들이 '바로 지금 여기에서는' 어떻게 돌아가고 있는지에 대해 궁극적으로 관심을 기울이는 사람, 다시 말해서 전체 시간 간격을 뛰어넘어 중세와 중세 철학의 의미에 대해 묻는 철학자는 스스로 지나간 일의 **현재성**에 대한 물음을 제기한다.

이 물음은 중세적 개념과 표상들이 오늘날의 사유 안에 어떻게 "계속 살아남아" 있는지 관심 있게 바라봐야 한다는 의미로 이해되어서는 안 된다. 그런 일이 수천 가지 방식으로 끊임없이 이루어져 왔고 또 완전히 의식하지 못한 채 아주 자주 있어 왔다는 것, 그리고 그렇게 볼 때 중세를 포함하여 모든 시대 모든 지역의 과거가 어떤 식으로든 항상 현존하면서 계속 영향을 미치고 있다는 것은 단순히 인간 역사 전체의 기본적인 진행 과정에 속한다. 예를 들어 우리는 "만일 눈이 태양빛을 닮지 않았다면/ 어떻게 우리가 빛을 바라볼 수 있을까……"Wär nicht das Auge sonnenhaft/ Wie könnten wir das Licht erblicken... 하는 말을 들으면 금방 "괴테의 글"이라고 말한다. 그러나 괴테 자신은 "옛 신비가의 글"이라고 말한다. 그리고 보면 괴테의 시구詩句임에 틀림없는 이 말이 플로틴[1]의 사상을 "독일어 운에 맞춰" 표현하려 시도하고 있다는 것을 발견하게 된다.[2] 그런 식으로 과거가 지속적으로 영향을 미치는 것은 심지어 과거를 내놓고 부인하는 경우에도 불가피하다. 예를 들면 사르트르Sartre의 희곡 『출구 없음』Huis clos은 지옥에 대한 "중세적" 표상 없이는 전혀 상상도 할 수 없다. 하지만 중세의 현재성에 대한 물음을 물을 때 우리는 이런 식의 현재성을 염두에 두는 것이 아니다.

그렇다고 중세 철학에서 다룬 대상들을 염두에 둔 것도 아니다. 전혀 놀랄 일이 아니겠지만 이 대상들은 철학이 어느 시대나 많든 적든 명시적으로 다루는 것들이다. 오히려 우리는 여기서 "전형적으로 중세적인 것임"이 밝혀진 중세 철학의 구조적 특징들을 문제 삼는다고 할 수 있는데, 즉시 우리는 이 특징들이 중세 시기가 퇴색하면서 함께 사라졌다고 추측할 수 있을 것이다. 따라서 우리의 물음은 이렇게 전적으로 "중세적인 것"으로 보이는 바로 그것이 혹시 오늘날에도 철학을 하는

---

1) *Enneaden,* I, 6, 8.

2) *Farbenlehre. Didaktischer Teil,* Einleitung, ed. by G.Ipsen, Leipzig(Insel-Verlag), p.36.

사람들한테 직접 적용될 수 있는 현실성을 가질 수 있겠는가 하는 것이다.

그런데 중세 철학의 모습은 앞서 살펴본 대로 다음과 같은 요소들로 구성되어 있다: 역사적으로 유럽 북부와 서부의 젊은 민족들은 방법론적인 학습을 통해 고대의 이교도적 및 그리스도교적 유산을 자기 것으로 만들고 동화시키는 작업을 한다. 이 유산에 기초한 당시의 지적 생활이 보호되고 실행되는 장소는 교회라는 공간(수도원, 주교좌 성당 학교, 교황이 부여한 특권을 누리던 대학)이었다. 게다가 거의 배타적으로 수도자와 성직자들이 떠맡고 있던 철학은 신학적인 질문 제기와 목표 설정을 출발점 삼아 진행되었고, 이런 아주 특별한 의미에서 "그리스도교 철학"이었다. 그런데 이런 여러 요소 가운데 단 하나라도 〔오늘을 위한〕 "중세의 현실성Aktualität"을 감추고 있을 가능성이 있을까? 그것은 극히 희박한 것 아닐까?

〔**46**〕 가장 그럴듯하지 않은 사실에서 출발하자. 전수된 것을 그냥 단순하게 배우고 자기 것으로 만드는 상황은 명백히 지나가고 사라졌다. 오래전부터 이미 인간 자신의 세계 경험에서 발견된 새로운 내용이 실제로 더 중요하게 된 시기가 왔는데도 불구하고, 그냥 권위 있게 전수된 내용을 단순히 배우는 것으로 만족하는 습성을 억지로 고집하는 바로 거기에서 중세가 몰락하게 된 것이다.[3] 이는 가감할 것 없는 분명한 사실이

[3] 아무튼 새로운 물리학에 반대하여 "정통 신학자들 자신들이 한 것보다 훨씬 더

다.

그러나 여기서 우리는 아메리카의 여러 교육 센터에서 얼마 전에 시도한 "사상 전집"을 실례로 삼아 한마디 언급하고 싶다. 거기 전집에 들어 있는 책들은 호머, 플라톤, 아리스토텔레스, 베르길리우스, 플로티누스, 아우구스티누스, 토마스, 단테, 셰익스피어, 칸트, 헤겔, 괴테, 다윈, 도스토예프스키, 지그문트 프로이트 등 "유산"遺産을 대변하는 것들이다. 이 시도는,[4] 물론 개별적인 경우에 논란의 여지가 없는 것이 분명 아니지만, 숭고할 만큼 편견 없는 진심에서 우러나와 실행에 옮겨진 것으로, 이 젊은 대륙이 자신에게 전래되어 온 풍요로운 유산을 접하는 것이 가능하게 되고 또 계속 접근할 수 있으려면 그런 방식으로 만들어져서 가르치고 배울 수 있게 되어야만 한다는 염려와 확고한 통찰력에서 나온 것이다. 그런데 중세 스콜라 철학의 학교식 진행 방식이 나오게 된 출발점도 이와 동일한 필연성에 대한 거의 똑같은 통찰력이었다. 그리고 그들이 느낀 문제들만이 아니라 "문제점"들도, (넓은 의미의)

완고하게" 자기 스승의 가르침을 옹호한 사람들이 바로 "신식"(新式) "아베로에스주의적" 아리스토텔레스주의자라는 사실은 흥미롭다. "철학적으로 볼 때 말을 되풀이하기만 하고 나무처럼 뻣뻣하게 되어 버린 아리스토텔레스주의라고 일컬을 만한 것은 스콜라 철학 전부가 아니라 오히려 아베로에스주의다." Gilson, *History*, p.522.

[4] 허친스(R.M.Hutchins)가 편찬하고, '*Encyclopaedia Britannica*'를 펴낸 출판사에서 1952년에 나온 『서구의 위대한 책들』(*Great Books of the Western World*) 전집(총 54권)에 대해, 입문을 다루는 아주 방대한 두 권의 책(제목: *The Great Ideas. A Syntopicon of Great Books of the Western World*, ed. by M.J.Adler und W.Gorman, Chicago/London/Toronto, 1952)이 전적으로 "스콜라 철학적"이면서 교육학적으로도 아주 훌륭하다고 생각되는 방식으로 길잡이가 되어 주고 있다.

번역의 불가피성과 동시에 그것이 제대로 번역된 것인지에 대한 의문스러움, 어떤 것을 번역하고 어떤 것을 배제할 것인지에 대한 선택 문제 등에서 시작하여 〔텍스트를〕 간략하게 하는 작업이 어디까지 합법적이고 어디부터는 해서는 안 되는 것인지 그 구별의 어려움에 이르기까지 대체로 같은 것이었다. 살아가기 위해 그럴 수밖에 없다는 이유만으로 의심스러운 것도 우선은 그냥 감수하면서 지나치게 편안하게 결정을 내리는 모습도 마찬가지인 것 같다. 물론 이런 사실들 앞에서 사람들은 그것이 아주 흥미롭지 않은 것은 아니지만, 근본에 있어서는 두 사실이 우연히 일치할 뿐이라고 말할 수도 있다. 그러나 우리는 그것이 우연한 일치에 불과한 것이 아니라고 생각한다. "전공에 있어서는" 비록 다른 학과 공부를 할지라도 그런 방식으로 『니코마코스 윤리학』이나 아우렐리우스의 『명상록』, 성 토마스의 『신학 대전』의 많은 부분, 파스칼의 『팡세』 등을 번역본이긴 해도 어느 정도 가까이에서 배워 알게 된 미국의 학생들을 접하고 나서 누군가가 그런 경험을 가지고 우리 유럽 대학으로 돌아온다고 하자. 그는 여기 유럽에서도, 누가 고의로 쌓아 놓은 것이 결코 아니면서 어느 누구도 모두 장악할 수 없는 엄청난 양의 학문 자료들, 곧 "유산"(사람들이 그것을 다른 말로 어떻게 더 자세하게 표현하건 간에) 가운데 인간 정신이 살아가는 데 꼭 필요한 "지혜의 토대"를 어떤 식으로든 알기 쉽게 보여주고 제시해 줄 수 있기 위해서는, 그런 "스콜라 철학"밖에는 다른 가능성이 거의 없다는 것을 더 이상 의심하지 않을 것이다.

여기서 또 한 가지 질문을 던지고 싶다: 비-서구유럽, 특히 아시아 지역의 전통적인 문화유산도 인간에 대한 지식과 실재 세계에 대한 철학적 해석의 엄청난 보고寶庫를 간직하고 있는데, 그것도 다시 그런 "스콜라 철학적" 방식으로 (가능한 한) 우리 것이 될 수 있지 않을까? 전문 지식 영역을 빼고는 어디에서도 그런 과제를 해결하려는 시도가 아직 착수되고 있지 못한 것 같은데, 거기에는 분명 여러 가지 이유가 있을 것이다. 혹시 그 이유들 가운데 하나는 우리가 "배우는" 법을 잊어버린 데 있는 것은 아닐까? (어쩌면 자기 것으로 만드는 그런 작업이 성사되기 위해서는 물론 또 다른 조건도 전제되어야 할지 모른다: 그것은 그런 일이 단순히 역사적 지식 습득을 넘어 전적으로 해결할 만한 가치가 있고 또 해결되어야만 하는 과제라는 인식이다. 그리고 이 인식은 세상 안에 있는 진리가, 어느 곳에 자리하고 있든, 유일한 신적神的 로고스Logos 자체에 참여하는 것이라는 사실을 볼 줄 아는 사람에게만 주어질 수 있을 것이다.)

〔**47**〕 이제 중세 스콜라 철학의 구조를 이루는 두 번째 요소를 살펴보자. 그것은 스콜라 철학이 교회라는 공간 안에서 진행되었다는 것으로, 이 특징이야말로 명백히 사라지고 퇴색되어 버린 것 같다. 그리고 오캄이 프란치스코 수도원으로부터 독일 황제의 궁정으로 도피함으로써 중세 초기에 카시오도르가 고트족 왕의 궁정에서 맡았던 직책을 떠나 "수도원으로 갔던" 그 똑같은 길을 정반대 방향으로 걸었다는 것은 실제로

하나의 상징적인 사건이었다. 말하자면 오컴 이래의 철학은 숨쉴 수 있는 더 큰 공간인 "세상" 안에 다시 자리 잡기 시작한 것이다. 오늘날의 사람들이라면 그렇지 않은 상황은 상상조차 할 수 없을 것이다. 그러나 그런 사실이 이론의 여지없는 자명한 것이라 하더라도, 학문 영역이 점점 정치화하고 공적인 대화, 특히 참다운 논쟁적 대화를 할 수 있는 내적 외적 가능성들이 위협을 느낄 만큼 줄어들어 불안해하는 현대의 직업 세계 한가운데서, **테오리아**theoria, 곧 실용적(정치적·경제적·과학적·종파적) 효용성에 의해 축소되거나 위축되지 않고 "오직 진리"를 찾는 작업만이 번성할 수 있는 "자유 공간"을 대망待望한다고 해서 사람들이 그리 당황스러워 하지는 〔않을〕 것이다. 그리고 그들은 플라톤의 아카데메이아가 **티아소스**thiasos, 다시 말해 규칙적으로 제사를 드리기 위해 함께 모인 제식祭式 집단이었다는 의미 있는 사실을 이해할 수 있을 것이다. 어쨌든 중세 철학이 수도원 공간 안으로 들어감으로써 답한 그 물음에 모든 시대가 새롭게 답해야 한다는 것은 분명하다. 중세의 수도원 공간은 성서와 교회 교부들을 위한 공간이기만 한 것이 아니라 플라톤, 아리스토텔레스, 키케로, 세네카, 아랍의 큰 사상가들을 위한 공간이기도 했던 것이다. 엘리엇T.S.Eliot 같은 사람은,[5] 세속의 사람들이 "외부에 범람하고 있는 야만 상태에 영향을 받지 않으면서" 수도원이라는 보호 구역 안에서 "단순히

5) T.S.Eliot, "Modern Education and the Classics", in: *Selected Essays,* London, 1953, pp.515f.

공공 직책을 맡기 위한 준비나, 기능적인 능력의 취득이나 사회에서 성공하기 위한 수단 이상의 것인" 철학 교육을 받을 수 있기 위해 수도원 생활monastic life을 강화하는 것이 오늘날에도 바람직하다고 말하고 있는데, 이를 우리는 완전히 현대적이면서 이 문제를 충족시킬 만한 답을 찾는 것이 얼마나 어려운가 하는 데 대한 상징적 표현으로 볼 수 있을 것이다. 그 말을 한 장본인도 아마 잘 알고 있겠지만, 이런 제안은 완전히 이상적理想的이라는 생각이 든다. 아무튼 이 제안은 중세의 해결 방법이 사람들이 첫눈에 생각하는 것보다 훨씬 덜 "중세적"이라는 사실을 시사해 주고 있다.

〔**48**〕 이제 중세 스콜라 철학의 구조를 이루는 요소 가운데 가장 마지막으로 언급한 요소를 살펴보자. 그것은 중세 철학이 수도자들과 성직자들에 의해 진행되었을 뿐 아니라, 주제마저 신학에 의해 정해져 있어서, 그것은 하나의 "그리스도교 철학"이었다는 것으로, 이 요소는 순수 형식적인 요소는 아니다. 이 요소에 대해 다룸으로써 우리는 다소 어렵지만 결정적인 문제를 언급하게 된다. 그런데 여기에는 근본적으로 볼 때 서로 다른 두 가지 사실이 들어 있다. 하나는 그리스도교 철학 자체의 구조 문제이고, 다른 하나는 이 구조 안에서 신학적 질문 제기가 가지는 우위성優位性 문제이다. 이제 이 문제에 대해서 "중세의 현재성"이라는 관점 아래 이야기해 보자.

"그리스도교 철학"이라는 형식의 건축은 한 가지 전제 조건이 타당한 것으로 받아들여질 때에만 진지하게 논의될 수 있다. 그것은, 세상과 인간 삶 전체와 관련되어 있으면서, 정의定義에서 알 수 있듯이, 철학하는 사람들의 관심거리이고, 초인간적인 진리성 주장에 의거하여 타당성이 있는 어떤 사실이 그리스도 안에서 인간에게 알려지게 되었다는 것이다. (여기서는 이에 대해 그 내용만 간단히 언급할 수 있을 뿐 더 자세히 다루지는 못한다.)

이 전제를 거부하는 사람에게는 당연히 "그리스도교 철학"이라는 말이 세부적으로 무엇을 의미하든 그냥 무의미한 개념이고 만다. 그런 사람은 틀림없이 중세 철학 전체를 그 근본에서 움직이고 있는 유일한 사실을 접할 수 없게 된다. 그렇게 되면 그런 사람에게 중세 철학은 혹시 경탄스러울지는 몰라도 궁극적으로는 무의미한 형식적 통찰력의 낭비로만 보이게 마련이다. 중세 철학이 아무리 그럴듯하게 "역사적 사실"로 설명되든, 아니면 논리학이나 아리스토텔레스 해석이나 그 밖의 다른 내용이 중세 철학 안에서 큰 진전을 이루었다는 점을 감안하든, 그런 사실에는 변함이 없다.

그러나 이 전제를 인정하면 곧바로 신앙 내용과 지식 내용의 "결합"이라는 과제도 알게 된다. 아니 적어도 세상과 인간 존재에 대한 **믿음의 내용**이 눈앞에 펼쳐진 동일한 세계와 동일한 인간 존재에 대한 **지식의 내용**과 어떤 방식으로 함께 생각되어야 하는가 하는 물음과 만나게 된다. 인간에게 문제는 결국 정신적인 생의 충동이 가지는 풍요와 넘치는 활력을 통해 실존하는 데 있다면, 그리고 이 말이 자신이 미치는 범위 안에 있는 일체의 모든 것과 대면하며 실존한다는 것을 의미한다면, 적어도 신앙fides과 이성ratio을 결합시키는 시도조차 하지 않는다는 것은 전혀 불가능하다. 모름지기 인간이 신앙 내용과 지식 내용을 모두 똑같이 참된 것, 곧 실재 현실에 꼭 들어맞는 정보를 주는 것으로 받아들인다는 것을 전제하는 한, 그런 시도를 하지 않는다는 것은 불가능하다는 말이다.

신앙fides과 이성ratio의 결합이라는 과제는 당연히 두 부분을 포괄하고 있다: 첫 번째 부분은 인간에게 표상, 비유, 사건 등의 방식으로 다가오거나 특정하게 표현된 문화 형태 속에서 마주쳐 오는 하느님 말씀을 **해석하는 것**이다. 신학이 본래 해야 할 일이라고 할 수 있는 이런 해석은, 필연적이고 적어도 믿을 수 있는 확실한 것이 되기 위해서는, 인간이 알고 있는 진리 전체를 관련시켜 다루는 해석이어야 한다. 두 번째 부분은 이 해석을 세계와 인간 존재에 대한 자연적 인식 내용 전체에 형식에 맞게 **편입시켜 모아들이는 것**이다.[6]

이 과제는, 이미 각 장章을 통해 살펴보았듯이, 보에티우스

[6] 플라톤의 철학 작업 역시 신화에서 전래된 내용과 합리적 통찰의 결합에 근거를 두고 있다고 할 수 있다. 그래서 우리는 플라톤의 작품에서도 이와 동일하게 여러 부분이 하나로 접합되어 있다는 것을 엿볼 수 있다. 예를 들면 플라톤이 『고르기아스』(*Gorgias*), 『파이돈』(*Phaidon*) 등 대화편에서 사후의 삶에 대해 이야기할 때면 항상 세 가지 사실이 분명하게 구별되어 나타난다: (죽은 자의 심판에 대한) 신화적 설명을 단순하게 전해 주는 것, 이 이야기에 대해 "신학적으로" 해석하는 것(『고르기아스』 524 b 1), 세상과 우주에 대해 플라톤과 당시 사람들이 타당하게 여기던 경험 지식 안에 편입시켜 모아들이는 것(『파이돈』 108 c 이하). 여기서 우리는 우리가 비(非)그리스도교인이라는 말을 할 때, 이 말을 단순히 "중세"와의 대비(對比) 속에서 이해하는 것보다 훨씬 넓은 대비 속에서 이해해야 한다는 것을 알 수 있다.

에서 둔스 스코투스에 이르는 기간 동안 기울여 온 철학적-신학적 노력의 **유일한** 주제를 표현하고 있다. 이 과제를 해결하려는 개별적인 시도들이 중세 때조차 실현하기 어려운 것이었다는 사실은 이미 밝혀졌다. 그러나 전체적인 기획과 시도들은 오늘날에도 그리스도교 신자로서 철학을 하는 사람 모두에게 본보기로서의 의미를 상실하지 않았다. "본보기로서"라는 말은 모범적으로 실현했다는 것을 말하는데, 이 실현은 단순히 모방하거나 반복할 수 있는 것이 아니어서, 한편으로는 "현재로서 살아 있으면서" 다른 한편으로는 "과거로서 지나가 버렸다."

반복할 수 없이 지나간 것으로 우리는 "대전"Summa을 들 수 있을 것 같다. 사실 토마스도 모든 실재 사물이 원칙적으로 그 근본을 파헤칠 수 없는 것이라는 데 대해 분명하게 언급했다. 그러나 그가 보인 태도는, 완전히 측량할 수는 없지만 잘 정돈되어 있는 보물들로 가득 찬 밝고 넓은 방을 개관하고 있는 사람의 모습으로 우리에게 다가온다. 반면 세상에 대한 우리 자신의 경험은 작은 잠수함을 타고 바다 깊은 곳에 남겨져 전혀 앞을 내다볼 수 없는 암흑을 뚫고 전조등의 빛이 닿는 한에서 눈앞에 나타나는 것만을 어느 정도 뚜렷하게 찾아내는 사람의 상황에 비길 수 있을 뿐이다. 확실히 우리는 합법적인 방식으로는 세계에 대해서 두루 통용될 수 있는 완벽한 진술을 할 수 없다. 그렇게 할 수 있기 위해서는 자연 세계에 대한 지식이 너무 다양해서 예측을 불허한다. 그리고 단순히 "그리스도교적 관점" 같은 것을 덧붙임으로써 그런 다양함을 하나의 완성된 통일 체계 안에 성급하게 꿰어 맞추는 것은 과학자나 철학자에게도, 신학자에게도 전혀 어울리지 않는다.

하지만 실재 세계에 대한 세계상을 폐쇄적으로 닫아 두는 것을 포기하는 자세, 곧 신학에 대한 합리적 세계 해석 측의 명시적인 개방적 자세(물론 경의를 보이는 특별한 행위가 아니라 실제로 정밀한 지식에 자신을 묶어 두는 자제심 있는 태도를 근거로 그렇게 한다는 말이다)와 쉴 새 없이 세상과 인간(신학적으로 말해서 피조물) 속으로 점점 깊이 파고드는 탐구 작업에 대한 신학 측의 명시적인 개방적 자세 — 절제할 줄 아는 바로 이런 자세가 오히려 근본적으로 하나의 통일된 세계에 대한 상像을 "구출하고", 사실을 왜곡시키는 일체의 장애 요소를 제거하여, 조금도 축소되지 않은 전체를 향한 시선을 자유롭게 열어 주는 의미를 가질 수 있다.

바로 이 시점에서 우리는 중세의 가장 위대한 "대전"Summa인 『신학 대전』도 실은 저자인 토마스 아퀴나스 자신의 뜻에 따라 미완성으로 남았을 뿐 아니라, "초보자를 교육시키기 위한"ad eruditionem incipientium[7] 입문 교재를 염두에 두고 씌어졌다는 사실을 기억할 필요가 있다. 이 말은 그 책이 빈틈없이 완성되었다 하더라도 그것이 궁극적인 완결판이라는 주장을 명확하게 할 수 없었으리라는 것을 의미한다. "궁극적인" 토마스는 오히려 그의 『토론집』*Quaestiones disputatae*에서 만날 수 있는데, 이 제목은 "논쟁적 대화 속에서 토론된 물음들"이라는 뜻이다. 이 『토론집』은 대화 상대방과 적대자를 향한 무제한적인 수용 자

[7] Thomas von Aquin, *Summa theologica,* prologus.

세에 근거를 두면서 금방 "결말"을 보기보다 오히려 인식의 길을 무한대로 열어 주는 개방성을 향해 나아가는 대화들을 글로 적어 놓은 것이다. 우리는 중세 전성기의 보편성이 개인들이 큰 "대전들"을 남긴 업적보다는 오히려 이런 집단적 진리 추구recherche collective de la vérité[8]에 있다고 하는, 다시 말해서 어떤 주제, 어떤 상대방에게도 자신을 폐쇄시키지 않는 "토론들"에서 그런 보편성이 실현된다고 생각할 수 있는 충분한 근거를 가지고 있다. 어느 누구에게도, 그리스도교를 믿지 않는 상대방에게까지도 자신을 폐쇄시키지 않는 자세! 중세 철학이 그리스도교에 속하는 사람, 끼리끼리 집단에 국한된 "그리스도교 내부"의 사안이었다는 생각을 어렵지 않게 만날 수 있는데 이는 분명 틀린 생각이다. 사실 중세 철학의 토론 규칙 가운데 하나는, 그 기반에 대해 대화 상대방 모두가 다같이 인정하지 않는 것들에 대한 대화는 불가능하고 전망도 없다는 것이다. 토마스는 모든 사람이 인정하고, 그 토대 위에서는 "이슬람교도나 이교도들"과도 대화를 할 수 있는 기반을 하나 언급하는데, 그것이 "자연 이성"[9]이다. 그리고 나중에 사람들이 아주 부적절하게도 "이교도들을 반박하는 대전"(『이교도 대전』)이라고 부른(실로 이 대전은 전혀 공격적이지 않다) 대전에서 그 자신이 그런 대화를 해 나간다. 여기서 "자연 이성"이라는 것은 우선

---

8) M.-D.Chenu, *Introduction,* p.291.

9) "Quia ... Mahumetistae et pagani non conveniunt nobiscum in auctoritate alicujus Scripturae, per quam possint convinci ... necesse est ad naturalem rationem recurrere, cui omnes assentire coguntur." *Summa contra Gentes* 1, 2.

적인 의미에서 자신의 견해를 관철시키기 위한 변증론적 기법이라기보다 오히려 만나게 되는 모든 것에 “귀 기울일 줄 아는” 힘이라고 할 수 있다.

신앙 내용과 지식 내용을 결합시키는 이런 모범적인 접근 방식이 오늘날을 위해서도 직접적으로 얼마나 생생하게 현재성을 가질 것인지 굳이 더 언급할 필요가 없을 것이다.

〔**49**〕 이제 중세적인 방식으로 이루어지는 신앙 내용과 지식 내용의 결합의 또 다른 특징인 신학의 우위성優位性에 대해 이야기하자. 여기서도 아주 지나가 버린 것과 지금도 여전히 타당한 것을 구별할 수 있다. 사실 중세가 철학적 인식을 위해 공헌한 내용들은 전적으로 철학적인 것이다. 실제로 토마스도 신학의 이의 제기에 맞서서 철학적 물음의 주제를 편협하게 제한하는 일체의 행동을 명확히 거부한다.[10] (그것은 동시에 신학적인 논거를 바탕으로 한 것이기도 했다.) 그러나 중세 철학자들이 실제로 신학자이기도 했을 뿐 아니라, 그들의 철학 활동이 누구나 쉽게 예상할 수 있듯이 신학적인 질문에서 자극을 받아 출발한 것이기도 하다는 데에는 의심의 여지가 없다. 그러나 이런 사실은 완전히 과거가 되어 버린 지나간 사실임이 분명하며, 따라서 사람들은 생생한 현대의 철학 활동이 신학에서 출발한다기보다 오히려 역사적인 시대 경험이나 현대 물리학, 심층심리학, 진화론 연구 등에서 출발한다고 말할

[10] 참조: Josef Pieper, *Hinführung zu Thomas von Aquin,* pp.209, 216.

것이다.

그러나 여기서 우리는 두 가지 사실을 생각해 보아야 한다. 첫째, 철학을 그리스도교적으로 한다고 할 때 우리는 항상 신앙 내용으로 되돌아가게 되는데, 그 신앙 내용이 "하느님의 말씀", 곧 엄밀한 의미에서 "계시"로 간주되는 한, 그것은 **그 자체로 볼 때**eo ipso 전적으로 상위上位에 있는 진리 규범으로 여겨지기도 한다. 이때 "상위" 또는 "하위"가 어떻게 더 세밀하게 규정되어야 하는지의 여부와 상관없이, 자연 이성이 적어도 하느님의 계시에 승복해야 한다는 것negative Normierung은 분명 "그리스도교 철학" 개념에 속하는 사항이다. 물론 이성의 자율성에 대한 그런 제약이 정당한 것인지에 대해서 왈가왈부 토론을 벌일 수 있겠지만, 이 토론에서 문제는 "중세적"이냐 "현대적"이냐 여부가 아니라, "그리스도교적"이냐 "비그리스도교적"이냐 여부라는 것만은 알아야 한다. 둘째, 자연적 지식이 이보다 훨씬 포괄적인 계시 진리 안에 삽입되어 들어옴으로써 비로소 과학적-철학적 연구 업적의 해명력解明力이 완전히 드러나게 된다. 물론 그렇게 삽입되어 들어오는 과정이 **합법적으로 이루어졌다는**(다시 말해서 신학적 진리와 자연적 진리 모두에 대한 정확하고 뛰어난 지식을 근거로 이루어졌다는) 전제 아래에서 말이다. "신비주의는……다른 모든 형태의 인간 활동에 의해 축적된 풍요로운 자산을 하나로 통합시킬 수 있는 유일한 힘이다." 이것은 우리 시대의 가장 영적이고 명석한 신학자 가운데 하나요 지도적인 고고학자이기도 했던 떼이야르 드 샤르댕Pierre Teilhard de Chardin이 한 말이다.[11] 진화론의 인식 내용들을 "더 크신 그리스도"[12]에 대한 자신의 비전 속으로 수렴시키는 떼이야르 드 샤르댕의 과학적이고 신학적인 활력을 아무 편견 없이 바라본다면, 누구든지 신학에 의해 영감을 받은 신앙fides과 이성ratio의 결합이, 물론 온전히 합법적으로 이루어지는 한, 세상의 자연적 지혜를 얼마나 많이 해방시켜 줄 수 있는지 알게 될 것이고, 또 그럼으로써 자연적 지혜로 하여금 얼마나 완전하게 자신의 진술력陳述力을 발휘할 수 있게 해줄 수 있는지 깨닫기 시작할 것이다.

〔**50**〕 "그리스도교 철학"은 많게든 적게든 개인의 특별한 ("종교적") 관심에 종속되어 있는 특수한 형태의 유별난 철학이 아니다. 하느님의 말씀인 로고스가 그리스도 안에서 사람이 되신 것이 사실**이라면**, 그리고 "철학"이라는 말이 (피타고라스, 플라톤, 아리스토텔레스 등) 유럽 철학의 위대한 시조始祖들이 생각했던 그대로의 의미를 갖는**다면**, 그리스도교 철학은 있을 수 있는 유일한 형태의 철학 **바로 그것**이다.[13] 중세 사상가들은 "그리스도교 철학"이라는 개념 속에 직접적으로 주어진 신앙fides과 이성ratio의 결합을 제일 처음 과제로 받아들였고, 비교할 수 없을 만큼 엄청난 사유 에너지를 동원하여 이

---

11) Pierre Teilhard de Chardin, *Geheimnis und Verheißung der Erde*, Reisebriefe 1923-1939, ed. by Cl.Aragonnès, Freiburg-München, 1958, p.45.

12) *Ibid.*, p.106.

13) 참조: Josef Pieper, *Gibt es eine nicht-christliche Philosophie? Weistum, Dichtung, Sakrament*, München(Kösel-Verlag), 1954, pp.51ff.

과제를 해결하려고 노력했다. 이 과제는 결코 끝날 수 없는 것이며, 오늘날에도 누구나 이 문제를 푸는 데 한몫을 하려 한다면, 중세 철학이 보여 준 수준 높고 다양한 형태의 본보기를 깊이 숙고할 수밖에 없을 것이다. 그러나 그 사람은 제기된 물음들에 대해 중세적인 답을 찾는 것이 아니라 오히려 자기 자신의 고유한 답을 찾아야 할 것이다.

■ 참고문헌

1. Bernhard Geyer, *Die patristische und scholastische Philosophie,* 11th edition, Berlin, 1928.

이 책은 '*Friedrich Überwegs Grundriß der Geschichte der Philosophie*'의 둘째 권으로, 많은 개별 내용들이 이미 시대에 뒤떨어진 것이 되었음에도 불구하고 결코 빼놓을 수 없는 책이다.

— **'Überweg-Geyer'**로 인용함.

2. Etienne Gilson, *History of Christian Philosophy in the Middle Ages,* London, 1955.

이 책은 대가다운 필치로 전체를 개괄하고 있으며, 철저하고 꼼꼼한 내용이 "이해하기 쉽게" 적혀 있다.

— **'Gilson, *History*'**로 인용함.

3. Philotheus Böhner und Etienne Gilson, *Christliche Philosophie von ihren Anfängen bis Nikolaus von Cues,* 3rd edition, Paderborn, 1954.

이 책은 '*History*'의 번역서가 아니라, 그 구조와 내용에 있어서 전적으로 다른 책이며, 본질적으로 Ph.Böhner에 의해 씌어진 책이다.

— **'Böhner, *Christl. Philosophie*'**로 인용함.

4. Maurice de Wulf, *Histoire de la philosophie médiévale*, 6th edition, three volumes, Louvain, 1934, 1936, 1947.

이미 절판된 지 오래된 이 책의 제1권은 영어 번역본도 나와 있다(London, 1951).

— **'de Wulf, *Histoire*'**로 인용함.

5. Frederick Copleston, *Mediaeval Philosophy. Augustine to Scotus,* ('*A History of Philosophy*'의 제2권), London, 1950.

이 책은 아주 알기 쉽게 적고 있으며, 많은 문헌들을 제시하고 있다.

— **'Copleston'**으로 인용함.

6. 개괄하기 좋게 분류된 Fliche-Martin의 '*Histoire de l'Église*' 제13권의 제목은 '*Le mouvement doctrinal du XIe au XIVe siècle*'이다(Paris, 1951).

이 책은 크게 세 단락으로 되어 있다:

① André Forest, *De Jean Scot Érigène au siècle des Universités*

— **'Forest, *De Jean Scot Érigène*'**로 인용함.

② Fernand van Steenberghen, *Le XIIIe siècle*

— **'van Steenberghen, *Le XIIIe siècle*'**로 인용함.

③ M. de Gandillac, *Le XIVe siècle.*

7. Albert Stöckl, *Geschichte der Philosophie des Mittelalters*, Three volumes, Mainz, 1864-1866.

이 책은 많은 부분에서 시대에 뒤진 내용도 있지만, 텍스트를 많이 제공하고 있고 명확한 평가를 하고 있다는 점에서 유익한 책이다.

8. Martin Grabmann, *Die Geschichte der scholastischen Methode*, Two volumes, Freiburg, 1909, 1911. 중쇄重刷: Darmstadt, 1956.

— **'Grabmann, *Scholast. Methode*'**로 인용함.

9. Martin Grabmann, *Mittelalterliches Geistesleben*, Three volumes, München, 1926, 1936, 1956.

이 책은 비록 개별적인 연구 내용을 모아 놓은 것이기는 해도, 아주 뛰어난 전체적 개관을 제공하고 있다.

— **'Grabmann, *Mittelalterl. Geistesleben*'**으로 인용함.

10. Fernand van Steenberghen, *Aristotle in the West,* Louvain, 1955.

11. Fernand van Steenberghen, *Philosophie des Mittelalters,* Bern, 1950.
이 책은 순전히 문헌 목록을 소개해 주는 짧은 입문서이다.

■ 연대표

(여기에서는 주로 이 책에서 이야기한 내용들만 언급한다.)

430년	아우구스티누스가 반달족에 의해 점령된 주교좌 도시 히포에서 죽다.
431년	에페소 공의회. 네스토리우스의 그리스도론이 단죄되다. 아리스토텔레스주의자들이 이주하다.
480년	보에티우스가 로마에서 태어나다.
493년	동고트족 왕국이 이탈리아에 건설되다.
500년 이전	디오니시우스 아레오파기타의 작품들이 저술되었을 듯함.
525년	보에티우스가 처형되다.
529년	아테네에 있는 플라톤의 아카데메이아가 폐쇄되다. 베네딕토에 의해 몬테카시노 수도원이 설립되다.
540년	카시오도르가 정치적인 직책을 떠나 수도원 공간 속으로 은둔하다.
553년	이탈리아에 있는 동고트족 왕국이 멸망하다.
568년	이탈리아에 랑고바르도족 왕국이 설립되다.
571년	메카에서 모하메드가 태어나다.
635년	아랍의 점령이 시작되다(페르시아, 이집트).
668년	타르소스에서 태어난 테오도르가 캔터베리 대주교가 되어 섬나라 영국에서 고전 문헌 연구의 기초를 놓다.
711년	스페인 점령이 시작되다.
732년	칼 마르텔Karl Martell이 투르Tours와 프와티에Poitiers 전투에서 아랍 세력을 퇴각시키다.

810년경	요한 에리우게나가 아일랜드에서 태어나다.
830년경	성 데니스 수도원 수도원장 힐드윈이 『디오니시우스의 생애』를 쓰다.
980년	아비첸나가 페르시아 관할 구역에 속하는 보카라Bochara에서 태어나다.
1010년경	란프랑크가 파비아Pavia에서 태어나다.
1033년	캔터베리의 안셀무스가 아오스타Aosta에서 태어나다.
1037년	아비첸나가 하마단Hamadân에서 죽다.
1066년	헤이스팅스Hastings 근교의 전투. 노르만족이 영국을 점령하다.
1079년	아벨라르두스가 낭트Nantes 근교에서 태어나다.
1085년	무어인Maure들의 점령으로부터 톨레도Toledo가 해방되다.
1091년	클레르보의 베르나르두스가 디존Dijon 근교에서 태어나다.
1096년	성 빅토르의 후고가 하르티감Hartigham am Harz에서 태어나다.
1100년 이전	브레시아의 아르놀트가 태어나다.
1100년 이후	페트루스 롬바르두스가 노바라Novara에서 태어나다.
1101년	엘로이즈가 파리에서 태어나다.
1109년	캔터베리의 안셀무스가 죽다.
1115년경	솔즈베리의 요한이 태어나다.
1126년	아베로에스가 코르도바Cordoba에서 태어나다.
1126년	톨레도에 번역 학교를 설립한 라이문트Raymund von Sauvetât가 톨레도의 대주교가 되다.
1135년	모세 마이모니데스가 코르도바에서 태어나다.
1141년	성 빅토르의 후고가 파리에서 죽다.
1142년	아벨라르두스가 클뤼니에서 죽다.
1153년	클레르보의 베르나르두스가 죽다.
1160년	페트루스 롬바르두스가 파리에서 죽다.
1170년경	도미니코가 (카스티야 지방의) 칼레루에가Caleruega에서 태

	어나다.
1180년	솔즈베리의 요한이 샤르트르에서 죽다.
1182년	아시시의 프란치스코가 아시시에서 태어나다.
1197년경	대 알베르투스가 (슈바벤 지방의) 라우잉겐Lauingen에서 태어나다.
1198년	아베로에스가 죽다.
1200년 이전	작센의 요르단이 다셀Dassel 근교의 보르그베르게Borgberge에서 태어나다.
1204년	모세 마이모니데스가 죽다.
1210년	파리에서 있었던 교회의 첫 번째 아리스토텔레스 금지령.
1221년	도미니코가 볼로냐에서 죽다.
1221년	보나벤투라가 비테르보Viterbo 근교에서 태어나다.
1225년경	토마스 아퀴나스가 로카세카Roccasecca에서 태어나다.
1226년	아시시의 프란치스코가 아시시에서 죽다.
1237년	작센의 요르단이 아콘Akkon 근교에서 죽다.
1240년경	브라방의 시제가 뤼티히Lüttich 교구에서 태어나다.
1240년경	존 페캄이 태어나다.
1266년	둔스 스코투스가 (스코틀랜드의) 맥스톤Maxton에서 태어나다.
1274년	토마스 아퀴나스가 포사누오바Fossanuova에서 죽다.
1274년	보나벤투라가 공의회 도중 리옹에서 죽다.
1277년	파리와 옥스퍼드에서 극단적 아리스토텔레스주의가 단죄되다.
1280년	대 알베르투스가 쾰른에서 죽다.
1280년경	파두아의 마르실리우스가 파두아에서 태어나다.
1282년	브라방의 시제가 오르비에토Orvieto에서 죽다.
1292년	존 페캄이 캔터베리에서 죽다.
1300년 이전	오컴이 런던 근교에서 태어나다.
1308년	둔스 스코투스가 쾰른에서 죽다.

1343년 파두아의 마르실리우스가 뮌헨에서 죽다.
1349년 오컴이 뮌헨에서 죽다.

■ 찾아보기 〔가나다순〕

■ 찾아보기 〔알파벳순〕

■ 도표 형식으로 본 중세 철학자들의 연대표 ■

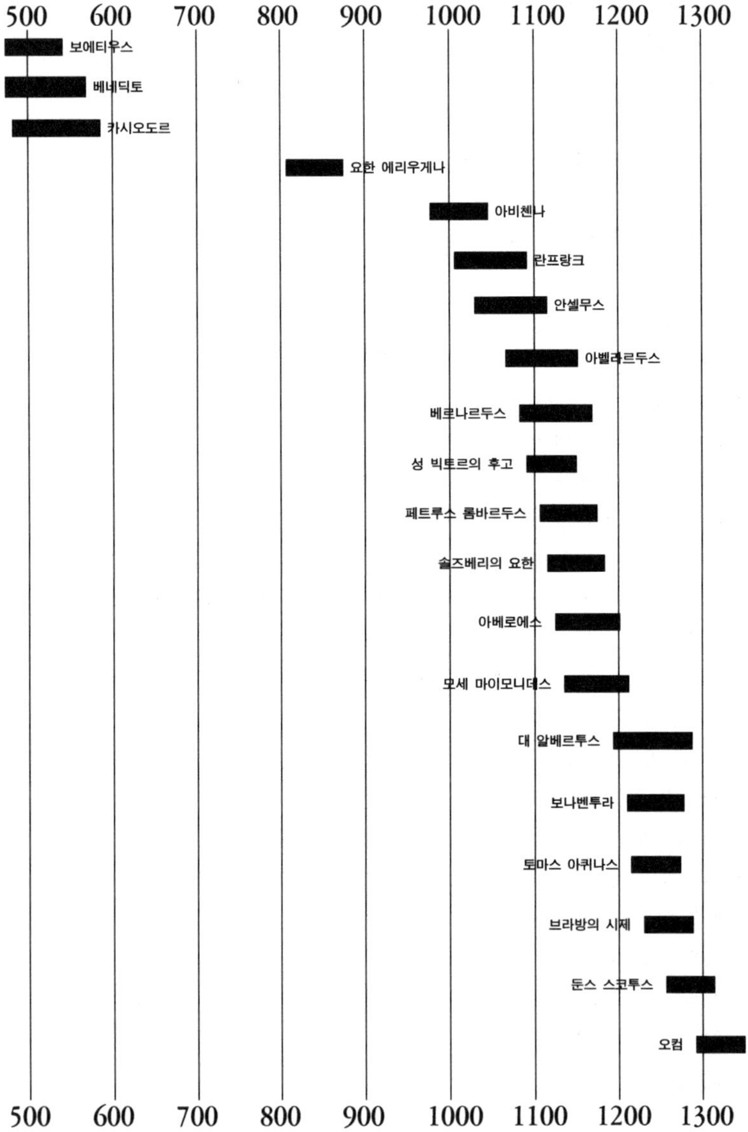

■ 옮기고 나서

이 책은 "J.Pieper, *Scholastik.* Gestalten und Probleme der mittelalterlichen Philosophie"를 번역한 것입니다. 초판은 1960년에 나왔으니까 이미 오래 전에 나온 책입니다. 하지만 1998년에 4판이 나온 것을 보면, 오늘날에도 계속 읽히고 있는 책이라는 것을 알 수 있습니다. 원 제목은 그냥 "스콜라 철학"이라고 되어 있지만, 우리에게는 이 용어가 낯설 경우가 많아 번역본 제목을 "중세 스콜라 철학"이라고 약간 부연하여 붙였고, 원본에는 "중세 철학의 형태들과 문제들"이라는 부제副題가 붙어 있지만, 책 전체의 내용이 그리스도교 신앙과 인간의 자연 이성을 조화시키려는 노력에 얽힌 갈등 상황을 묘사하는 가운데 스콜라 철학 전체를 개괄하고 있기 때문에, 번역본의 부제를 "신앙과 이성 사이의 조화와 갈등"이라고 했습니다.

서양에서 처음 철학적 사고를 시작한 이오니아 지방의 철학자들에게는 '철학적 문제'만 있고 답이 없었기 때문에, 그들은 이 답을 인간 이성을 통해 찾으려는 노력을 기울였다면, 그리고 그러한 노력이 플라톤과 아리스토텔레스한테서 궁극적으로 '그 문제의 답의 역할을 하리라고 믿는' 거대한 철학 체계를 형성하게 되었다면, 중세 철학자들에게는 처음부터 답이 분명하게 주어져 있었습니다. 그러나 그 답은 인간 이성을 통해 얻어진 최종 해답이 아니라, 믿음을 통해 주어진 답이었습니다. 하지만 믿음을 통해 답이 주어졌다고 철학이 곧바로 신학이 되는 것은 아닙니다. 오히려 우리의 이성은 주어진 답을 '이성의 법을 따라' 재구성하고 싶어 합니다. 그리고 바로 이 작업이 놀라울 만큼 치밀하게 이루어진 시대가 바로 중세였습니다. 따라서 중세는, 일부 사람들의 편견과 달리, 믿음의 이름으로 '이성의 모든 가능성들을 하나하나 따져 본' 이성 부흥의 시기였지, 믿음을 핑계 삼아 모든 것을 '비非이성적인 것'과 '반反이성적인 것' 속에 얼버무린 시기가 아니었습니다. 중세 때 논리학이 어느 시대보다도 크게 발전했다는 것은 이에 대한 증거가 되어 줍니다.

피퍼는 고대로부터 전해 내려온 사유 유산을 중세 철학자들이 학습하는 마음으로 자기 것으로 만들어 나갔다고 소개합니다. '자기 것'이라는 것은 이미 새로 받아들인 그리스도교 신앙을 중요한 요소로서 포함하고 있습니다. 그래서 중세 철학자들은 그리스도교를 고대로부터 물려받은 플라톤 아리스토텔레스 철학의 도움으로 해석해 냄으로써, 한편으로는 고대 철학을 보존 발전시키고, 다른 한편으로는 그리스도교 신앙의 합리적 보편적 성격을 제시해 줍니다. 예를 들어, 하느님이 이성으로 알 수 있는 분이라면, 그분이 왜 이성으로 알 수 있는 분인지를 이성을 통해 설명하고, 이성으로 알 수 없는 분이라면, 그분이 왜 이성으로 알 수 없는 분인지를 이성을 통해 설명합니다. 낯선 문화 속에서 살아간 다른 사람들의 문화가 '나의' 문화가 되고, 이렇게 인류 공동의 문화가 되어 가는 과정은 긴 시간 동안의 '치열하고 인내로운' 작업을 통해 가능하다는 것을 배우게 됩니다.

피퍼 자신은 이렇게 중세 철학 전체를 소개하고 나서 마지막 장에서 오늘을 살아가는 우리를 위한 중세 철학 자체의 현재성現在性 문제를 언급합니다. 그러면서 그는 오늘날에도 다른 문화 속에 있는 귀중한 인류 문화유산을 '나의 것'으로 만들기 위해서는 그것들이 '내가 알아들을 수 있는 언어'로 '번역되고' '스콜라 철학적 방식으로' 내가 학습할 수 있는 '학습자료'로 만들어져야 한다는 점을 지적합니다. "비非서구 유럽, 특히 아시아 지역의 전통적인 문화유산도 인간에 대한 지식과 철학적 실재 세계 해석의 엄청난 보고寶庫를 간직하고 있는데, 그것도 다시 그런 '스콜라 철학적' 방식으로 (가능한 한) 우리 것이 될 수 있지 않을까?" 보에티우스 때부터 이미 시작된 치밀한 번역 작업의 기초 위에 천 년 동안 '자신의 이름을 내세우기보다 진리를 말한 선인들의 권위를 존중하면서 겸손한 마음으로' 진행된 그러한 작업은 서구 문화의 홍수 속에서 살아가는 우리를 위해서도 귀중한 모범이 된다는 생각을 하게 됩니다. '토착화'라는 이름으로 다른 문화를 도외시하고 '내 것 찾기'에만 배타적으로 골몰하는 경향도, '세계화'라는 이름으로 다른 문화를 이용하여 전혀 어울리지 않는 '문화적 사치'를 부리는 낯 뜨거움도 중세 철학자들의 귀중한 모범을 조금 더 자세히 들여다보라고 우리를 초대합니다. 특히 저 자신처럼 가톨릭 신앙, 그리스도교 신앙을 고백하는 한국인은 서양 철학을 나의 것으로 만들어 나가면서, 명시적인 그리스도교 신앙 내용과 '익명으로 한국 문화 속에 젖어 있는' 그리스도교 신앙 내용을 이성을 통해 결합시키려는 노력을 기울이지 않을 수 없습니다. 지금 당장 무엇을 이루겠다는 마음으로가 아니라, 중세 사상가들처럼 천 년을 내다보는 마음으로 말입니다.

지리를 이해하기 위해서는 작은 길까지 자세히 나와 있는 대축척 지도만 필요한 것이 아니라 세계 전도와 같은 소축척 지도도 필요합니다. 이 책은 중세 철학을 위한 소축척 지도에 해당합니다. 중세 철학에서 다룬 개별 주제들을 자세히 설명하기보다, 중세 철학 전체를 일관된 관점으로 개관해 주고 있기 때문입니다. 따라서 중세 철학의 중요한 철학적 주제들에 대한 자세한 설명을 이 책에서 찾을 수는 없을 것입니다. 그러나 피퍼는 이 책을 통해 많은 사람들에게 낯설게만 느껴지던 중세 철학을 오늘을 사는 우리에게도 나 자신의 이야기처럼 느껴지게 하는 데 성공하고 있다는 생각이 듭니다. 그들이 복잡한 용어로 이야기한 것들도 결국 지금의 나와 똑같은 인간의 '똑같은 고민'이었음을 느끼게 해줍니다. 저 자신이 경험했듯이 이 책을 통해 많은 사람들이 중세 철학과 '친해질' 수 있었으면 합니다.

저는 이 책을 옮기면서 각 단락마다 각진 괄호 속에 차례로 번호를 매겼지만, 독일어 원본에는 이 번호가 없고, 그냥 단락만이 간격을 두고 구별되어 있습니다.

이번에도 원고 교정에 도움을 준 많은 분들께 감사드립니다. 작고 부끄러운 번역 작업이지만, 세상과 인간에 대해, 그리고 하느님에 대해 진지하게 사유하는 모든 사람과 그간의 수고를 같이 나누고 싶고, 특히 중세 철학자들처럼 가슴에 하느님을 품고 자연과 사람에 대해 진지하게 사유하면서 '길을 찾는 사람의 겸손하고 진솔한 삶을 살아가는' 신학교와 가톨릭 교리신학원의 재학생 및 졸업생들과 나누고 싶습니다.

2003년 7월에

옮긴이 김진태 신부

■ 가톨릭신학총서 55/철학 14

중세 스콜라 철학

신앙과 이성 사이의 조화와 갈등

제1판 제1쇄 펴낸날 2003년 7월 18일
제2판 제1쇄 펴낸날 2007년 9월 19일
제2판 제4쇄 펴낸날 2020년 5월 29일
제2판 제5쇄 펴낸날 2024년 12월 10일

지은이 요셉 피퍼
옮긴이 김진태
펴낸이 원종철
펴낸곳 가톨릭대학교출판부

등록번호 제300-1989-1호(1989년 1월 13일)
우편번호 03083 ❙ 서울시 종로구 창경궁로 296-12 ❙
전화 02-740-9718 ❙ 전송 02-745-9793 ❙
전자우편 cukpress@catholic.ac.kr ❙
홈페이지 http://press.catholic.ac.kr ❙
인쇄제작처 재영아트

ISBN 978-89-7108-208-9 93160

값 12,000원